Isabella Santo Domingo

AM/FM

¿Felizmente Mantenida o Asalariada de Mierda?

Isabella Santo Domingo

AM/FM

¿Felizmente Mantenida o Asalariada de Mierda?

PRÓLOGO

ALBERTO SALCEDO RAMOS

Grijalbo

© 2006, Isabella Santo Domingo
© 2006, Editorial Random House Mondadori Ltda.
  Avenida cra. 9 No. 100-07 piso 7
  Bogotá, D.C., Colombia

Director general: Diego Pampín Robles
Asesor editorial: Alfonso Carvajal Rueda

Primera edición en Colombia, 2006
Primera edición en México, 2007

D. R. 2007, Random House Mondadori, S.A. de C.V.
  Av. Homero No. 544, Col. Chapultepec Morales,
  Del. Miguel Hidalgo, C. P. 11570, México, D. F.

www.randomhousemondadori.com.mx

Comentarios sobre la edición y contenido de este libro a:
literaria@randomhousemondadori.com.mx

ISBN: 978-970-780-377-0
ISBN: 970-780-377-0

Impreso en México / *Printed in Mexico*

Otra vez para ti, mi hermosa hija Daniela.
El amor, el respeto y la inspiración
para ser cada vez más humana.
Menos perfecta y más feliz.

ÍNDICE

PRÓLOGO

PENDIENTE

ESTE TEXTO ES SIMULADO es extremadamente peligroso. Tan peligroso como Isabella. Y debería estar prohibido, así como, de alguna manera, ya lo está ella. Es una mina antimacho, una trampa para cazar señores, un atrapabobos. Se entra a él animado por el aire de tranquilidad que ofrece su título, y a poco andar se percata uno de que está metido en un berenjenal del que no hay salida buena. Y es porque, cuando uno ha descubierto que se trata de una conspiración para dominar a los varones, ya es tarde: yo vine a intuirlo por allá en la página treinta y pico y, al alzar la mirada, me vi rodeado de rejas, y, arriba, la cara de Isabella que sonreía maliciosamente. Había caído en el cepo. Era uno más de los que había penetrado al laberinto convencido de nuestra superioridad sobre las mujeres, o por lo menos sobre las mujeres brutas —nuestras preferidas, nuestras musas— y ahora me veía preso en la madriguera isabellina, atónito, inerme, sorprendido.

Gracias a que ya estaba pactado este prólogo, puedo ahora mismo dar alaridos desde el fondo del guacal para advertir a mis congéneres que tengan cuidado, que no se aventuren en estas páginas procelosas si no quieren arriesgar la razón de ser de su relación con las mujeres, si no están dispuestos a que les aporreen el ego hasta dejarlo, como el mío, malherido.

INTRODUCCIÓN

SUPONGAMOS QUE USTED LLEGÓ A ESTE LIBRO POR CASUALIDAD, por impulso o por despiste. Por ignorancia, gracias al mal gusto de alguien que dice ser su amiga (yo que usted lo dudaría seriamente) o por culpa de un amigo bromista del cual, según acaba de descubrir, ha sido nuevamente víctima. Si es su caso, supongo también que sin estar enterada previamente de la existencia de mi primer libro (pasquín, folleto o *brochure*, como prefiera llamarlo), *Los caballeros las prefieren brutas,* que nadie tuvo la decencia de advertirle lo que adentrarse en este tipo de lectura atrevida y vanguardista podría ocasionarle. Entonces, gracias a que la desfachatada honestidad de la que gozo me ha permitido esquivar alguna que otra demanda en mi contra, permítame advertirle a usted también, de primera mano, que de leer las nefastas páginas que siguen ¡USTED CORRE PELIGRO! Mucho. Aparte de perder su tiempo y, por supuesto sus ahorritos, también podría perder repentinamente su inocencia en cuanto a las relaciones de pareja. De repente podría incluso cambiar su visión de la vida, su orientación política, sus amistades, algunas creencias religiosas, socioeconómicas, sus actitudes y hasta ese novio o marido fantoche e inútil junto al que ya casi se había condenado a pasar el resto de su vida. Este nuevo libro, lamentablemente también, le advierto, la invitará a pensar, a reflexionar y, ojalá, a actuar. Que conste y advierto que, una vez dentro, no existe la más remota posibilidad de que le devuelvan su dinero. Para ese entonces ya habrá desaparecido, gracias a las hábiles gestiones de mi asesor financiero en las Islas Caimán.

Supongamos que, por el contrario, el anterior no es su caso y usted sí sabe perfectamente lo que acaba de hacer y en lo que está metiéndose. Deduzco entonces que, aparte de mis dos tías solteronas en Juan de Acosta, mi mamá —que lo utilizó como prueba reina ante el juez para desheredarme— y de un primo que vive en Somalia, usted fue esa "otra" persona que adquirió mi primer libro. No sé bien si agradecerle u ofrecerle disculpas. Vámonos más al extremo y supongamos que usted no sólo leyó mi primer libro, lo disfrutó, se atrevió a recomendarlo y, lo más importante, que además entendió mi propuesta. Supongamos que ahora quiere hacer algo al respecto y poner en práctica las malas mañas recién adquiridas. Entonces, está usted lista para dejarse recargar de toda la aparente brutalidad que propuse y que yo prefiero llamar "astucia femenina", con una sola y, para qué negarlo, poco noble intención: ¡dominarlos! Digamos entonces que este manuscrito es algo así como un *Más brutas recargado*.

En este manual de autoayuda o de autodestrucción (la interpretación es libre) encontrará un sinnúmero de consejos prácticos, trucos y estrategias para seguir descubriendo las posibles raíces de nuestros traumas femeninos y las soluciones a tanta frustración. También está contemplado y es muy posible, para qué negarlo, que encuentre recomendaciones inútiles que sólo le sirvan para reírse un rato. Y allí, en ese preciso instante, por fin sentirá que no ha perdido su tiempo después de todo. Pues esto, aunque suene absurdo, es parte de la terapia en la que se acaba de embarcar. Una que bien podría llamarse "humoroterapia", que consiste en sanar las heridas del alma, del corazón, los complejos en los que caemos presas a diario y superar nuestros múltiples traumas femeninos a través de la risa. Sí, así como está leyéndolo. Según lo que he descubierto y que comparto con ustedes a través de este nuevo libro, es posible curarse a través del humor. Para ello tenemos que aprender primero a reírnos de nosotros mismos para concluir con una premisa fundamental: para ser verdaderamente felices no hay que tomarse a sí mismo tan en serio. De esa manera tan sencilla y aprendiendo a ver las cosas de forma positiva, asimismo logrará entender que no todo lo que deseamos supone un sufrimiento. Que el dolor, por intenso que parezca, jamás dura para siempre. Y que no todas las batallas merecen librarse. Que precisamente en saber escoger qué batallas librar y en cuáles rendirse radica el secreto de una vida en paz y armonía. Suena ideal, ¿no? Lo es. Sólo que, para lograrlo, usted deberá embarcarse en una ardua misión cuyo resultado en todos los casos no será el mismo.

Tal vez después de finalizada la lectura de este libro usted, por voluntad propia, decida que la vida en pareja definitivamente toma demasiado esfuerzo y no le llama mucho la atención. También podría darse el caso que después de hacerlo defina que bien vale la pena intentarlo. Lo bueno es que ya sabrá lo que tiene que hacer y a lo que deberá someterse para lograr el éxito en el ámbito personal: solas o acompañadas. Este libro le permitirá la posibilidad de escoger aquello que sólo la hace feliz a usted al liberarse de una vez de todos los complejos de culpa a los que nos hemos acostumbrado. Palabras más, palabras menos, no convierta por voluntad propia su vida en un valle de lágrimas o en un campo de batalla, aprenda más bien a reírse más y a sufrir menos. ¿Acaso este nuevo libro es una guía? Decididamente no. Además le pido el favor y le advierto que no me siga. Yo estoy más perdida que usted. Espero que se divierta y que lo disfrute tanto como yo disfruté escribiéndolo. Ahora sí, la invito a entrar, por fin, en materia.

Advertencia: Si por casualidad encontró este libro exhibido en la sección de Autosuperación, denuncie el hecho ante las autoridades. O hágale un servicio social a la humanidad y corra a pedirle al gerente de la misma que lo ponga en la sección de Autodestrucción. Como guerra avisada, supuestamente, no mata soldados, le advierto que la única guerra que aquí sugiero es una contra sus propios traumas y demonios para que luego sí se muera, pero ojalá de la risa. Y no vaya a pensar que este nuevo libro contendrá temas trascendentales que sí le servirán para algo. Sólo podrá decir que no perdió su dinero si: a) se ríe un rato, b) le sirvió de portavasos o c) si no le dan ganas de tirarlo por la ventana.

Primera parte

NADIE SABE LO QUE PIERDE HASTA QUE LO TIENE

CAPÍTULO 1

¿AM o FM?

¿EN QUÉ FRECUENCIA TIENE SINTONIZADA SU VIDA?
¿FM, FELIZMENTE MANTENIDA, O AM, ASALARIADA DE MIERDA?

Al fin qué: ¿nos conviene más convencernos de que la vida solas es tal vez una buena opción o insistir en encartarnos por el resto de nuestras vidas con un hombre al que hay que atrapar, domesticar y posiblemente terminar de criar? Aunque insisto en que ninguna de las dos opciones es realmente el ideal de ninguna mujer en el planeta, la invito a que hagamos un esfuerzo. A que no seamos tan pesimistas y más bien analicemos las posibilidades desde la óptica que, por supuesto, más nos convenga. Pero antes de adentrarnos en el fango de la desilusión en el que tantas veces nos hemos revolcado todas, será necesario resolver una de las grandes inquietudes que atormentan a las mujeres del mundo entero: ¿son más felices las solteras o las casadas? Es decir, ¿cuál de los dos grupos de féminas, suponemos, tiene más y mejores oportunidades de vivir realmente satisfechas? Y si yo, sin el menor asomo de vergüenza, les asegurara que tal vez ninguno de los dos bandos. Para poder escoger entre cualquiera de las dos opciones, la clave está en saber de antemano en qué demonios nos estamos metiendo.

M E INTERESA EXPLORAR EN ESTE CAPÍTULO nuestro miedo al fracaso en el aspecto personal. Les recuerdo a todas que no existe una forma correcta de meter la pata. Asimismo, que nadie está exento de equivocarse. En el tema de las relaciones sentimentales, por ejemplo, lo único que hace falta para que algo que va bien termine mal, es tiempo. Y que, en el camino, cualquier solución que se le pudiera ocurrir para salvar a la pareja de un problema automáticamente desatará otros que antes no tenía. Y si alguien tratara de convencerla de lo contrario, seguramente es porque quiere venderle un seguro, un carro o un electrodoméstico que no necesita.

Sigo sin entender cuál es ese afán por demostrar que somos felices cuando realmente no lo somos ni lo seremos nunca, a menos que aceptemos y hasta disfrutemos de las elecciones que hacemos. Por eso, directamente y sin anestesia, le pregunto: ¿en qué categoría se encuentra actualmente usted o, mejor aún, en qué frecuencia le gustaría tener sintonizada su vida: AM o FM? Olvídese por un momento de lo que cree que los demás esperan de usted y atrévase a hacerse esa simple pregunta: ¿qué quiere?

Deje por un instante de considerar a su hermana menor (que se casó a los quince porque metió la pata con su primer novio, que tiene ya cuatro hijos y cuya idea de vacaciones exóticas no es África, como la suya, sino en Disneyworld o en el zoológico más cercano) como una perfecta inútil.

Piense por un instante en la posibilidad de que su hermana podría ser feliz con la opción de vida que eligió o que le tocó, que para el efecto es lo mismo. ¿Para qué gasta saliva y critica abiertamente?

Invito a las mujeres casadas y con hijos a que dejen de pensar que su hermana, la que se graduó con honores de Yale, la que ya pasa de los treinta y cinco y aún no tiene pareja ni hijos, ni siquiera una guacamaya para conversarle en las noches, es una solterona desubicada con serios defectos de fábrica. Que esa mujer, sangre de su sangre, la que seguramente gana más que su propio marido, la que de hecho es la "jefa" de su marido, pero que pasa sus fines de semana y fechas especiales sola, es una resentida, una amargada, una fracasada o, peor aún, una desadaptada social.

¿Qué pasaría si por un instante considerara la idea de que su hermana, sin su cantaleta permanente, sin tener que criar a uno solo de sus insoportables y ruidosos hijos, y hasta sin su marido, bien podría vivir mucho más tranquila y mejor que usted? Ante tanto inconformismo sólo aflora una pregunta: ¿cómo pretendemos que el sexo opuesto nos respete si ni siquiera hemos logrado aprender una regla básica de convivencia: respetar a las demás? Es decir, a nosotras mismas.

¿Qué pasaría si por un segundo, señoras, aprendiéramos en efecto a hacerlo, mutuamente, y a dejar de especular sobre la felicidad o la infelicidad ajena? ¿Qué tal si aprendiéramos a concentrarnos en nuestras propias existencias y dejáramos en paz a las demás?

Estoy segura de que una vez que logremos eliminar la presión social de la que somos víctimas, ni la casada se querría divorciar para fugarse con el mensajero de la empresa en la que trabaja su marido porque le parecería emocionante, ni la soltera se dejaría acomplejar por su amiga casada que la ha estado animando a que deje a su novio de seis años que aún no se ha decidido a proponerle matrimonio, porque le parece que está perdiendo su tiempo. Así en el fondo la considere afortunada y envidie una relación como la de ella y no como la que tiene con su marido al que siente que le tiene que dedicar todo su tiempo. Porque si lo hicieran, tal vez, ambas entenderían por fin que la felicidad no es una verdad rotunda y absoluta. Que no puede ni debe regirse bajo ningún parámetro, salvo el propio. Y que la interpretación de la misma en todos los casos es libre y distinta. Es decir, lo que a una la hace feliz, jamás será lo que la otra piensa que la haría feliz a ella.

¿Para qué amargarnos el rato y especular sobre cómo viven los demás? ¿Por qué estamos midiendo con la misma vara con la que somos medidos, o con la que creemos que nos miden? Y es ahí, tal como lo hacemos con algunos hombres que hasta valdrían la pena, cuando cometemos la más grande equivocación: asumir que los gustos y las vidas de todas deben ser iguales y medidas según los mismos parámetros. Es decir, los de todos los demás.

Cada una debe y está en la obligación de luchar sólo por lo que a nosotras puede hacernos felices, así los demás no estén de acuerdo. Así nos tilden de egoístas. Partamos del punto, al que me he referido en varias oportunidades, de que uno nace solo y muere solo. Aunque la vida se vive mejor acompañados así sea de un bastón, de un perro o de un novio virtual en Chechenia, lo cierto es que así como nacemos el día que nos toca, también en la mayoría de los casos morimos el día que nos toca y nadie nos ayuda a caminar hacia el otro lado. Nadie puede vivir la vida por nosotros, nadie puede ser feliz o infeliz por nosotros. ¿Cuál es ese afán de vivir la vida para los demás, si alguien allá arriba nos regaló nuestra propia vida que no deja de ser una experiencia, una aventura personal e intransferible?

Recuerdo que recién llegada de vivir en Estados Unidos, de regreso a Barranquilla, la ciudad donde tuve el privilegio de nacer, unas amigas, casadas, me invitaron a uno de sus aburridos *baby showers*. De esos en los que uno lleva regalos para el bebé que está por nacer y que realmente no sabe para qué sirven. En donde las amigas que tienen hijos aprovechan para torturar a las que ya va dejando el tren. Como por ejemplo a mí, en ese entonces. Una de ellas, Sonia, estaba embarazada de su tercer hijo. Una niña, según me contó, a la que llamaría Catalina o Isabella, en mi honor. Pobrecita. Quise persuadirla de que no lo hiciera. No sé bien qué karma estamos pagando las Isabeles e Isabellas, que casi siempre nos metemos en problemas, resultamos inquietas en exceso o existe la remota posibilidad de que triunfemos, sí. Pero a un precio relativamente alto: a veces nos quedamos solas.

Esto me animó a convencerla de llamarla Teresa, con todo y "el de Calcuta" para que la pequeña tuviera mejores opciones de una vida más ordenada, tranquila y lejos de tanta turbulencia como la mía. Lo pensé mejor y me quedé callada. Que hiciera lo que le viniera en gana. ¡Qué suerte haber tenido una vida tan agitada como la mía!

Mientras nos servían algo de beber, un jugo sin licor, por supuesto, y yo tan estresada que pedía a gritos un whisky doble, recuerdo que Sonia, la dueña de casa, con su enorme barriga de ocho meses que parecía que fuera a parir un equipo de futbol, con árbitro incluido, apoltronada sobre un cómodo e impecablemente tapizado sillón blanco insistía en convencerme de que la vida de casada era realmente dura. No podía creerle una sola palabra de lo que decía, cuando sin haber movido un solo dedo en toda su vida vivía literalmente como una reina. Su casa inmensa de dos plantas poseía jardines que parecían más bien parques temáticos y una alberca olímpica con trampolines de clavados, que limpiaba un salvavidas uniformado que se llamaba Ernesto y que, por un instante, juré que debía ser su amante. Aparte de envidiosas, somos muy malpensadas. No me reponía aún de la humillación, cuando entraron sus dos hijos, cada uno con su propia niñera. Su *staff* personal incluía, además, dos choferes y un marido, según ella, abnegado que aparentemente vivía sólo para trabajar y cumplirle todos sus gustos. De repente, con la voz entrecortada habló de las dificultades que le acarreaba una vida de mujer mantenida, que hasta le alcancé un kleenex para que se secara las lágrimas. Sonia tenía el descaro de asegurar que estaba agotada.

Recordé que no podría quedarme a departir toda la tarde como ellas porque yo sí trabajaba, pues tenía que irme a cumplir mis deberes como la vil asalariada que era. Como yo sí vivía en apartamento arrendado, como yo sí estaba pagando mi carro en mensualidades, como yo sí tenía, tenía y tenía… Más que nada una cantidad de responsabilidades propias que sólo hasta ese momento me sentía orgullosa de haber adquirido por mi propia torpeza y cuenta. ¡Ah y cuentas! También recordé las cuentas que debía pagar ese día si no quería que me cortaran los servicios de agua, luz y teléfono. ¡Al tiempo!

Confieso que en mi vida jamás me había sentido tan mal. Deseé que la tierra se abriera y me tragara, o que Dios se apiadara de mí y que en la esquina, de camino al trabajo, conociera a un marido más maravilloso, generoso, entregado y abnegado que el de Sonia. A veces algunas mujeres se clavan solitas el cuchillo, y por provocar la envidia de las demás le hacen publicidad al marido que en el fondo saben que no sirve para nada y que si pudieran, es decir, si se les presentara un mejor prospecto, lo intercambiarían por una fruna. El que fingen idealizar, pero con el que pensándolo bien casi ninguna se quiere quedar. Sacudí rápidamente mis malos pensamientos, pues comprendí que para tener la vida de Sonia debía aguantarme a su marido. Un gordo baboso que aprovechaba el embarazo de Sonia para, a sus espaldas, caerles a todas sus amigas. Todas en el *shower,* por supuesto, fingían que Sonia las convencía de lo maravilloso y fiel que era.

Las mujeres a veces somos más falsas que un billete de tres pesos y muy poco dignas de confiar. Sin embargo, no era precisamente su riqueza la que envidiaba, era más que nada ese aire de tranquilidad y de plenitud que aparentemente respiraba, así tuviera el descaro de quejarse y de tratar de convencerme sin éxito de sus penurias.

¿Por qué me sentía tan patética en ese momento? Por la misma razón por la que todas nos sentimos unas perdedoras cuando el enemigo, es decir todas nuestras congéneres u otra distinta de nosotras, atenta contra nuestra idea de felicidad y nos hace dudar de nuestras propias elecciones de vida. Cuando es inevitable pensar: "¿Será que ella es más feliz que yo?"

Esa especie de envidia disfrazada logra sacar a flote nuestras múltiples inseguridades, propias también del género, y es cuando alcanzamos a pensar que sus vidas son realmente mejores que las nuestras. Así sospechemos que a la casada le ponen los cuernos y ellas, a su vez, piensen que la razón por la que no nos casamos es porque nadie nos quiere hacer el favor de encartarse con nosotras. O que tenemos algún problema grave como de frigidez, por ejemplo. ¿Será posible que estemos condenadas a torturarnos psicológicamente con la idea de que todas las demás viajan por la autopista de la felicidad mientras nosotras, por falta de criterio o de suerte, optamos por un camino rocoso, sin señalización, lleno de huecos que no representan otra cosa que nuestras frecuentes dudas, nuestro inconformismo, nuestro paso firme y seguro hacia la soledad?

Para ayudarlas a escoger el mejor camino que habrán de tomar, éstas son las radiografías de una AM y de una FM típicas. Para que no sigan ni las sigan confundiendo más. Para que puedan decidir en qué frecuencia quieren estar y vivir en su vida. He aquí las ventajas y las grandes desventajas de ambas opciones. Tome nota y ojalá le sirvan para tomar de una buena vez, valga la redundancia, una buena decisión. Pero, para saber qué quiere realmente, lo primero será conocer de antemano cuáles son las opciones que ofrece el mercado.

La típica AM

"Quien sabe qué merece poseer, no puede jamás ser poseído." Tal vez allí radica el problema: que mientras sigamos pensando que lo merecemos todo, o por lo menos algo mejor, nunca tendremos nada.

Una AM duerme frecuentemente sola. Si tiene novio, es tan inestable que algunas veces lo despachará a su casa por sentirse asfixiada con tanta compañía. O cuando ya notó que en su gabinete del baño han empezado a aparecer rastrillos que no son suyos y hasta pelos en el jabón de manos que, por supuesto, tampoco son suyos. Si, por el contrario, es ella quien insiste en mudarse con él con todo y cremas, es muy probable que sea él quien, como todo un hombre del tipo astronauta, le pida su "espacio".

1. Es adicta al celular porque lo usa hasta para cambiar una llanta. El único número telefónico que se sabrá de memoria es el de los bomberos y sólo porque es el que reparte con mayor habilidad y frecuencia a los pretendientes que no le interesan o porque debido a sus escasas, por no decir nulas habilidades culinarias, siempre incendia la cocina. También se sabrá el de su mejor amigo, *gay*, con quien pasa horas enteras contándole los pormenores de su último fracaso sentimental. Y posiblemente el de la pizzería de la esquina que, por supuesto, hace entregas a domicilio. Por andar tan ocupada trabajando, una típica AM ya no se sabrá de memoria ni el teléfono de su mamá. También es muy poco probable que recuerde los cumpleaños de sus amigos, mucho menos los de sus familiares de los que ya habrá olvidado sus nombres y, donde se descuide, hasta su parentesco.

2. Viste a la última moda porque siempre está a la vanguardia, a la guardia y en la retaguardia. Porque vestirse con lo que acaba de salir al mercado no sólo es símbolo de estatus, sino porque, según piensa, aumenta sus posibilidades de encontrar pareja. Una mujer soltera que pretenda dejar de serlo pronto (la ilusión de la mayoría) siempre estará bien presentada más que por lograr un aumento en el trabajo o por generar la envidia colectiva de sus amigas. Lo hará porque uno nunca sabe cuándo conocerá al hombre de su vida. O de ese mes, o al menos de esa tarde. Cualquiera de las anteriores opciones sirve.

3. Se levanta muy temprano en la mañana para hacer yoga o Pilates o para ver las noticias. Para una AM que se respete, es muy importante estar siempre bien informada. Mujer moderna y de mundo, aparte de tener la oportunidad de lucirse así ante el jefe, erróneamente piensa que a los tipos inteligentes se les conquista con comentarios inteligentes en vez de con un *wonderbra*. Lo

lamentable es que esto sólo lo descubrirá justo cuando sea remplazado por una bonita sonrisa.

4. Sus vacaciones las pasa al lado de un guía turístico polaco al que no le entiende una sola palabra pero que, según ha constatado, besa muy bien. Además porque fue lo único que ligó ante la falta de otros prospectos en ese *tour* de solteras que tomó, por supuesto, sola por África. Y, a menos que se anime a conquistar a un chimpancé, sus probabilidades de conquista entre tanta mujer despechada son realmente escasas. Cuando regresa, lo hace estresada, más cansada que cuando se fue y mínimo tres días antes para prepararse con tiempo para volver a la oficina.

5. Sus amigas, en su mayoría, son solteras como ella, tan exitosas como ella y tan solas como ella. Es muy poco probable que tenga amigas casadas, y si las tiene limitará sus visitas a ocasiones especiales como durante las navidades y sólo si no tiene un novio nuevo. Su cumpleaños, si se acordó y, por supuesto, a algún funeral, para quedar bien o si recuerda quién es el finado.

6. Cuando está en confianza, sus temas de conversación son básicamente tres: el trabajo que quiere cambiar; los hombres que, según ella, no sirven para nada, y el dinero que le falta para comprar algo y el que se acaba de gastar en algo que no necesitaba y que ahora necesitará con urgencia para pagar los servicios del apartamento.

7. Vive generalmente en apartamentos arrendados de dos recámaras, así le salga más costoso que uno de una sola recámara. Deducen que nunca faltará el familiar que quiera caer de visita, la amiga despechada que no quiera volver a su apartamento tras haber roto con su novio, el amigo de la oficina con problemas existenciales o el ex novio prófugo de la justicia que necesite una guarida temporal. También hace un gasto superfluo porque

siempre necesita más espacio de clóset para almacenar las toneladas de objetos inservibles: ropa y zapatos que colecciona con verdadera devoción tan sólo para suplir su carencia afectiva.

8. Cuando va al gimnasio descubre que lo hace más por socializar que por estar realmente en forma. Si todo lo demás falla, y no pesca ni un resfrío, también se embarcará en alguna actividad deportiva de la que no tendrá la más remota idea o real interés de practicar. Para sus intenciones no escatimará en gastos y es así como, junto a los palos de golf que usó un día, encontrará toda serie de evidencias de su desinterés deportivo: raquetas de tenis con telarañas, zapatos para hacer *trekking* sin estrenar y hasta una tabla de *surf* que es la misma que ahora usa para planchar.

9. Va a bares sola, especialmente si no encuentra con quién ir; si todas sus amigas están precisamente ese fin de semana con sus respectivos *frees*, novios o cualquier cosa que se le parezca. Baila sola si le late y siempre, fijo, se encuentra con otros solteros en el mismo plan que ella: pasando el rato para ver qué cae. Con tres tragos encima suele ser peligrosísima. Como no tiene que rendirle cuentas a nadie, es de las que termina llorándole al mesero, llamando al ex para insultarlo en la madrugada, ligándose al primer perdedor con el que cruzó la mirada, tan sólo para despertar al día siguiente como un apóstol: con cargos de conciencia y unas ganas locas de flagelarse.

10. Dice que no le interesa casarse, pero generalmente como justificación por haber llegado dizque felizmente "invicta" y sin argolla hasta después de los treinta. A la que en realidad no le interesa casarse se conoce a leguas porque simplemente cambiará el tema y, acto seguido, pedirá un martini. Doble. La AM generalmente bebe como camello y prefiere los bares *gay* adonde va en manada con sus amigos más que porque les guste la música, porque allí

nadie se atrevería a preguntarles algo idiota como: "¿Por qué viniste sola?", pues todo el mundo estará concentrado en lo suyo y, por supuesto, en "el" suyo.

11. Su instinto maternal sólo se le desarrollará después de los treinta y siete años, justo en el momento en el que haya terminado su última relación. O justo antes de la menopausia. En ese momento se notará sospechosamente amable con los hijos de sus amigas y con los de su hermana casada a quien a veces, incluso, se los pedirá prestados. Y ni crea que es para llevarlos a tomar helado o a la juguetería. En la mayoría de los casos y, según su conveniencia, los llevará a lugares en donde ella crea que puede aumentar sus probabilidades de conquista: el gimnasio, el centro comercial, el parque donde sabe que seguramente habrá hombres solteros paseando sus mascotas. Como sabe también que no hay una excusa más perfecta para conquistar a un hombre en pleno siglo XXI que fingiendo, si es preciso, sensibilidad e instinto maternal a través de un perro, sus sobrinos o el hijo prestado o alquilado de alguna amiga. A esa edad empezará a leer compulsivamente sobre inseminación artificial, sobre cómo adoptar un niño en Camboya y dónde conseguir un buen banco de esperma. Cuando su personaje favorito ya no es Brad Pitt sino Angelina Jolie, cuando su lectura favorita serán las secciones de sociales de las revistas para ver quién se ha divorciado recientemente. Cuando su programa favorito ya no es *Lost*, ni *Grey's Anatomy*, sino *Will and Grace*, *Los Simpsons* o cualquiera en el que los hombres sean estereotipados como perfectos idiotas. Esto la hace sentir mejor en su condición de mujer soltera.

13. Come saludablemente. Más porque le sale más barato una hoja de lechuga que una comida completa.

14. Cuando tiene novio se quejará porque le falta tiempo y espacio. Cuando no lo tenga se quejará por tener demasiado de

ambas cosas. Ante sus amigas solteras, como ella, renegará por no tener una pareja estable y sólo ante las casadas se esmerará en promocionar la suya como la mejor condición de todas: soltera y sin compromisos a la vista.

15. Detrás de su disfraz a prueba de balas, es una perfecta indecisa a la hora de lidiar con una vida sentimental. Si sale con un tipo que se muestra realmente interesado y se le presentara la oportunidad de tener relaciones sexuales con él, si lo hace tras la primera cita pasará horas arrepentida por haberlo hecho. Pero si teniendo la oportunidad no lo hizo y el tipo no la vuelve a llamar, pasará horas arrepentida de no haberlo hecho. La AM es una mujer muy difícil de entender.

16. No tiene afán de casarse, especialmente porque últimamente está tan entregada a su trabajo que nadie ha demostrado tampoco ningún afán en casarse con ella.

LA TÍPICA FM

"No todas las mujeres en el mundo viven obsesionadas con atender a la pareja, consentirla, complacerla, amarla y respetarla. Algunas están casadas."

1. Generalmente y muy a su pesar, duerme acompañada. Más que nada si es que su marido no es piloto, si no tiene una amante o si es que tiene hijos. Su mayor queja es precisamente la falta de espacio para todo; más que nada para ella misma. Su ropa ya no le cabe en el clóset y como ha tenido que reducirse para compartir su espacio de almacenamiento con todos los demás integrantes de la familia, guarda los zapatos que ya no usa en cajas de cartón y bota lo que no sea esencial, como sus sudaderas de toalla estilo

Flashdance, o su vestido de novia, por ejemplo. Seguramente para recordar la razón por la cual vive tan apretada. La desventaja es que, a diferencia de la soltera, no puede despachar a nadie a ninguna parte, a menos que la petición vaya acompañada por una demanda de divorcio.

2. Se sabe de memoria todos los números telefónicos. Especialmente los de él, los de sus amigos, las esposas de ellos (por si se les pierde el marido), la farmacia, el médico de la familia, la suegra y el de su mamá a quien llamará frecuentemente para pedirle alguna receta, así aquélla ya se la haya dado mil veces y la señora proteste airada al otro lado de la línea. Si además tiene hijos, también se sabrá de memoria el del pediatra, la niñera por si se demora en regresar el fin de semana, el del profesor de tenis, el hospital más cercano y el de todas las mamás de sus amiguitos del colegio. ¿Admirable saber en dónde almacenan tanta información?

3. Su idea de estar a la moda es distinta de la de las solteras. Su motivación para estarlo también lo es. Le gustará ponerse lo mejor que tiene en el clóset sólo en ocasiones especiales, familiares o cuando sabe que en el mismo lugar van a estar las esposas de los amigos de su marido (a las que siempre será importante demostrarles que está mejor casada que ellas), sus cuñadas por aquello del ego familiar o la ex de su esposo a quien siempre querrá torturar así no la conozca. Así esté incluso mejor casada y organizada que ésta. Por lo demás, el tema de la ropa, y encima de todo con hijos, pasa a un segundo plano que se remplazará fácilmente por el del corte de pelo.

4. Se levanta muy temprano ya sea a ir al gimnasio si está bien casada o a atender al marido y a los hijos si por desgracia no siguió los consejos de su madre y se casó precisamente con el que le había advertido que le daría una vida de medio pelo. Nunca ve ningún

noticiero, piensa que es entretenimiento netamente masculino, pero eso sí, le arrebata el control remoto de la televisión cuando van a dar el segmento de espectáculos que le fascina. No lee casi nunca, más que los cuadernos de sus hijos, los recibos de la luz, el agua y el teléfono y las instrucciones de consumo de las latas de comida.

5. Sus vacaciones generalmente son en familia y en Sea World, Disney o algún parque de atracciones lleno de otros niños ruidosos y madres desesperadas como ella. O visitando familiares en el exterior para ahorrarse lo del hotel, sobre todo si tiene hijos. Últimamente, el marido no la acompaña (normalmente después de seis o más años de casados), porque "para qué tanto gasto". Luego de la luna de miel, las escapadas románticas se han reducido a pasar la noce en un hotel cerca, en el aniversario, y en la casa pero sólo cuando los niños se hayan dormido. Que generalmente es nunca.

6. La mayoría de sus amigas serán casadas como ella, para tener con quien quejarse de sus respectivos maridos, tal como lo hace ella. Es muy poco probable que tenga una amiga soltera. Y si la tiene desconfiará de ella o insistirá en conseguirle, a través de los amigos preferiblemente divorciados de su marido, a un buen prospecto para que se una al equipo de mujeres FM. Es decir, al "Cartel del Lino", si es de la Costa, y al del "Paño" si es del Interior. Lo que no dice es que en el fondo no soporta la idea de que otra mujer, especialmente tan cercana a ella, esté posiblemente disfrutando de lo que se está perdiendo por estar precisamente casada.

Siempre se ofrecerá a organizar las ocasiones especiales para tener algo que hacer y para ganar protagonismo y poder social frente a las demás casadas. No es raro que forme parte de algún comité organizador de algo: una fundación o, en su defecto, un club de jardinería, por ejemplo.

7. Cuando está en absoluta confianza, sus temas de conversación básicos serán cuatro: su marido y lo huraño y distante que se ha vuelto últimamente seguido por un "¿acaso tendrá otra?"; sus hijos, si los tiene, o su perro; la última telenovela que se está viendo y un recuento en versión remezclada de los problemas de todas sus otras amigas, de sus familiares y de los de artistas de la farándula.

8. Vive en casas preferiblemente, con amplio garaje para guardar trebejos, porque le gusta archivar todo; con jardines para poner a los hijos a jugar mientras ella juega cartas con sus amigas, habla por teléfono o se hace el manicure con Rosita, su manicurista que es la misma de su mamá y que lleva años atendiéndola. O en apartamentos con varios cuartos, cuando tienen hijos o para mandar al marido a dormir en otra parte cuando estén peleados.

9. La que va al gimnasio lo hace para encontrarse con sus demás amigas casadas y poder criticar a sus anchas a las infortunadas solteras que también van tempranito antes de ir a la oficina; para planear su próximo evento social, qué se va a poner y a quién no va a invitar. Para mostrar la última pantaleta que se compró o para enterarse muchas veces del último chisme que esté circulando en los bajos fondos. Generalmente sobre personas que no conocen. Las más osadas podrán aprovechar el tiempo para recrear la vista y echarle el ojo al nuevo instructor de Pilates que está literalmente "como quiere" y física y anatómicamente mucho mejor diseñado que su marido, a quien la barriga ya no le cabe por una puerta.

10. Nunca sale sola a ninguna parte. Mucho menos a un bar. ¿Qué dirían las demás? La fiesta más divertida a la que van al año es la que ofrece al final de éste la empresa en la que trabaja su marido, un *baby shower* o la graduación del hijo de una amiga en el club con la orquesta de Los Hermanos Martelo. En esa oportunidad, sí bailará hasta el cansancio, cuidándose, eso sí, de no dañarse el peinado.

11. Insiste en que no le interesa divorciarse y proclama a voz en cuello que se siente orgullosa de por lo menos tener marido. En el fondo y durante el transcurso de su vida de casada imaginará muchas veces lo que hubiera sido su vida si hubiera optado por quedarse más bien soltera. Así sea emocionalmente estable, fantaseará con los novios que hubiera podido tener, los países que hubiera podido visitar y las fiestas en las que habría podido bailar.

12. Su instinto maternal no lo perderá nunca. Si está casada y tiene hijos, se volverá monotemática y sólo hablará y vivirá a través de éstos. Si no los tiene, buscará la forma de tenerlos pronto, se convertirá en la tía más dedicada y favorita de todos sus sobrinos o, peor aún, se sentirá tentada a desbordar todo ese sentimiento maternal en su propio marido a quien consentirá y atenderá como si fuera un niño pequeño. Cuando lleguen los hijos, volverá a ser normal y lo ignorará como de costumbre.

13. Aunque ya casi nunca la llevarán a restaurantes, a menos que sea su cumpleaños o el día de las Madres, come todo lo que le gusta y a sus anchas. Es más, su plan favorito será ir al súper y de memoria se sabrá los nombres de todas las frutas, los productos enlatados y dominará las propiedades de todos los cereales que haya en la estantería. Si encima de todo está mal casada y no tiene una empleada de servicio, y como se le antojará comer aquello que ya no volvió a probar desde que se casó, aprenderá recetas de cocina y las preparará ella misma. Para lucirse frente a los amigos de su marido, y por supuesto, a sus respectivas esposas, organizará muchas cenas en casa. Pero sólo durante los primeros dos años de casada. Luego reclamará a gritos una empleada doméstica.

14. Se quejará del marido todo el tiempo. Y sólo delante de sus amigas solteras se atreverá a proclamar el suyo como el estado ideal y a su marido como el hombre perfecto.

15. Aparte de insegura es bastante indecisa. Nunca sabrá si hizo bien al casarse con el que se casó. Por eso, simplemente siempre se arrepentirá en el fondo de haberlo hecho. Es más fácil concluir esto que echarle demasiada psicología al asunto.

16. No tiene ningún interés en divorciarse. Más que nada porque no le han dado motivos para querer hacerlo todavía. Porque el marido no se ha atrevido a pedírselo o porque no se le ha presentado por el camino un mejor prospecto que cargue con ella y de paso con los tres hijos del matrimonio. O porque al que ya tenía en la mira, según acaba de descubrir, no le gustan en demasía las mujeres.

Después de este ejercicio, puedo definir que evidentemente los extremos son malos. Que ninguna de las dos partes la tiene fácil. Que es posible que ninguna sea realmente feliz. Porque ahora que lo pienso bien y que recuerdo aquel nefasto episodio en casa de Sonia, simplemente me siento mal por haberme sentido mal. Porque ni por todo el dinero del mundo querría, ahora más que nunca que me entendí, que me acepté y que puedo invitarlas a hacerlo también, cambiar el camino que elegí para vivir mi vida por el de esa amiga aparentemente más estable que yo o, en su defecto, por el de ninguna otra. ¿Quién me asegura que, como yo, a veces esta amiga no está también fingiendo? Y no es que mi vida sea mejor que la de ella, sino por una sencilla y elemental razón que me aterra: existe la posibilidad de que haya madurado. Horror.

De repente he decidido responsabilizarme por mis propios actos, así como ser consecuente con mis propias decisiones. Entendí por fin que si no estoy casada es porque nunca lo he querido realmente. Porque no me ha dado la gana de aguantarme a un marido roncador al lado, así la que ronque sea yo. Que si no tengo más hijos no es porque no tenga interés ni tiempo, sino porque otra vez no quiero terminar criándolos sola, sin un buen hombre a mi lado. Si no vivo en una casa sensacional es porque prefiero mi apartamento arrendado que podría cambiar cada año si se me antojara. Además, porque aún no me alcanza el presupuesto para comprar la casa que quisiera: una mansión. Si no me la paso en casa todo el día quejándome hasta de mi buena fortuna es porque vivo muy ocupada intentando triunfar o fracasando, que es lo que realmente me hace sentir viva en ésta, mi vida.

Pero al tiempo en que me acepto y aprendo a disfrutar así de lo que soy y de cómo he elegido vivir mi vida, sí tengo muy claro ahora que eso no me da ningún derecho a considerar que la vida de las demás, casadas o no, es menos interesante o, por el contrario, más feliz que la mía. Simplemente comprendo y, respeto ahora, que son maravillosamente distintas. Ni yo quiero un marido para tener que cuidarle permanentemente la espalda por temor a que me deje por una amante, ni muchas de ellas envidian mi vida llena de trabajo, de responsabilidades y de muy poco tiempo para hacerme hasta un café o para reunirme con mis amigas una tarde de miércoles. Mucho, muchísimo menos para atender a mi novio con el que ni siquiera aspiro a casarme todavía.

¿Y a quién queremos engañar? Pues lo cierto es que donde nos descuidemos podríamos caer en otra categoría más infame aún: la de las MM: mantenidas de mierda. Que de que las hay, las hay. Esas que se quejan todo el día de todo. Las que nunca viven realizadas ni conformes con nada de lo que tienen. Al marido lo consideran un carcelero, a los hijos un impedimento para sus as-piraciones, a los amigos unos chismosos, al perro un cretino sin personalidad, y a su vida en general, una trampa mortal en la que se sienten atrapadas. Nada qué hacer, eso sí, con las que aún no han entendido que nuestra liberación radica precisamente en la oportunidad de escoger y nuestra sabia intuición femenina en adivinar de antemano si lo que hemos elegido podría servirnos o no para ser realmente felices.

Esto, en cambio, no le sucede a un tipo de mujer especial que vive y habita en otra categoría, las FA: las felizmente asalariadas. De ésas también hay. Esas que ya entendieron que les produce más placer trabajar, ganar lo suyo, gastar lo suyo y no tener que pedirle permiso o la opinión a nadie. Las que, al menos por el momento, reconocen que no es el instante apropiado para casarse ni para tener hijos, ni para renunciar a sus trabajos que tanto disfrutan, pero son tan inteligentes que sabrían sacrificar algunas cosas si la vida les cambia de repente. Si un día se levantan y de pronto les empieza a parecer también atractivo lo demás. Esas que, como unas verdaderas expertas, saben mediar, conciliar, negociar con las distintas personas, y en las diferentes situaciones y circunstancias que supone la vida misma. Las que viven a plenitud y disfrutan de cada etapa de la vida porque así lo han elegido, porque no cometieron el error de dejarse presionar y permitir que los demás escogieran por ellas. Sí, esa frecuencia definitivamente es la que más me llama la atención.

La diferencia es que ahora, que al menos lo admito, ni envidio a todas las demás, ni considero que ellas deban envidiarme a mí. Siento que, por el contrario, la responsabilidad de cada uno es disfrutar de cada una de las cosas que nos brinda la vida y aceptar que ni los triunfos de las demás son nuestras derrotas ni que los aparentes fracasos son realmente en vano. Todos en esta vida tenemos una misión y, por ello, parte de la misma es el aprendizaje ya sea de lo bueno o de lo malo también. De repente, una vez lo comprendí y lo acepté, me sentí más libre. De repente ya no me interesa comparar mi felicidad con la de nadie y eso pretendo regalarles a lo largo de este libro. O, ¿qué tal sintonizarnos en una frecuencia aún más diferente y, eso sí, muy apropiada? Algo así como FR: felizmente realizadas. Que la conformarían las AM o FM que hayan entendido el mensaje de este capítulo y estén dispuestas a sacarle lo mejor a sus vidas sin reparar en los defectos, propios o ajenos. Las que ni siquiera tendrán tiempo para lamentar sus malas decisiones. Para finalizar le pregunto nuevamente: ¿ya escogió en qué frecuencia quiere vivir su vida?

Capítulo 2

Nadie sabe lo que pierde hasta que lo tiene

Entonces, para ayudarle a encontrar las posibles causas de esa latente frustración femenina que nos impide en muchos casos ser felices, como la envidia y la inutilidad de embarcarnos por siempre en una batalla de sexos, es necesario entender que existe otra batalla que hemos elegido luchar muchas mujeres en el mundo. Tal como la de géneros, ésta es incluso más dura que las otras que libramos a diario: la batalla del estatus. ¿Qué es preferible: quedarnos en casa y establecer semicómodas relaciones o acaso nos conviene ser más independientes, trabajar a la par con ellos, tener también muchas cuentas propias por pagar, por supuesto, pero, sin explicación lógica alguna, a veces conformarnos con quedarnos solas? Según lo he descubierto recientemente: ninguna. Lo dicho, el inconformismo femenino: una verdadera plaga del nuevo milenio.

PERO, SABIENDO DE ANTEMANO que ninguna mujer está contenta con lo que tiene, porque la que trabaja quiere ser ama de casa, la ama de casa quiere montar su propio negocio y mandar al carajo al esposo bonachón. La que tiene novio quiere marido y la que lo tiene quiere un amante. La que es curvilínea quiere ser anoréxica y la que por desgracia ya lo es quiere convencernos de que es gorda. La pelinegra quiere ser rubia así todas sepamos de antemano que casi ninguna es natural y que como si se tratara de una epidemia de gripa aviar, la mayoría o se tiñe el pelo, lo ha intentado o ha pensado en hacerlo algún día. Cuando con envidia notamos que otras personas hacen cosas emocionantes, exóticas, arriesgadas, excitantes, graciosas y hasta cursis para demostrarle a otra su amor. Pero, cuando tenemos la posibilidad de hacer lo mismo o que alguien lo haga por nosotras, ya nos empieza a parecer un gesto imbécil y torpe.

Cuando por torpes seguimos obstaculizando nuestro camino hacia la felicidad y hasta trabas le ponemos a lo que supone cambio. Cuando la estupidez la confundimos con "exigencia" y desechamos a todos los buenos partidos porque nos hemos convencido erróneamente de que todos los hombres buena gente son feos, los guapos no son tan buena gente, los guapos y buena gente seguramente, suponemos, han de ser *gay*. Los guapos, buena gente y heterosexuales seguramente son casados, los no tan guapos pero buena gente no deben tener dinero, los que son guapos, buena gente y con dinero seguramente deben pensar que estamos tras su dinero. Y los guapos y sin dinero seguramente están tras el nuestro. Vivimos tan prevenidas, tan esterilizadas, tan vacunadas, tan desconfiadas hacia todo lo que nos rodea que la pregunta sigue siendo: "¿quién nos entiende?"

Más que nada, cuando nuestros padres seguramente ya tiraron la toalla, nuestras amigas ya no confían en nosotras y nosotras mismas no sabemos todavía qué queremos. ¿Quién tiene la última palabra en lo que a felicidad y estabilidad emocional se trata? Valga la redundancia: de eso precisamente se "trata" este libro. Y si en el primero formulé una pregunta que espero que muchos estén haciéndose en este preciso instante: ¿qué quiere? Ahora en éste espero poder ayudar a resolver otra más complicada aún: ¿cómo lograrlo?

Es decir, si en el primero expuse el problema, en este propongo la solución. Tal vez, después de todo, existan esperanzas de que no haya perdido del todo su dinero. Más por falta de espacio que de ganas (a Alfonso, mi editor, le consta) no pude, en mi primer libro, explorar más a fondo la larga lista de frustraciones femeninas que impiden ese paso hacia la verdadera realización. Claro está, y aclaro, que en mi incapacidad para profundizar también tiene mucho que ver mi reconocida superficialidad y mi gusto por los viajes y por las carteras Louis Vuitton. ¡Lo admito! Pero descuiden que hay esperanzas. De alguna manera inexplicable, tanto para mí como para quienes me conocen, no sólo he madurado sino que mis propuestas cada vez suenan más lógicas y razonables. Este capítulo entonces está dedicado a esa mujer que puede codearse con ellos, de tú a tú y luchar con ellos por los mejores empleos y las mejores condiciones. Como también está dedicado, con mucho respeto pero sin sobreactuarme, a las que ya tienen claro qué quieren y disfrutan quedarse en sus casas tranquilas, viendo crecer a sus hijos en paz y en pareja.

Pero para la mujer que me concierne, la que represento, esa que poco a poco ha ido dándose cuenta de nuestra privilegiada condición de féminas y que está por fin ante la histórica posibilidad de también poder negociar con ellos en el ámbito personal, quiera trabajar o no, será importante primero dejar de envidiar a las demás cualquiera que sea su condición social o económica, principalmente. Como también tendrá que aprender a la fuerza o no a aceptarse. Sea cual fuere su defecto, haya cometido en el camino errores o no. Como seguramente también y como parte de esta terapia, también tendrá que aprender a bajar los guantes y el tono a la discusión con el sexo opuesto si quiere intentar al menos darse una oportunidad en el amor. Esa mujer que, si logra entender mi propuesta después de leer este libro, podrá diferenciar por fin al troglodita del "nuevo" hombre que también habita allá afuera. Como también aprenderá a través de prácticos consejos a evitar a toda costa al cavernícola borrachón, posesivo, celoso, mandón, autoritario o dictatorial, como prefiera (o más bien como no lo prefiera), al que muchas mujeres lamentablemente se acostumbran por temor a quedarse solas. El nuevo prototipo que describiré más adelante en una completa guía de hombres servibles (y otros desechables), está dotado de neuronas un poco más eficientes y sabe que el ideal de mujer es una suficientemente inteligente para manejar los negocios con la misma habilidad con la que ha decidido manejar sus asuntos personales, su familia, su hogar y, donde se descuide, a él mismo.

Mi propuesta básica, entonces, es: deje de envidiar a las demás y dedíquese más bien a encontrar su verdadera felicidad de la forma como usted quiera y le sirva, sin importarle lo que piensen los demás. Quédese sola si lo que prefiere es tener más novios y menos maridos que lidiar. Asistir a más fiestas y menos *baby showers*. Cásese si en vez de eso prefiere optar por un hogar estable y un compañero fijo. Trabaje si le da la gana, o si le toca pero porque usted lo eligió, no porque aún siente que le tocó. Con absoluta franqueza le recuerdo que lo único que realmente nos "toca" en esta vida es morirnos. Y no mueva un solo dedo si le da pereza hacerlo así todo el mundo la califique de haragana.

O le tengo una mejor propuesta: ¿qué tal si en vez de pelear entre nosotras, de obligarnos a tomar partido y a optar por lo uno o por lo otro, entiende de una vez por todas que podría disfrutar ambas opciones sólo si deja de enfocar su energía, más que nada la negativa, en envidiar a las demás y se dedica más bien a conseguir lo propio? ¿Quién le ha dicho a usted que no puede ser ambas cosas, una mujer independiente que si quisiera podría estar sola pero que ha escogido construir un hogar junto a su pareja? Nos hemos acostumbrado a pensar erróneamente que ambas cosas no son compatibles y que siempre debemos irnos a los extremos y obligarnos a escoger a la fuerza o lo uno o lo otro, que nos pasamos la vida adoptando posiciones en las que muchas veces nos sentimos incómodas. No se trata de desempeñar ningún papel, señoras, se trata de ser felices en qué y cómo lo elegimos. Entonces para resumir esta batalla estúpida de quién tiene la razón, quién es realmente más feliz: las que aparentemente no hacen nada (aunque sigo pensando que hacen muchísimo) o las que solas supuestamente quieren y pueden hacerlo todo. La verdad: lamento informarles que ninguna o ambas por igual. Todo dependerá, repito, de qué quiere.

Asimismo, para quienes no entendieron mi primer libro (y no los culpo, mis amigas aún no me hablan y mi mamá sospechosamente cambió su número telefónico), la idea que pretendo propagar es que si las mujeres efectivamente nos hemos vuelto tan brillantes, seámoslos también para tener vidas personales más satisfactorias, ya sea mantenidas o asalariadas, por igual. Que elijamos lo que decidamos escoger, seamos consecuentes con nosotras mismas y escojamos también ser más felices. Que la casada no siga tildando de inestable a su hermana solterona pero presidenta de alguna multinacional. Y que la ejecutiva de armas tomar no siga utilizándolas para criticar a la ama de casa y justificando su soledad con que todos los demás son unos idiotas.

¿Y qué pasa con las que no nos seduce la idea de vivir mantenidas? Pues no se case si no quiere, sólo deberá bajarle un poco el tono a la agresividad, si es que quiere tener, así sea de vez en cuando, un novio distinto a su vibrador. No es mucho lo que pido, ¿o sí? Sí que lo es, pero para ello no estarán solas, amigas. Cada vez somos más las mujeres que buscamos más claridad en el asunto, sacudirnos las cucarachas mentales que nos carcomen y aprender a entendernos para definir qué queremos verdaderamente y que bien podría hacernos felices.

Propongo una alianza estratégica de congéneres. Piénselo. Porque algo maravilloso sucede en los pocos instantes en los que una mujer se atreve a quitarse la máscara o, en este caso, el maquillaje. En ese momento, cuando una mujer decide sincerarse con otra o, por lo menos, consigo misma y logra quitarse de encima el pesado disfraz de Mujer Maravilla. De mujer autosuficiente, de armas tomar, valiente y audaz para darle paso a toda su extraordinaria y compleja esencia con todo lo que ello conlleva.

Con sus defectos a flor de piel logrando por fin sacar su verdadera humanidad a flote. En ese raro instante, en el que algunas veces ese extraño y repentino ataque de vulnerabilidad, para algunas, ocurre, logramos lo realmente imposible: ser verdaderamente honestas. Cuando inexplicablemente estamos preparadas para aceptar y decirnos la verdad en la cara. Ahora, escucharla de terceros ya es un poco más complicado, sin que ello implique una crítica mal asimilada, un ataque de furia o un airado reclamo, así que no nos sobreactuemos. El caso es que sí existen raras oportunidades en las que estamos dispuestas a admitir que tal vez no somos tan felices con lo que tenemos. Con lo que hemos escogido, si es que alguna vez lo llegáramos a admitir. En las que reconocemos que tal vez no estemos en lo correcto o en las que incluso nos atrevamos a revelar que somos humanas y que a veces también fallamos. Durante el resto del tiempo, las mujeres nos hemos acostumbrado a fingirlo todo: alegría, placer, comprensión, humildad… !orgasmos!

La insatisfacción, señoras, es como un corcho, algún día sale a flote.

Pero ¿qué pasaría si en vez de evadirlo más bien aprendiéramos a buscar y hasta a celebrar ese momento? ¿Si en vez de luchar contra esa sensibilidad, que confundimos con flaqueza o debilidad, comprendiéramos más bien cómo aprovecharla? En ese instante en el que nuestro cerebro deja de bombardearnos con ideas y con discursos feministas tontos de autosuperación y todas esas cosas que permanentemente están incitándonos a buscar cosas nuevas así ya hayamos logrado más de lo que esperábamos, a desechar otras que nos costaron un gran esfuerzo conseguir como si ya no nos sirvieran y a cambiar hasta aspectos de nosotras mismas con los que hasta ese instante nos sentíamos relativamente cómodas y satisfechas para cambiarlos por esa inconveniente sensación de fracaso.

El cerebro de las mujeres nunca se calla. Pensamos demasiado y, como el que piensa pierde… Como un loro mojado habla tanto, tal como lo hacemos en nuestras vidas cotidianas. Y no tiene nada de malo admitirlo, podría asegurar que es casi genético en la mayoría de los casos. Pero cuando el cerebro calla por esa milésima de segundo o cuando a la fuerza le ponemos un tapón encima y nos rehusamos por un momento a seguirlo escuchando, permitimos que suceda algo realmente maravilloso: volvemos a escuchar a nuestro corazón. Y no estoy diciendo que el corazón sea un gran consejero, de hecho no lo es. Y no sólo eso, es tan torpe que muchas veces nos ha lanzado a los brazos del más cretino o el más perdedor de todos. Tampoco nos gusta ponerle tanta atención porque nos hace sentir cosas raras que a veces nos sacan lágrimas y todas sabemos lo que eso significa: ¡se nos corre el *rimel*!

Sin embargo, cuando aquello raramente pasa, realmente nos conectamos con nuestros verdaderos sentimientos y estamos dispuestas a realizar cambios de fondo y no sólo de forma como casi siempre los hacemos. Cuando somos verdaderas mujeres. Porque cuando le ponemos la mordaza al corazón y dejamos sueltas a nuestras parlanchinas neuronas de mujeres independientes, permitimos también que sea el inconformismo el que reine en nuestras vidas. Esa condenada sensación de que todo lo que hacemos es inútil, todo lo que logramos podría ser mejor y todo a lo que aspiramos bien podría ser difícil sino imposible. Entonces del bendito inconformismo del que hablo aflora algo peor aún: la frustración. Nunca, léase bien, ninguna mujer está jamás contenta con nada de lo que tiene. Y casi ninguna sabe lo que pierde hasta que lo tenga. Casi como un virus que ya ha alcanzado visos de epidemia, es frecuente que nos reunamos con otras quejumbrosas e inconformistas féminas para protestar por todo. De lo mucho o de lo poco. De todo y de nada: "Hoy todo lo que me pasó fue malo" u "Hoy no me pasó nada bueno". Que en últimas, sigue siendo exactamente la misma queja.

¿O acaso, aparte de mí, nadie se ha dado cuenta todavía de que las mujeres nos quejamos de todo casi por deporte? ¿Que la conversación típica de las mujeres casi siempre involucra algo malo que nos pasó, que está pasándonos o que seguramente nos va a pasar, según la vidente que visitaron el fin de semana y que les leyó las cartas? Porque es muy sospechoso que ninguna de nosotras se acepte tal cual, con sus defectos o con los errores que seguramente cometemos. Nunca es culpa nuestra, el pelo nunca tiene el color que queremos, nuestras parejas nunca son suficientemente detallistas y si lo son pasan automáticamente a la categoría de "babosos".

Como lo anotaba anteriormente, la que no sabe lo que es pagar una cuenta sueña con hacerlo para demostrarles a los demás que puede ser útil a la sociedad y la que no hace más que pagarlas, las de ella y las del ex marido que, encima de todo, las dejó endeudadas antes de abandonarla por su manicurista, sueña literalmente con no hacer nada. La que no tiene hijos no ve la hora de tener uno así sea por medio de un donante de esperma, adoptado, donado, prestado o alquilado. La que los tiene, por el contrario, se quejará todo el día de ya no tener tiempo para sí misma, que el menor le incendió la estufa, que la de enmedio quiere ser artista sólo que ha decidido practicar con sus maquillajes Lancôme y que el mayorcito ha adoptado de su padre visos de criminal pues descubrió recientemente que en el colegio intercambió su licuadora nueva por una bolsa de canicas multicolores. ¿Quién nos entiende?

Porque la que tiene amigas permanentemente se quejará de que son unas chismosas entrometidas y la que no las tiene de que es tan impopular que nunca la invitan a ningún lado y por eso está tan desactualizada en cuanto a los últimos acontecimientos sociales. Lo dicho, la mejor manera que tiene una mujer para llevársela bien con otra mujer es no ser su amiga. La que tiene carro se molesta cada vez que tiene que revisarle los frenos, y la que no tiene no ve la hora de endeudarse para conseguir así sea una bicicleta. Estamos tan equivocadas en cuanto a casi todo, que nos atrevemos a asegurar, sin saber, que las demás tienen vidas más fáciles, más plenas y más felices que las propias y por esta razón siempre queremos lo que tienen las demás y subvaloramos o desechamos lo propio.

En esto algo tiene que ver nuestra infancia y la manera como nos crían desde pequeñas. Sí, porque la internacionalmente reconocida envidia femenina, según lo he expuesto anteriormente, debe tener sus raíces directamente ligadas a nuestra infancia y empieza desde el momento en que empezamos a suspirar por la muñeca ajena. Por eso, cuando crecemos siempre suspiramos por el "muñeco" de la otra. Por esta razón tal vez se ha convertido casi en un *hobby* echarle el ojo al novio o al marido de la otra pensando erróneamente que el problema es que las demás tienen lo que de verdad necesitamos para ser felices. Así al poco tiempo descubramos que lo de ellas era mil veces peor que el nuestro.

Entonces para que esto no nos pase más, ¿qué tal si aprendiéramos a escoger primero, aceptar después y a disfrutar más que a quejarnos? El problema radica más que nada en hacernos falsas ilusiones de todo. Por ello, ¿qué tal si hiciéramos un ejercicio para saber en qué estamos embarcándonos antes de meternos o si al menos aprendiéramos mejor a ser felices a través de nuestros corazones y no a través de nuestras inconformistas e imaginativas cabezas? En otras palabras: si antes de meter las patas en el fango averiguáramos qué queremos.

¿Y si yo fuera soltera (AM)?

Así esté casada, felizmente o no, ése ni siquiera es el punto; pero imagínese por un momento lo que sería no estarlo. Lo que sería para usted, después de haberlo probado, regresar a un espacio vacío, a terminar en casa lo que no pudo en el trabajo porque al día siguiente tiene una presentación de esas en las que usted trata de lucirse frente al jefe para que le dé un aumento de sueldo, y lo único que logra es un gran bostezo colectivo y una palmadita en la espalda de algún compañero sólo porque la quiere invitar a salir ese viernes. En este instante seguramente esboza una sonrisa socarrona mientras se imagina maravillosamente sola y a sus anchas, comiendo lo que se le dé la gana, cambiando los canales de "su televisión" (que está pagando en módicas mensualidades, está bien, pero suya al fin y al cabo), las veces que se le antoje sin que nadie proteste. Encima de todo, toda una ejecutiva interesante y moderna, en una oficina de lujo y con compañeros atrevidos que la inviten a salir. Fantástico, ¿no?

Bien, ahora imagínese cómo se vería con siete kilos menos, los que aumentó tras su segundo embarazo. Váyase más al extremo aún e imagínese cómo sería su vida si no hubiera tenido a ninguno de sus dos hijos, tal como se lo aconsejara su propia madre aquella vez que fingió aquel derrame cerebral que la llenó de tantas culpas, justo en el momento en que le confesó que sería nuevamente abuela. ¿Ya? Ahora imagínese en la cocina recibiendo un pedido a domicilio, algo así como el arroz chino del restaurante de la esquina en el que ya se saben su nombre y su pedido de memoria, pues allí pide la cena invariablemente, mientras revisa las cuentas de los servicios que no sabe bien cómo va a pagar esta vez. Exíjase más e imagínese ahora que es el cumpleaños número ocenta y nueve de su abuela Rosalía, al que se ha excusado de ir porque tiene "mucho trabajo" en la oficina. Con la imaginación vuele directamente hacia el banco más cercano en donde se ve claramente haciendo una larga fila para pagar los servicios y pedir (o más bien rogar y suplicar con lágrimas en los ojos) un préstamo para poder pagar las últimas vacaciones que se dio en un balneario del Caribe, al que fue sola y del que regresó solamente acompañada por una larga lista de cuentas por pagar. Las mismas que revisó hace un rato en la cocina. Ahora mírese en el espejo y recuérdese a sí misma que si no se asusta con la imagen que está viendo, todavía hay esperanzas. Que si aún a pesar de sus treinta y cinco años se ve guapa, que el bótox es el máximo descubrimiento de la humanidad, sólo comparado con el de la penicilina, se pregunta entonces: "¿Por qué demonios sigo sola?" También nota que están saliéndole algunas canas y que deberá pintárselas otra vez con tinte porque al día siguiente tampoco le alcanzará el tiempo para ir a la estética. Vuelva al presente y pregúntese una vez más si ésa era la vida que quería vivir cuando comenzó este ejercicio. Si por eso quería cambiar lo que con tanto esfuerzo y paciencia tiene ahora.

Porque si así fuera y sus sueños fueran mágicamente concedidos no estaría posiblemente celebrando siete años de casada con Rafael a quien ahora admite que el paso del tiempo no lo ha tratado nada mal y hasta le ha convenido, pues se ve mucho más guapo e interesante que hace unos años, cuando lo conoció aún con frenillos. Curiosamente también se lo dicen sus amigas (¡mucho ojo!), la secretaria (¡que sean dos ojos!) y hasta su madre, quien hasta ha desistido de fingir infartos cada vez que le menciona lo contenta que está con su marido. Para su sorpresa y la de todas sus amigas, hasta le ha empezado a caer bien el supuesto "inútil" con el que decía que ha estado malcasada todos estos años. A lo mejor estaría más delgada, ¿para qué engañarla? Pero no tendría al pequeño Santiago para que la reciba en la guardería con un gran abrazo así en el intento le manche la blusa nueva que está estrenando con pintura y con las evidencias de todo lo que comió durante el día. Seguramente tampoco podría reírse a carcajadas viendo a su pequeña Carolina jugando a ser grande con sus zapatos de tacón puestos. Tampoco podría llorar al ver cómo se los daña. Mucho menos podría llegar a su casa a cenar caliente y en familia algo recién preparado por usted, o, si cuenta con suerte, por la empleada del servicio, ni tampoco podría celebrar sus buenos genes al comprobar que su abuela, Rosalía, a sus ochenta y nueve años sigue luciendo más joven y vital que nunca. Como igualmente es muy poco probable que si ésa fuera su realidad estaría haciendo una fila en el banco para pagar por un crucero que nunca ha tomado porque sus vacaciones casi siempre son en Disney con los niños. Pero de repente ya no se siente tan mal, ¿verdad?

¿Y si yo fuera casada (FM)?

En el caso de las solteras lo que nos hace sentir mal de nosotras mismas es, por el contrario, exactamente lo opuesto a lo que las casadas han querido adoptar como su modelo de felicidad: nuestra supuesta independencia. Esa que ahora lamentablemente nos toca interpretar con una soledad que no aceptamos del todo, que no disfrutamos del todo. Pobrecitas las casadas, pues no tienen la más remota idea en lo que estarían metiéndose. Aclaro eso sí que aunque no todo es malo, ser autosuficientes sí nos representa un esfuerzo descomunal. Para qué negarlo. Pero el tema es más o menos así: si usted, por el contrario, es soltera, imagínese lo que bien podría ser su vida en este momento y de decidir intercambiar su vida, así sea imaginariamente por segundos, con una mujer casada. Piense por un instante lo que sería despertarse a las cinco de la mañana no a hacer ejercicio o a ver las noticias en CNN como acostumbra a hacerlo, sino a prepararles el desayuno a sus hijos y la ropa a su marido para el trabajo. Imagínese ahora que en vez de lo que está pasando en el mundo, en cambio sabe perfectamente lo que está pasando en el *Cartoon Network* y en el mundo submarino de *Bob Esponja*. Que en vez de ese sensacional traje sastre que se compró para la presentación que tendría que estarle haciendo a la junta directiva de la empresa en la que trabaja y de la cual dependerá su ascenso, salió sin bañarse, en sudadera y con el firme propósito de llevar a los niños al colegio que, debido a sus frecuentes tardanzas, ya amenaza el prefecto de disciplina con expulsarlos.

Imagínese también que debido a que va tarde, la para un policía de tránsito, le pone una multa que tendrá que convencer a su marido de pagar para que no le suspendan nuevamente su licencia de conducir. Imagínese ahora que regresa a su casa más tranquila a bañarse cuando en ese instante llega su suegra, quien entre otras vive en el piso de arriba con la excusa de que le regale una taza de azúcar mientras le mira de arriba abajo la facha que trae puesta y la critica por no ser más ordenada.

Ahora váyase más al extremo y piense por un instante que no tiene nada que hacer distinto de ver la telenovela del mediodía que está buenísima, porque ya logró poner por fin la olla del almuerzo con algún brebaje que ya sabe hacer de memoria pero que, según su marido por no llevarla a un restaurante, le queda buenísimo. En ese instante suena nuevamente el timbre de la puerta y cuando abre recuerda que ése era el día en el que había quedado en que le fumigarían la casa. Luego de explicarle una docena de veces al fumigador que vuelva al día siguiente (más que nada porque ese preciso día pasan el final de la telenovela a la que le ha invertido ya varios meses de fidelidad y cuando por fin se va a enterar si Rafael de Jesús de Todos los Santos y Llovizna Elizabeth de las Mercedes por fin quedan juntos). En ese instante se acciona la alarma de incendios y de la cocina brota sospechosamente humo negro. Se le ha quemado el almuerzo, la mitad del apartamento y ahora a quien atiende con fastidio es al cuerpo de bomberos. Piense además que, aparte de explicarle a su marido lo que pasó y, de paso, valga la redundancia, convencerlo de que le crea, deberá obligar a sus dos hijos a que se laven las manos por el hollín que pulula por toda la casa y que dejen de ensuciar también la única pared que quedó blanca: la del baño de visitas.

Sea más gráfica aún y adelántese a lo que sería una noche en su casa. En vez del DVD de pilates estaría viendo *Barney* mientras su marido ronca al lado suyo. Mientras los niños le quitan la cobija y usted se congela del frío. ¿Ya? Me puede explicar ahora, en este instante, ¿de qué se quejaba antes de este ejercicio? ¿Sí ven? Sin importar en qué bando estemos, ninguna de ambas partes la tiene fácil o, peor aún, las unas y las otras somos unas inconformistas de pacotilla que, a menos que hagamos cambios profundos, más que nada de actitud y de mentalidad, jamás estaremos contentas con lo que tenemos.

Conclusión

No quiero sonar cruel pero es la triste realidad: nadie es feliz nunca con lo que tiene. Es decir, nadie sabe nunca lo que tiene hasta que lo pierde. La que es libre no sabrá lo privilegiada que es hasta que deje de serlo. Y la que decide cambiar una estable vida en pareja por la incertidumbre de una vida llena de menos aventuras de las que se imagina que vivimos a diario las mujeres independientes allá afuera, podría enterarse de la peor manera posible que en realidad sí es mejor "malo por conocido que peor por conocer". La que siempre ha deseado trabajar en algo, cuando por fin consigue un trabajo en eso inmediatamente le darán ganas de cambiar de profesión o de hacer otra cosa. O que las que en épocas se sienten en la "buena", en las "vacas gordas", saben también que pronto va a pasar. Para concluir que las dos grandes tragedias del ser humano son las mismas: no lograr nunca lo que anhela el corazón y conseguirlo para después no saber qué hacer con ello.

Y es que la vida de nadie es perfecta, sólo que las que sí alcanzan una felicidad así sea momentánea o moderada, tal vez, han aprendido a tiempo qué quieren y por ello les es más fácil aceptar y hasta disfrutar lo que están viviendo. Entonces, mi propuesta es que dejemos de envidiar a las demás por lo que tienen y aprendamos más bien a disfrutar de lo que hemos escogido. Porque aunque no todo es malo, tampoco la vida de nadie, de ninguna de nosotras, es el ideal. El modelo perfecto de vida que vemos a través de las películas, de las telenovelas, de los comerciales de caldo de pollo o a través de nuestra imaginación nos indica que estamos equivocadas o soñando un mundo imposible. ¿Para qué insistir en la perfección? Si con ellos las cosas funcionan más o menos así: si usted hace algo bien, él nunca lo notará. Si lo hace bien varias veces, no sólo no lo notará sino que la criticará por ser tan perfeccionista. Si por el contrario hace algo mal una sola vez, se lo recordará por el resto de su vida. Pero la esperanza es que si lo sigue haciendo mal y con cierta frecuencia, algún día se acostumbrará y creerá que ésa es la forma correcta de hacerlo. Los hombres son animales de costumbres. Y de costumbres muy extrañas.

Sé que podemos mejorar nuestras vidas, eso es indiscutible, pero una cosa es lo que anhelamos y otra muy distinta es la forma a veces extraña en la que se presenta en la realidad una versión distorsionada de lo que en nuestros sueños pedimos. Que por mucho que deseemos y con toda la fuerza del corazón que pase algo que realmente queremos, la posibilidad de que suceda es inversamente proporcional a nuestro mismo deseo. ¿Acaso no se ha dado cuenta todavía de cómo funciona la vida? Si algo va bien, en algún momento se dañará, pues como nada dura para siempre. Sólo las deudas. Pero cuando algo está mal y pensamos que no podría estar peor, igualmente empeora. Y cuando de repente sentimos que las cosas han empezado a mejorar, seguramente es porque se nos ha pasado algo por alto. Lo más importante siempre será aprender a definir que es lo que realmente queremos, porque así será más fácil hacerles frente a nuestras decisiones y hasta aprender a disfrutar o a desechar a tiempo, si no nos gusta, lo que hemos elegido. Siendo absolutamente sincera con ustedes, les confieso que la única razón por la que tal vez nunca me casaría es porque admito que soy tan imperfecta y tengo tantos defectos que desconfiaría de un hombre que quisiera tenerme a mí como a su esposa. Y por esta razón es que he decidido, de ahora en adelante, no envidiar a nadie.

CAPÍTULO 3

EL AMOR EN LOS TIEMPOS DE LA CÓLERA

Entonces, si es tan complicado ser lo uno o lo otro (AM o FM), si en ninguno de los dos roles nos sentimos realmente a gusto, si es tan evidente que el problema es que nos hemos convertido en unas intolerantes, inconformes con muy poca capacidad de resistencia, ¿para qué tanto esfuerzo? O si por el contrario ya hemos aprendido que con ellos siempre viviremos pero en discordia, pues en lo único en lo que realmente siempre estaremos de acuerdo es en que nunca estaremos de acuerdo en nada. Que en medio de nuestras complicadas relaciones de hombres y mujeres modernas, si algo puede ser interpretado mal, puede jurar y ponerle la firma que efectivamente será interpretado mal. Es decir, que sus halagos serán interpretados como insultos y sus elogios tal vez como críticas cargadas de ironía. Y es en ese preciso instante cuando las cosas están tan mal entre los dos, que es mejor abstenerse de abrir la boca, pues lo único seguro y claro es que cualquier cosa que diga para enmendar la situación empeorará todo. Pruebe y verá. La experiencia me indica que no hay nada tan malo que no pueda empeorar. El amor es muy parecido a la guerra. Qué fácil resulta armar una disputa, pero qué difícil es resolver el conflicto. Entonces, ¿no sería ideal aprovechar tanta modernización de la que nos preciamos y de la que a veces somos víctimas para replantear el tipo de relación que queremos? Una que sí nos sirva y se ajuste a nuestras necesidades de mujeres modernas, una que no necesariamente implique la posibilidad de quedarnos solas y vestir santos.

LO DIGO POR EXPERIENCIA PROPIA. No existe para una mujer independiente una idea más terrorífica que la de terminar, más que solas, mal casadas. Enredadas, mal, junto a un hombre que: *a)* nos trate mal, *b)* nos quiera mal, *c)* nos obligue a vivir mal. Más aún sabiendo que gracias a nuestro esfuerzo y a las dieciocho horas diarias que probablemente estemos dedicándole al trabajo, si permaneciéramos solas tendríamos mejores y más probabilidades de vivir mejor. O al menos más tranquilas. Solas como anchoas, es cierto, pero al menos sin tener que, encima de todo, culpar a nadie de nuestra falta de progreso en cuanto a bienestar. Lo cierto es que por más que nos esforcemos, todas las parejas, en general, son sospechosamente parecidas. Están integradas por personas que no se entienden entre sí. Es decir, si uno se acuesta temprano como una gallina, al otro seguramente le gustará trasnochar. Si uno es exageradamente puntual, el otro en cambio no. ¿Para qué insistir en idealizar una vida perfecta de pareja basados en la premisa de que los opuestos se atraen? Sí, pero seguramente para fastidiarle la vida al otro.

Y más que frustración me atrevería a asegurar que es rabia, ira con nosotras mismas por tener tantos parámetros cada vez más difíciles de alcanzar. Rabia porque erróneamente pensamos que no es que una relación no funcionó, es que nos hicieron perder nuestro tiempo. Es que la culpa es de él, el que no servía era él, el que no la tenía clara era él y el que nos engañó también es muy posible que se lo atribuyamos a él.

Pero ¿y nuestra cuota de responsabilidad en todo este asunto qué? ¿Es que jamás estaremos dispuestas a admitir que a veces nos equivocamos en escoger lo que queremos vivir? Y ésta, tal vez, es una de las razones principales de por qué muchas mujeres se casan mal y la misma por la que tantas otras se quedan solas. Y no es porque el "ideal" de hombre sea una utopía. Es que nos hemos vuelto tan complicadas y tan exageradamente exigentes que ninguno llega ni a asemejarse siquiera a lo que consideraríamos un "buen partido". ¿Acaso entonces las relaciones de pareja se inventaron sólo para seres conformistas, para hombres y mujeres débiles, necesitados, codependientes y mediocres? Porque si siempre entramos en una relación con la idea de que posiblemente siempre haya algo mejor allá afuera, cómo no concluir que nos hemos vuelto tan prepotentes que siempre consideramos que nos merecemos más. Que nada ni nadie es suficiente. Que lo que hacemos no es construir sino conformarnos. Que nos hemos convertido en una partida de mediocres insatisfechas.

Pero lo cierto es que por muy duras y cerebrales que seamos la mayoría, actualmente, también tenemos nuestro corazoncito. Es decir, a muchas de nosotras el tema sentimental nos sigue pegando muy fuerte, abajo. O adentro, como prefiera. Que somos muchas, demasiadas las mujeres independientes en el mundo que más que preocupadas por nuestros triglicéridos, nos ha comenzado a preocupar también nuestra soledad. Algunas ya hemos sentido que necesitar está bien así como esforzarnos por suplir las necesidades de la persona con la que aspiramos a compartir nuestras vidas también lo es. El problema es que para lograrlo se "necesitará", valga la redundancia, un poco más que ayuda divina y hacer esfuerzos casi sobrenaturales con las que muchas no nos sentimos del todo cómodas. Entonces, si algunas ya hemos definido a tiempo que tal vez el matrimonio no es para todas, que aunque a veces nos gusta y necesitamos estar solas, pero pasado un tiempo lo más probable es que queramos volver a estar acompañadas, ¿por qué, entonces, no hemos aprovechado realmente toda esa independencia de la que hacemos gala, para elaborar propuestas concretas y efectivas que bien podrían servirnos para replantear nuestras relaciones de pareja? ¿Nadie está realmente dispuesto a cambiar el curso de la historia, o todos por igual estamos más bien dispuestos a seguir quejándonos de nuestras lamentables existencias sin luchar siquiera por inventarnos un sistema que sí funcione y que sí nos garantice vidas plenas también acompañados? ¿Cómo debería ser una relación moderna, una que, según nuestros parámetros de hombres y mujeres de mundo, tenga altas probabilidades de triunfo? He aquí algunas sugerencias.

Unión libre

Hasta aquí ninguna novedad. Hago referencia al censo recientemente realizado en Colombia en el que los resultados comprueban que no sólo cada vez hay más mujeres en el país sino que éstas cada vez se casan menos. Es decir, cada vez es menor el número de mujeres que se animan a ir a tomarse las medidas con la modista de la familia para que les confeccione un vaporoso vestido que si tienen suerte utilizarán una sola vez en sus vidas. O de hombres que piden la mano de rodillas y que ahorran años enteros para poder comprar la consabida argolla de compromiso. La vida misma nos ha ido comprobando que el tiempo, el esfuerzo y el dinero que uno gasta organizando una fastuosa boda es inversamente proporcional a lo que le durará la dicha. Tal vez porque muchos han ido entendiendo que el amor es una locura temporal que sólo la cura el matrimonio. O porque asumen que el matrimonio es como una ejecución: un destino realmente trágico.

Hoy más que nunca, la unión libre, más que una tendencia, es una realidad, un estilo de vida, entre otras ampliamente aceptado. Esto, por supuesto, les funciona mejor a quienes nunca se quieren casar, porque, como sabiamente dicen las abuelas, cuando ya se comen el postre antes de tiempo, ¿quién quiere la cena? En otras palabras, las que aún quieren apostarle a casarse como Dios o la ley mandan, algún día, las que sueñan con la suntuosa fiesta abarrotada de amigos y familiares ruidosos, que se olviden de las campanas de boda, pues, sencillamente, en la mayoría de los casos, la única que sí escucharán claramente y todos los días de su vida es la del despertador.

Y bien dicen nuestras antepasadas que la manera más fácil de quedarse solterona es convivir con la víctima antes del compromiso oficial y social. ¿No ven que esto les da la oportunidad de arrepentirse antes de posiblemente meter las patas? Lo mejor, repito, para las que quieran toda la parafernalia de un matrimonio, será intentarlo pero con el anillo puesto. Para que no se queje después de haber cumplido todas las funciones de una esposa sin llegar jamás a disfrutar de algunos beneficios que sí tiene la esposa. Como tener el derecho legal de quitarle la mitad de todo lo que posee después de un divorcio, por ejemplo. Pero, por el contrario, para algunos que hemos llegado a pensar que el matrimonio es el antídoto perfecto contra la pasión, vivir juntos pero sin compromisos es el ideal. Sigo pensando que, de alguna extraña manera, planear juntos una boda y encima de todo hacer partícipes a nuestros familiares y amigos es un compromiso social que así sea por pura vergüenza de tener que admitir que se acabó, logra que las parejas intenten al menos hacer un esfuerzo mayor para que las cosas sí funcionen. Por otra parte, así de fácil como nos mudamos a casa de nuestro novio o pareja de turno, ante la mínima pelea o discusión, así de fácil también es muy posible que tiremos la toalla y nos separemos. Entonces, teniendo muy claro que vivir con alguien en plena y absoluta libertad tiene sus ventajas, también tiene desventajas que debemos entender antes de animarnos a hacerlo. La principal: adiós marcha nupcial.

LA NOVIA-ESPOSA

Esta opción me encanta y ni siquiera porque salió de mi torcida cabeza sino porque a través de amigos que la han implementado en sus vidas reales he constatado que no sólo sí funciona, sino que además existe un ingrediente de sensualidad que me llama mucho la atención ante la posibilidad de ser por siempre la novia y no matar el sentimiento al convertirme en la esposa.

Funciona más o menos así, según mis amigos Poncho y Lula, quienes llevan más de siete años de feliz relación… cómo diríamos "extramatrimonial", y tras tremendos fracasos sentimentales, decidieron seguir adelante juntos a pesar de que ninguno de los dos quería casarse. Ni ella quería volver a repetir la experiencia, ni él quería realmente a una ama de casa en "su" casa. Entonces se les ocurrió la siguiente solución salomónica: que cada uno viviera en su propia casa. Sin la consabida ceremonia Lula ha logrado ser la pareja oficial de Poncho, la que atiende a sus amigos sólo si a ella le da la gana, y si no, solamente debe subir los cuatro pisos que separan un apartamento del otro. Porque lo mejor de todo ¡es que viven en el mismo edificio! Asimismo, Poncho disfruta de su compañía porque quiere, y no —como en la mayoría de los casos— porque le toca. Es así como ella puede dejar de tender la cama si le da pereza hacerlo ese día y él puede dedicarse tranquilo a ejercer su profesión de periodista sin tener que quejarse por el desorden que a veces reina en la casa. Cada uno es feliz haciendo lo que quiere, tienen el estatus de pareja formal y oficial, de hecho las invitaciones a todo tipo de eventos vienen ya marcadas con "Señor y Señora". Y ninguno de los dos tiene que aguantarse al otro. Viven en una constante y plena luna de miel que es la envidia de todos y hasta pueden cambiar de locación romántica cada vez que se les antoje. O en su apartamento o en el de él, dependiendo de la ocasión. O de qué apartamento esté más cerca del ascensor. Esta opción, definitivamente, es mi favorita. Pareja estable sin el aburrimiento que supone la cotidianidad de una vida en pareja bajo el mismo techo. Es que en el mismo registro civil nos deberían dar el derecho a elegir: ¿cómo quieren vivir su relación: juntos o por separado? Que, para el efecto y dadas las altísimas cifras de divorcios y separaciones en el mundo entero, sigue siendo la misma opción.

JUNTOS PERO NO REVUELTOS

Esta opción me llama la atención en caso de que me atreva a casarme algún día. Posibilidad muy poco probable, por supuesto, a menos que necesite un descuento en mi póliza de salud. En la misma casa, pero cada uno en su habitación. ¿Por qué no? Piénselo y se dará cuenta de que ésta bien podría ser una solución que se ajuste a sus medidas de mujer independiente. Es una ramificación de mi propuesta anterior, un *spin-off* que llaman, pero funciona más o menos de la misma manera, salvo una que otra diferencia: que inevitablemente le tocaría casarse, por ejemplo. Pero una vez superado el trauma del vestido tipo falda de lámpara de mesita de noche, el arroz con el que la bombardearon a la salida de la iglesia y que aún intenta sin éxito despegar de su cuerpo, el recuerdo de la fiesta que todo el mundo le criticó luego de que le gorrearon trago y comida, los regalos inútiles que no sabe cómo devolver o esconder para no herir susceptibilidades; lo cierto es que poner las reglas claras en el que será su nuevo hogar podría determinar qué tan largo y feliz podría ser su matrimonio. Y qué tanto podría beneficiarse de la inversión. Porque eso sí, los matrimonios son carísimos y no en todos los casos uno logra recuperar la inversión.

Por esta razón y, por supuesto para que le dure, qué tal si después de la luna de miel y uno que otro año, adoptan la eficaz medida de partir cobijas, pero sin divorciarse. Es decir, una vez que ya hayan dormido acurrucados, abrazados o haciéndose arrumacos un sinnúmero de noches, cuando ya le empiece a hacer falta su espacio, su aire, su individualidad. Mejor dicho, cuando ya no se aguanten más, para qué engañarlos, ¿qué tal proponer que cada uno se mude a su propia habitación? Y, por supuesto, a su propio baño y empezar también a disfrutar de su propio clóset nuevamente como cuando eran solteros. Porque no es cierto eso de que uno al casarse prefiera quedarse toda la vida a dormir con el mismo al lado, o que en todos los casos la idea romántica de compartirlo todo funcione en la práctica.

Entonces, en vez de divorciarse, en lugar de buscarse a un amante, para evitar los roces por la falta de espacio propio, ¿no le parece muchísimo mejor evitar así el tedio que supone en la mayoría de los casos una convivencia? Mucho más aún si el cura se lo dijo muy claro: "Hasta que la muerte los separe". Entonces para no terminar viuda antes de tiempo, o en la cárcel por haber tomado la decisión de serlo, valga la redundancia "antes de tiempo", ¿no le suena atractiva la posibilidad de vivir en pareja, preferiblemente casada, pero respetando cada uno "su" espacio? La propuesta es ideal para aquellos que ya no aguanten la tapa del inodoro subida, los pelos en el jabón y en sitios imposibles de limpiar, la consabida toalla en el piso y las constantes peleas tontas porque uno se duerme primero que el otro y quién deberá apagar la luz. Las de qué canal deben sintonizar cuando están juntos, las de quién siempre se queda con la mayor parte de la cobija o quién ronca menos. El espacio para vivir en pareja definitivamente es un tema crítico que, solucionado, podría proporcionarle mejores condiciones de vida y, definitivamente, mejores probabilidades de que su matrimonio funcione.

PROFESIÓN: AMA DE CASA

Palabras más, palabras menos, y ya que insistes: "Me caso pero me pagas por ser ama de casa". Esta propuesta les podría parecer descabellada y, para qué negarlo, lo es. Esta opción es perfecta para quienes quieran quedarse en sus casas atendiendo al marido y a los hijos que vayan a tener pero que no quieran dejar de trabajar. Porque, señoras, el trabajo en casa, por demás tan subvalorado como está, es el que peor pagan y el más arduo en el que podría embarcarse en toda su vida. Planchar, lavar, remendar, cocinar, limpiar, aspirar algo distinto a ascensos laborales, hacer el mercado, recoger a los niños en el colegio y aún así cumplir sus funciones de esposa y tener sexo con ellos de vez en cuando. ¡Todo en un mismo día! De sólo describirlo he quedado agotada, ahora imagínese para las que esto no es más que un día normal en sus vidas de amas de casa.

Entonces propongo que una verdadera relación moderna, entre un hombre medianamente inteligente y una mujer que esté dispuesta a sacrificar su preciada soltería y su jugoso cheque al final de mes producto de su trabajo como gerente de aquella exitosa empresa, debería tener reglas muy claras. Más aún si dentro de los planes están incluidos uno o varios hijos. Es decir que si uno de los dos se queda en casa, la figura no sea la de mesada sino que adquiera el estatus que realmente le corresponde: el de profesión: ama de casa. Y que no sientan que es una obligación innecesaria aquélla de mantenernos, de darnos dinero para nuestros gustos, para ellos tontos, para nosotras de vital importancia, como la última cartera Louis Vuitton que salió al mercado, o el reloj de la más reciente colección de Bulgari, cuando lo que en realidad están pagando son nuestros honorarios para cuidarles la casa, para tenerles la comidita caliente al final del día, para que los recibamos ahí sí contentas de verlos regresar del trabajo con su libro listo y abierto en la página en la que quedaron, su pijama y su cobija preferida. Para que hacerles el amor, aunque a veces nos dé pereza, sea realmente con gusto y parte de nuestro trabajo. Porque en últimas, actualmente lo es, sólo que hasta ahora lo hemos hecho gratis. Hace unos días, hablando con una pareja de amigos, me confesaron que aunque empezó como una broma entre los dos, hoy día Santiago le paga a Adriana por hacer el amor. A él le gusta la sensación de "pagar" por sus servicios y ella se esmera en servirlo cada vez mejor, para que le pague mejor. Un jueguito sexual que empezó como una fantasía y que hoy les funciona para mantener viva la llama del amor... y su cuenta bancaria.

CONTRATO PRENUPCIAL

A término fijo y renovable cada siete años o menos. Esta propuesta también les podría erizar los pelos a algunos pero, según mi juicio, sería la solución ideal para luchar aún más por la relación, para renovar los votos cada tanto o para terminar bien si las cosas andan mal. Aquí cabe perfecto aquel refrán que reza: "Guerra avisada no mata soldado". Piénselo, si encima de todo, cometemos la torpeza de casarnos con un vago que vive a costa nuestra, ¿por qué no firmar un acuerdo prenupcial que ponga, antes de la firma, unas reglas de juego bien claras? No se supone además que, en relación que se respete, ¿cada cierto tiempo tenemos que sobreponernos a una de esas crisis matrimoniales que algunos logran superar y que para otros es el detonante que los anima a divorciarse? Entonces, para que eso no pase, igual a un contrato laboral, ¿por qué no determinar de antemano la caducidad del mismo? Es decir, nos casamos sí pero sólo por un tiempo previamente estipulado entre los dos. Contratos por cinco años, por ejemplo, para ver cómo nos va antes de encartarnos y vivir aburridos por obligación toda una vida juntos. No. Que el contrato estipule un tiempo concreto en el que deberán hacer un esfuerzo porque funcionen las cosas y si no, al final del mismo, ambos recuperan nuevamente su libertad sin tanto drama para seguir solos o con otras personas.

A mí no me suena nada mal. De hecho, me parece perfecto para los que aparte de todo quieran avivar la llama de la pasión que probablemente se ha venido extinguiendo con el tiempo, porque lamentablemente cuando el ser humano siente que tiene algo seguro y para toda la vida, se vuelve cómodo y deja de hacer esfuerzos. Pero piénselo bien, si de antemano ese mismo ser humano supiera que sólo tiene un tiempo limitado para hacer que las cosas funcionen, ¿no cree que se esmeraría en esforzarse más? O, mejor aún, si supiera que realmente no es inevitable y supuestamente para toda la vida, en vez de embarcarse en un costoso divorcio, que le saldría mucho mejor, más económico e incluso más justo con su pareja, ¿dejar que las cosas se acaben naturalmente con licencia previa para, luego de fracasar, seguir adelante con su vida sin los resentimientos propios de una ruptura sentimental? Si uno ya sabe a lo que se expone, que no tiene todo el tiempo del mundo para hacerlo desgraciado o complementarle positivamente la vida al otro, ¿no suena realmente lógico que luchemos por sacar juntos un proyecto de vida adelante? O que, llegado el momento, ¿tuviéramos el derecho de separarnos por mutuo acuerdo? Es decir, por considerar que las cosas no fueron lo que esperábamos, pero con la frente en alto porque al menos sabemos que lo intentamos. Lo mejor de todo serán las muchas lunas de miel que podrá disfrutar de ahora en adelante, por supuesto.

Sólo por los niños

Cada uno en su casa pero con hijos en común. OK, lo admito, ésta es tal vez la propuesta más arriesgada de todas y la que seguramente me valdrá una demanda porque involucra menores de edad. Y no me refiero sólo a su marido. Pero es tal el afán que tienen tantas mujeres en el mundo por ser madres justo cuando las subutilizadas hormonas empiezan a negarse a serlo, sin el inconveniente de tener que cargar con un esposo, por ejemplo, que la idea, ahora que lo pienso bien, no es tan mala. Muchas amigas, pasadas de los treinta y cinco años, no sólo se quejan de la aparente falta de hombres allá afuera con quien salir, sino también con quien procrear los hijos que quisieran tener. Entonces, en vez de inscribirse en el banco de esperma más cercano, de someterse a costosos y complicadísimos tratamientos de fertilidad, de pensar en la adopción como su última y más clara opción, de pedirle a una amiga que le alquile el vientre o empezar a subrayar candidatos en los clasificados del periódico para buscar un buen prospecto o, peor aún, las que se conforman con relaciones cortas y sin bases tan sólo para dejarse embarazar y suplir la necesidad de tener un hijo, ¿no sería mejor a conciencia tratar de hacer las cosas bien? Sé que suena fuerte pero también lo es la determinación de algunas quienes ya sienten el peso de los años y las consecuencias de su misma soledad. A las que de repente su prioridad ya no es conseguir un esposo, sino tener un hijo. Y eso está pasando allá afuera y nadie, hasta la fecha, lo ha incluido como proyecto de ley en ninguna sesión del Congreso, ni como proyecto de vida siquiera.

Entonces, me pregunto: ¿por qué no "asociarse" a hombres que también quieran ser padres, sin la incomodidad de una esposa al lado, y acordar con ellos ciertos términos para ser padres en un momento determinado y, asimismo, "determinar" las que serían las reglas del juego? Es decir, lo mantenemos entre los dos, lo cuidamos entre los dos, los fines de semana son uno contigo y otro conmigo, asimismo las vacaciones serían compartidas y todos los gastos y responsabilidades que un hijo conlleve. El sexo, por supuesto, es opcional. Porque, aunque es así como los animales menos evolucionados que el ser humano procrean, sin la inconveniencia de tener que pedirle el teléfono a la pareja, sin tener que casarse y quedarse de por vida junto a ella, sin tener que aguantarse ataques de celos de nadie y aún así logran preservar la especie, no estoy sugiriéndoles que sean promiscuos ni irresponsables, ni que utilicen a los hombres tan sólo para realizarse como madres. Sugiero, más bien, una base de negociación. La mía no es más que una propuesta en la que si la idea es tener un hijo, y el matrimonio o no se ajusta a sus necesidades o lamentablemente nunca se le dieron las cosas, pueda hacerlo, pero de la manera más madura y conveniente posible para las tres partes: usted, el padre y el hijo.

Lo que digo no se aleja mucho de la realidad mundial. Al parecer, la fobia es hacia el matrimonio como tal, no necesariamente hacia la idea de tener hijos. Entonces, en vez de terminar en las manos de un cafre, ¿por qué no más bien apuntarle a un buen hombre? A uno con el que desde ningún punto de vista nos casaríamos, porque la pasión no da para tanto, pero sí con el que bien valdría la pena compartir un hijo. Porque es decente, trabajador, familiar y hasta un buen amigo. Y sé que así, a primeras luces, francamente y sin anestesia podría sonar a que mi propuesta es un despropósito descomunal. Entonces una pareja así funcionaría o como compañeros de casa o de apartamento si encima de todo son tan amigos que deciden criar a su hijo juntos. O cada uno en su casa, tal como si estuvieran felizmente separados, si por el contrario quieren permanecer solos. El hijo, por demás y valga la aclaración, no tendrá que ser partícipe de discusiones matrimoniales de ninguna índole y quedará claramente establecido que los mismos derechos sobre su crianza serán estipulados previamente entre los dos.

¿No es mejor que tengamos la posibilidad de escoger, entre tantos malos prospectos, por lo menos a uno del que sepamos qué intenciones tiene? El ideal sigue siendo, para mí, el de apuntarle a conformar un hogar con todas las de la ley y si no funciona, pues al menos podemos tener la certeza de que lo intentamos. Pero, sin intentarlo siquiera, y si es inevitablemente la nueva tendencia entre muchas mujeres solas del mundo, al menos hacerlo con la idea clara de que sí habrá una figura paternal y una maternal para que no sigamos descomponiendo la tan ya descompuesta y malograda sociedad.

SEPARADOS CON HIJOS

OK, antes de que se escandalicen admito que la siguiente propuesta de sana convivencia con su pareja o con su ex pareja, sea cual fuese su caso, es, por demás, mi situación actual y particular. Lo mejor de todo es que al vivirlo en carne propia puedo dar fe de que sí funciona. ¿Qué pasa si después de una relación normal, es decir, ambos en el mismo techo, se tienen hijos y luego nos damos cuenta de que las cosas simplemente no funcionan? ¿Qué pasa si debido a la razón que sea, la relación se acabó y de por vida tenemos que lidiar con esa otra persona a través de nuestros hijos?, ¿qué pasa si se acabó el amor? Conozco cientos de casos de mujeres que utilizan a sus hijos como arma infalible de chantaje para: *a)* sacarles más plata a fin de mes a sus ex; *b)* hacerles la vida de cuadritos de vez en cuando por deporte; *c)* ejercer presión a través de los niños para que regresen al hogar o para que al menos dejen a la "bruja" por la que nos dejaron; *d)* generar lástima y cargos de conciencia. Piénselo por un minuto: ¿no sería más práctico admitir que simplemente se acabó, en lugar de seguir perdiendo el tiempo esperando por él, y continuar adelante con su propia vida?

He notado además que, en la mayoría de los casos consultados, muchas mujeres se rehúsan a pasar la página tras un fracaso sentimental porque, heridas en su amor propio, sintiéndose socialmente humilladas, se embarcan en guerras sin cuartel contra sus ex y contra todo lo que los rodea, olvidándose que la coyuntura bien podría ser beneficiosa incluso para ellas. Para rehacer sus vidas ya sea solas o acompañadas algún día de otra persona.

Porque si queremos, es muy posible que la vida nos regale no otra, sino muchas más oportunidades de empezar de nuevo. Pero hay tantas que no quieren empezar de cero, ni empezar nada nuevo que sus vidas se convierten en una sola discusión permanente que nunca habrá de resolverse. Les aseguro que no hay una mejor sensación, una de mayor libertad que despojarse de los malos recuerdos, del resentimiento que produce un fracaso sentimental y seguir adelante con nuestras vidas sin tanto equipaje pesado. Sin tantas culpas, sin tanto dolor, sin tanta agresividad. Más aún si hay hijos de por medio. Admitir simplemente que se acabó y no esperar una disculpa que tal vez nunca llegará, quedándose en casa con la cena caliente esperando a que él se decida a regresar, así en el fondo admita que tampoco le gustaría mucho que regresara. Nadie, léalo muy bien, obliga a nadie a quedarse a nuestro lado si no quiere y nadie nos obliga a querer nuevamente a quien ya hemos decidido olvidar.

Volviendo al tema de los hijos y como algunas los utilizan como armamento de venganza contra ellos, ¿qué tal si pasado el tiempo, sanadas las heridas y una vez que tengamos claro que siempre tendremos a los hijos, por qué no darnos mejor vida, perdonar y a conciencia enderezar lo que haya quedado torcido? Y no digo que se pueda hacer en seguida, en mi caso fueron años los que tuve que soportar que el padre de mi hija sintiera una rabia profunda hacia mí por haber tomado la decisión de irme a vivir sola. Pero una vez que se dio cuenta de que no podía obligarme a quererlo como hombre, sino otra vez como amigo, lo que ha pasado en nuestras vidas es realmente maravilloso. No sólo somos buenos amigos, sino que tenemos una hermosa hija que cuidamos entre los dos sin resentimientos y evitando las guerras inútiles de poder. Nunca, a pesar de lo difícil que ha sido, lo admito, he caído en el error de hablarle a mi hija mal de su padre y jamás cometería el error que mis padres sí cometieron conmigo de utilizarla para chantajearlo a él. Mi ex tiene su pareja estable, yo la mía y entre todos tenemos una magnífica y muy cordial relación. ¿Por qué? Básicamente porque entre ambos las cosas están claras: aceptamos que ya no nos queremos como pareja pero compartimos una paternidad y una maternidad que ambos disfrutamos sin obstáculos ni del uno ni del otro. Me siento apoyada por él, él siente lo mismo hacia mí y la mayor beneficiada en todo este asunto es nuestra hija que, aunque aparentemente tengamos un hogar disfuncional, es uno en donde existe una figura paterna y una madre felizmente independiente con la que también puede contar. Y eso, en comparación con los que se quedan infelizmente juntos o se obligan más bien a hacerlo "por los niños", me sigue pareciendo más atractivo que cada uno sea feliz por su lado y que nos embarquemos más bien a ser felices juntos sólo cuando compartamos con nuestros hijos.

Entonces deje de mandar a Andresito mal vestido a casa de su padre para que su ex sienta cargos de conciencia y le envíe más dinero a final de mes. Evite hablarles mal a los hijos de su padre. Lo único que logrará será alejarlo de ellos o de usted por amargada. No le ponga quejas a su ex suegra de lo mal padre que le ha resultado su ex. Como "su" madre ella jamás admitirá que lo es y es muy poco probable que se ponga de su lado. En otras palabras: no queme pólvora en infiernitos, pues aquí siempre llevará las de perder. Más bien, viva sin conflictos y haga un esfuerzo porque a sus hijos jamás les afecte lo que usted está sintiendo. Que ellos no se sientan culpables de que la relación se haya acabado. Tampoco los use como espías para enterarse en qué anda su ex y, peor aún, con quién.

Es decir, no se torture más y aprenda a separar al hombre del padre. A sus sentimientos hacia él de los sentimientos, que si usted no interfiere, se consolidarán entre ellos. No se dé mala vida y siga adelante con la suya. Le garantizo que una vez superado el orgullo herido logrará abrir una nueva puerta en su vida que ni siquiera sabía que existía: la de su propia tranquilidad. Entienda que sí es muy posible en estos tiempos modernos criar hijos en paz y en armonía, admitiendo eso sí que el hogar podría aparentar estar dividido en dos pero que al final del día, y si usted le pone buena voluntad al asunto, sigue siendo uno solo. Con un papá feliz en su casa y una mamá que también admite serlo en la suya y con hijos que jamás notarán la diferencia, pues vivirán sus vidas sin los conflictos de quienes a pesar de que ya no se soportan se condenan a quedarse juntos pensando que es por el bien de los niños. Así en el intento lo único que logren es seguir haciéndose daño.

Esta idea surge de la charla que tuve con otra pareja de buenos amigos, mis vecinos. Una noche en la que conversábamos acerca de mis propuestas sobre el nuevo tipo de relación que podría funcionar mejor que la antigua en una sociedad moderna en la que al parecer ya nadie quiere creer que es posible llegar a viejos juntos, me contaron sobre algunos amigos que habrían ideado una manera para que sus relaciones no se dañaran debido a los frecuentes roces tan propios de la convivencia. Más aún, si ésta sobrepasa las expectativas de tiempo. Una de las ideas que más me gustaron porque me sonó extrañamente coherente es separar la pareja de los hijos. Es decir, no por ser padres se pierda la pasión de pareja como sucede en la mayoría de los casos en que la mujer se vuelve la mamá y en que el hombre empieza a buscar otro tipo de relaciones con las que empezará a definir como "mujeres" de verdad. Suena cruel pero es también la triste realidad.

Muchos hombres no consideran que una mujer, una vez que haya sido madre, es la misma con la que se casaron. Con la misma con la que pueden seguir siendo los hombres de la historia, los conquistadores, con las que bien podrían también desfogar toda su pasión y adquirir la complicidad hasta para cumplir sus fantasías sexuales. Como también es cierto que muchas veces cuando una mujer se vuelve mamá se olvida de ser esposa, amiga, cómplice, compañera, mujer. Es como si después de un papel quisieran desempeñar otro y, lamento informarles, señoras, que ser mujer no es un papel, es una realidad que nos acompañará por el resto de nuestras vidas.

Me pareció genial conocer el caso de una pareja que vive en la misma casa pero que tiene bien delimitados sus espacios. Los hijos viven en un ala de la casa y la pareja en otra. Tienen unos espacios que son para compartir exclusivamente en familia y otros que son de uso exclusivo de la pareja. Es así como luego de cenar juntos es muy posible que la pareja se retire a sus aposentos en donde, salvo contadas excepciones, está prohibida la entrada a los niños. Son los mejores padres del mundo y es mucho el tiempo que les invierten a sus hijos, pero teniendo muy en claro que los hijos son prestados y que cuando crecen muy seguramente se irán a conformar sus propios hogares; por eso protegen y cuidan más que nada precisamente la pareja.

Mi propuesta es que sin dejar de ser padres comprometidos, aprendamos también la diferencia entre ser padres y ser pareja, antes que nada. Es incluso para el beneficio de los mismos hijos que esa complicidad entre los dos no se pierda entre la cotidianidad y la rutina diaria que supone una vida en familia. Primero mujer, pareja y luego madre. A diferencia de ahora madre y cuando se vayan otra vez pareja. Pero de quién, si seguramente su marido ya se cansó de esperar a que recapacitara y ya se consiguió a otra. Entonces, para no caer en el error que cometemos la mayoría, aprenda desde muy temprano en la relación que proteger a la pareja, no apagar la llama de la pasión y tener satisfactorias vidas sentimentales dependerá única y exclusivamente de usted y de entender que no por ser madres debemos dejar de ser mujeres. Que no por criar hijos debemos anularnos como esposas, como sus amantes, como sus amigas, como sus cómplices. Para que su relación no se torne aburrida, para que no se sienta como en un proyecto en equipo en donde uno querrá abarcar más que el otro porque siente que ésa es su única función, la invito a que replantee su papel dentro de la pareja y a que admita que, queramos o no, es un hecho: los hijos se van. Pero bien administrada la pareja se queda.

SIN HIJOS

Ésta nuevamente es una tendencia mundial que no me he inventado yo sino que convive con todos los que piensan diferente allá afuera. Existen muchas parejas en el mundo que deciden, por falta de interés, de dinero o de tiempo, casarse o vivir juntos y no tener hijos. Más aún si por tener carreras complicadas que no sólo disfrutan sino porque debido a ellas no tienen tiempo siquiera para tener un pez ornamental.

Este tipo de pareja moderna decide no tener descendencia porque son conscientes de que un hijo requiere tiempo y dedicación, cosas que precisamente ellos no pueden o no tienen un real interés de proveerles en ese preciso momento. Lo interesante es definirlo y decidirlo a tiempo y no tener hijos sólo por capricho, lo que, según mi juicio, resulta imperdonable. Que los hijos se críen solos por el orgullo y la satisfacción de decir que los tenemos no se vale. Los hijos requieren más que nada de compromiso de ambas partes pero, si no es el caso, ¿para qué tenerlos, para qué asumir una maternidad con cargos de conciencia o con complejos de culpa por no tener tiempo para ellos? Un hijo no debe ser asumido como una decisión fácil o para reactivar la pasión en una relación ya desgastada. Para "obligarnos" más bien a seguir juntos que es el gran error que cometen muchas parejas en el mundo que creen que un hijo justifica que dos personas que ya no se quieren tanto como antes puedan seguir juntas.

Si fuera mi caso, es decir si no hubiera tomado la decisión más importante de mi vida y a la que le debo mis mayores satisfacciones, que fue la de ser madre, preferiría más bien la opción de no tener hijos y disfrutar más bien de mi pareja. Viajar juntos, apoyarnos en nuestro trabajo y embarcarnos en proyectos de vida, también juntos. Y no he dicho que esto no sea posible con hijos, pero le repito, si tal vez siente que los hijos le cambiarían radicalmente un estilo de vida que disfruta y que no pretende cambiar, mi sugerencia es que no tenga hijos. O todavía o nunca. O tal vez tenerlos pero sólo en el momento en el que esté dispuesta a entender que no es que esté sacrificando nada, sino que lo hará con gusto porque será en el momento preciso en el que esté dispuesta a asumirla como una elección y no como una obligación.

Ahora, tener hijos es realmente difícil y no lo digo sólo por el aspecto económico, sino por el físico también. La tendencia es que muchas mujeres en el mundo cada vez más están retrasando los tiempos en los que para ellas sería ideal la maternidad. A diferencia de épocas anteriores, muchas mujeres ya no están conformando familias en sus veinte sino pasados los treinta. Por esta razón se han popularizado tanto los tratamientos de inseminación artificial y todo tipo de programas de fertilidad. Es decir, cada vez hay más mujeres a las que les es difícil y en ocasiones hasta imposible concebir. ¿Qué pasa entonces si su caso es que a pesar de tener una pareja estable es muy poco probable que, aunque queriendo, no pueda tener hijos? Nada. No es el fin del mundo y, si encima de todo su pareja la apoya y no entra en conflicto por ello, ni se sienta una mujer inservible, ni frustrada. Aparte de adoptar, existen otras posibilidades igualmente viables. Lo importante será que no se obsesione y que aprenda a ver más bien las cosas positivas que tiene a su alrededor para poder seguir adelante con su vida. Su pareja, por demás, si es realmente el hombre de su vida, entenderá la situación y si lo ayuda podría caer en la cuenta de que se casó con una mujer y no sólo con un prospecto de mamá. En algún momento, superada la crisis, recordará que es a usted y a su humanidad a quien ama independientemente de si logran tener hijos o no. Si éste no es su caso, nada de malo tiene considerar la posibilidad de rehacer su vida junto a alguien que o ya tenga hijos y no quiera más o que de plano no quiera tenerlos. Cada oveja con su pareja.

Cambiemos esposos

¿O qué tal una idea más descabellada aún? Una que ni siquiera me llama la atención pero que al parecer suple la necesidad de "cambio" de una cantidad de mujeres insatisfechas en el mundo. ¿Qué tal casarse y tener la opción de cambiar de esposos con sus amigas de vez en cuando para aprender a apreciar más bien al que teníamos en casa? Está bien, es una broma, pero piénselo, tal vez no es una idea tan alocada como suena. Pero ya que casi como por deporte nos hemos acostumbrado a criticar y a quejarnos de nuestras parejas y asimismo a envidiar en secreto a las de las demás, podemos llegar a un acuerdo con nuestras amigas más cercanas y de vez en cuando intercambiar con ellas el que consideramos el "foco de infección". Tal vez así, como en el popular programa de *People And Arts,* aprenderíamos a valorar lo propio y dejaríamos de envidiar lo ajeno. O tal vez hasta podamos quedarnos con lo ajeno y asimismo darle una oportunidad real de ser feliz a lo propio. Una tendencia que me aterra, a pesar de ser una mujer con una mentalidad absolutamente abierta, es la de los *swingers:* cambiar de esposos pero sólo por un rato y para cumplir una fantasía sexual que me sigue pareciendo peligrosa, porque se pone en juego el respeto. Aspecto fundamental para que cualquier tipo de relación, moderna o no, que aquí propongo o no, tenga una oportunidad justa de funcionar.

El caso es que si debido a esta tendencia sospechamos también que el problema es que nadie está conformándose realmente con la idea de quedarse con la misma pareja por el resto de la vida, ¿qué tal si como experimento de vez en cuando intercambiáramos de pareja con nuestras amigas? ¿Acaso algún día llegaremos a tanto? Espero, de corazón, que no.

Espero más bien que seamos verticalmente honestas con nosotras mismas para dejarlos ir cuando ya no nos llenen de manera suficiente. Cuando realmente queramos un cambio o estar solas en su defecto, pero por separado. Me sigue pareciendo mucho más práctico simplemente separarse por un tiempo o para siempre y dejando eso sí la puerta entreabierta para volver a darnos otra oportunidad para ser amigos algún día. Y justamente cito nuevamente a mis vecinos Marta y Piti, quienes confieso que son mis nuevos ídolos. Hace poco me preguntaron en una entrevista que a quién admiraba y tras aclarar que a nadie con superpoderes, ni a los típicos Madre Teresa de Calcuta o al papa más querido de todos los tiempos, Juan Pablo II, que eran precisamente ellos. Y por una sencilla razón, después de cinco años de separados y dos hijos en común y tras haber intentado rehacer sus vidas con otras personas, se decidieron a darse una nueva oportunidad como pareja y como familia. Y ahí están, dos años después intentando con grandes posibilidades de éxito, crear una nueva relación que se ajuste a sus expectativas reales y actuales. De repente me suena más que justa la idea de embarcarse en un proyecto de vida juntos, más aún si hay hijos de por medio, más aún si nos alejamos de la soberbia y reconocemos que aún hay esperanzas, que aún compartimos un sentimiento por el que bien vale la pena luchar.

La relación internacional a lo marinero

Una relación distinta en cada puerto, como ellos. Eso. Sin pretensiones, ¿por qué no? Como ellos, dividir nuestras expectativas y conseguir el "ideal", sí pero repartido en varias formas o, mejor dicho, cuerpos. No dizque le encanta Fulanito pero no es detallista. Entonces consígase también a uno que lo sea pero que seguramente tendrá algún otro *pero* como todos los demás. ¿No dizque somos tan exigentes que ninguno nos da la talla? Entonces seamos realmente prácticas y repartamos funciones: que con el mismo con el que hacemos el amor deliciosamente, no sea el mismo con el que nos guste ir al cine, ni tampoco con otro con el que nos gusten los paseos familiares, ni otro más con el que nos fascine viajar. Que no sea uno solo sino varios, al mismo tiempo y que suplan sus necesidades y que llenen sus expectativas sentimentales. La clave de esta propuesta nefasta es que con ninguno deberá soñar con casarse. A todos les hablará claro y les admitirá que ninguno es el "único" en su vida. Tratará, eso sí, de que por lo menos no vivan todos en el mismo barrio y se convierta lo suyo en una comparsa.

Es más, que vivan en distintas ciudades o países para que nunca el tiempo que le dedique a uno se le cruce con el de otro. Sus expectativas de compromiso se limitarán a que se cumplan las citas previamente establecidas y en los tiempos que tendrán disponibles para compartir juntos. Nada de llorar porque no se anima a pedirle matrimonio, nada de quejarse porque cansado del juego alguno se decidió por otra, o porque de repente le toque pasar su cumpleaños sola por no saber con cuál de todos celebrarlo. ¿Sí ve cómo de repente entiende por qué "el que mucho abarca, poco aprieta"? Pues si no le molesta ser una más y se consigue un marrano al que dejará de admirar posteriormente porque a su vez, para usted, es "uno más", allá usted. Yo sigo prefiriendo los contratos, así sean temporales, de exclusividad.

¿Ya se decidió por alguna de las relaciones modernas que propuse anteriormente? Piénselo, quizá el secreto del éxito, de su éxito personal, radique en su propia individualidad y en admitir que tal vez las relaciones convencionales de pareja no son para usted. Es decir, no se ajustan a su medida. Entonces, en vez de condenarse a vivir una vida vacía y sola, ¿no le resulta más atractivo y desafiante inventarse sus propias reglas de juego? El éxito, por supuesto, en ninguno de los casos está garantizado, menos aún si no sabe qué quiere o si no le pone buena voluntad. El ideal, señoras, más aún después de ser testigo de las frecuentes quejas de quienes se rehúsan a terminar sus vidas solas, es convivir en pareja o intentarlo al menos. ¿Cómo? Eso dependerá única y exclusivamente de las necesidades de cada una. Piénselo.

CAPÍTULO 4

¿SUPERMAMÁS O SUPERMAMADAS?

"La Mujer Maravilla es una latosa". Atte. El Hombre de Acero

La diferencia entre un matrimonio funcional y feliz y uno que no lo es consiste en callarse una que otra cosa. Pero, si de relaciones modernas y disfuncionales se trata, hay un tema que bajo ningún punto de vista podemos obviar si queremos explorar las posibles causas de tanta frustración femenina. Es la bendita manía de las mujeres modernas de dominar el multi-tasking, *término primer mundista que podríamos definirlo como el arte o más bien la torpeza de querer hacer literalmente de todo, al tiempo, a veces hasta gratis, tan sólo para demostrarnos y de paso a los demás que somos verdaderamente capaces. ¿Capaces de qué? ¿De agotarnos? De atender todo pero tan a medias o con tanta escrupulosidad que hemos perdido la capacidad de disfrutar o de apreciar.*

¿Ser perfectas para qué? Nada más cierto que lo que dijo Elizabeth Taylor en una entrevista: "El problema que tienen las personas perfectas, las que aparentemente son un dechado de virtudes, las que no conocen de vicios o defectos, es que en cambio seguramente tendrán virtudes que nos resulten demasiado irritantes a todos los demás". Entonces, ¿tanta perfección para qué?, ¿para terminar convertidas en unas fastidiosas psicorrígidas? Aclaremos algo, la mujer siempre tendrá que hacerlo doble para adquirir algo del reconocimiento que ellos en cambio sí logran de los demás con la mitad del esfuerzo que nosotras hacemos. Afortunadamente,

tampoco nos queda para nada difícil, pues a diferencia de ellos, cuando los hombres sienten que por fin han encontrado a una mujer perfecta para ellos, nosotras en ese momento seguramente seguiremos esperando al hombre perfecto. Y así nunca nos entenderemos. La sabiduría, señoras, consiste en saber cuándo evitar la perfección. La prueba de que no somos tan perfectos es que la misma y muy sabia Madre Naturaleza, por más que lo intentó, tampoco lo logró. Tal vez por esa misma razón nos creó ciegos para que no pudiéramos ver nuestros propios defectos.

Entonces, si ahora somos abiertamente tan capaces, ¿por qué será que no hemos sido capaces de establecernos sin afanes dentro de un hogar que sí funcione? ¿Uno en el que papá es papá y mamá es mamá y hasta nos preciemos de ello, en donde cada uno interpreta un papel con el que se sienta verdaderamente cómodo y en el que logren procurar un espacio sano, incluso, para tener hijos? ¿Uno en donde la mamá, así trabaje, entienda que la prioridad son los hijos, si los tiene y la pareja, si no se ha aburrido y aún la tiene en casa? ¿Uno en donde el papá, así tenga una esposa trabajadora, entienda que no es sólo un huésped en casa y que tendrá que participar activamente tanto en la crianza de los hijos como en apoyar y proteger a su pareja?

En estos tiempos modernos lamentablemente nadie piensa así. La prioridad es el trabajo y el dinero que de allí se deriva. Ya nadie se da la oportunidad de imaginarse siquiera lo que podría ser un hogar estable, porque con tanto que hacer para lograr sus objetivos, poco o nada de tiempo queda ni siquiera para soñar.

Por eso ya nadie quiere tener hijos antes de los treinta. ¿Con qué tiempo? Y, si los tiene y no se ha planteado renunciar a uno que otro compromiso para poder no sólo educarlos sino también disfrutarlos, es muy probable que traslade "esa" responsabilidad a terceras personas. A la niñera, a la empleada del servicio, a su mamá o alguna prima o hermana que sí tenga tiempo, según usted, libre. Si ni siquiera estamos disfrutando de la maternidad como sí lo han hecho tantas de nuestras antepasadas y algunas amigas decididamente más inteligentes que nosotras en el presente, ¿para qué tener hijos o para qué casarnos y aspirar a tener una pareja al lado si ello requiere un poco de la dedicación y del tiempo que ya sentimos que no tenemos para esas pendejadas? ¿Por qué nos seguimos dando tan mala vida y pensando que para lograr una cosa debemos renunciar a otra? Es hora de admitirlo: no podemos hacer todo bien al mismo tiempo. Usted podrá ser muy exitosa en el trabajo pero si tiene hijos, cuando crezcan, lo más probable es que alguno o todos le reclamen alguna vez su falta de tiempo y dedicación para ellos. Usted podrá ser una esposa fiel, más que nada porque trabaja tanto que ni tiempo tendría para conseguirse un amante, pero le dedica tanto espacio a su aspecto laboral que es posible que el que se consiga una amante eventualmente sea él. Entonces, ¿por qué en vez de pensar que tener hijos es un sacrificio, y atender a la pareja uno más de los tantos compromisos que tiene, no aterrizar de una buena vez y entender que cuando uno desea demasiado algo, las cosas se dan solas, naturalmente, sin presiones?

Cuando el rompecabezas se arma solo y borra las palabras *sacrificio* y *renuncia* de su diccionario personal comenzará a disfrutar de lo que nos brinda la vida sin tener que creer que renunciamos a nada o a todo por simple orgullo feminista. No nos digamos mentiras, exitosas o no, seguimos siendo mujeres para quienes el término *realización* lo asociamos más a temas personales que a los laborales. Para una mujer, la mayoría de nosotras, sensibles como sé que aún lo somos, en el fondo es más importante tener una familia que un carro último modelo estacionado en frente de la casa. Nos gusta la sensación de poder que nos da poseerlo pero en el fondo también añoramos con quien poder disfrutarlo. Para muchas de nosotras sigue siendo más interesante tener un buen hogar que un buen empleo. Así le dediquemos más tiempo a lo segundo que a lo primero. Es más importante el cumpleaños de la abuela que la fiesta de promoción de su jefe directo, así sienta que tiene que asistir a la segunda para no perder su empleo. Pero cuando somos absolutamente sinceras con nosotras mismas, mujeres al fin y al cabo, admitimos no saber si por culpa de la genética o las hormonas, nuestras prioridades y aquellas cosas que realmente sí nos producen satisfacción son muy distintas de las de ellos. Pero, porque nos hemos querido convertir en ellos, es que hemos apartado nuestra propia interpretación de la realización femenina como tal, para embarcarnos en estilos de vida y actitudes que son tan masculinos y alejados de nuestra propia realidad. Lo cierto es que esos cargos de conciencia que hemos venido recolectando en el camino surgen porque no estamos supliendo esa necesidad de ser y disfrutar el ser precisamente mujeres.

Y lo digo porque, así ganemos y vivamos bien, también el amor, la comprensión y, ni qué decir, una pareja al lado, parece ser la consigna y, en la mayoría de los casos, no tenerla, el principal motivo de nuestras frustraciones femeninas. Lo laboral *versus* lo personal: el gran dilema de las mujeres modernas en el mundo entero. ¿Qué escoger?, pues lo que le proporcione más felicidad. O ambas cosas, sólo si puede, si logra disfrutar de ambos escenarios a la vez, si ello no la invade de esos insoportables cargos de conciencia con los que vivimos tantas mujeres modernas y ocupadas en el mundo. El problema es que la mayoría de las mujeres somos tan inseguras que, a pesar de que nos hemos embarcado en una batalla sin cuartel contra los hombres, no admitimos que lo que realmente anhelamos es que nos valoren. Que nos aprecien: reconocimiento. Si es el masculino, mejor. Al convertirnos en Mujeres Maravilla o en Supermamás, lo que realmente hemos conseguido es "superfregarnos" de competir en una lucha que si, ganamos, nos toca celebrar amargamente solas. Pero si lo que queremos es vivir en pareja, por ejemplo, está comprobado que al hombre no le gusta que lo reten en su territorio en donde quiere seguir siendo el rey. Aunque los ajedrecistas del mundo estén de acuerdo en que es la pieza más inútil del tablero, pues la que más se mueve, funciones y armas para luchar tiene sigue siendo la dama. Pero una dama de verdad espera. Es la última pieza que se juega, es la que protege su castillo y su reino, con todo y el inservible rey incluido. La estratega, la que sabe cuándo moverse y no desperdicia jugada. La que así tenga peones y alfiles sabrá que todos en su tablero de juego son esenciales e importantes para ganar. Para hacerle jaque mate a la vida misma. ¿Qué tal si más bien aprendiéramos a brindarle a cada aspecto de nuestra vida la importancia y la dedicación que realmente merecen, por gusto y no porque a veces sentimos que nos toca, para que en vez de Mujeres Maravilla nos convirtamos en Mujeres Maravillosas?

Si Superman no tuviera una vida paralela como la que vive a través del pelmazo de Clark Kent, hasta él estaría fregado de sus superpoderes y de luchar literalmente por todo el mundo sin obtener ningún reconocimiento real, una medalla, un trofeo o una simple nota de agradecimiento. Asimismo, nos sentimos a veces las mujeres modernas y autosuficientes quienes hemos escogido echarnos un sinnúmero de responsabilidades encima. Peor aún, en la mayoría de los casos consultados, es decir, mi mamá, mi tía solterona, mis amigas MEI (Mujeres Emocionalmente Inestables), una que otra BIT (Berracas, Inteligentes y Toderas) y, por supuesto, la vecina del 511, por voluntad propia. ¿Qué gracia tiene ser real y aparentemente eficientes en todo y para todo? Si con el paso del tiempo es tan fácil constatar que nada nos conviene menos que admitir que somos buenas para alguna cosa. Cualquier cosa. Si es que no quiere terminar haciéndolas usted misma, quiero decir. En cambio una que finge que no sabe hacer nada, a ésa le ponen las cosas en bandeja de plata y se lo harán todo. En esto precisamente he basado mi teoría de que los caballeros sí las prefieren un poco torpes para pensar y con cerebros sin estrenar.

En el pasado las mujeres realmente inteligentes se dedicaban a una sola actividad al tiempo. Y lo disfrutaban. No sé si a medias o no, pero al menos manifestaban real dedicación hacia alguna cosa. Pero, ¿hoy día? No queremos dejar de trabajar pero debemos regresar temprano a la casa a atender al marido, si ya no se cansó de nosotras y de nuestra falta de tiempo; a dormir a los niños tras haber repasado las tareas. A ser las mejores amigas, hermanas, empleadas e hijas. Asistir muchas veces cansadas a todos los eventos a los que nos invitan para que no nos tilden de aburridas, y que ello no nos vaya a restar posibilidades a nivel laboral ni social. Y todo al tiempo. Esto, para que los caballeros que de casualidad estén leyendo esta columna entiendan de una vez por todas por qué la mujer moderna vive literalmente ¡superfregada! En otras palabras, para que la próxima vez que ella finja un dolor de cabeza, tras un largo día de trabajo, y se niegue a cumplir con sus supuestas obligaciones maritales, usted entienda la razón por la cual no se lo quieren dar.

El agotamiento femenino ha empezado a adquirir visos de epidemia en el mundo entero. Como cortadas con la misma tijera todas, al parecer, queremos lo mismo: un supertrabajo, unos superhijos de los cuales sentirnos superorgullosas y con los que podamos lucirnos frente a las demás, un supermarido que no sólo sea exitoso, sino que además nos permita desarrollar todas nuestras capacidades sin que nos obstaculice el camino. Nos hemos convertido en robots, en verdaderas bombas de tiempo listas a estallar con tanta presión. ¿Cuál es ese afán que tenemos las mujeres modernas del mundo de pertenecer al mismo molde, a seguir los parámetros de una nueva tendencia social que ya no se ajusta a ninguna de nuestras necesidades reales? A abarcarlo todo y a no retener ni disfrutar nada.

Cuales superheroínas volamos de la comodidad de la casa de nuestros padres a la empresa más cercana. Muchas veces incluso antes de graduarnos. Nuestra batalla por la libertad nos lleva a emplearnos en las más diversas labores. Bien pagadas o no, la consigna es ganar nuestro propio sustento para demostrarles primero que nada a nuestros padres que somos valientes y que sí podemos valernos por nuestra propia cuenta. Segundo, para demostrarles a todos los demás que ya crecimos y que somos realmente útiles a la sociedad. Tan sólo para descubrir, alguna tarde en la vida, que el chiste está en llegar a un punto en el que sintamos que no tenemos que demostrarle nada a nadie distinto de nosotras mismas. Como en toda superproducción que se respete, los villanos no tardan en aparecer en nuestras vidas. Así como cuando aún vivíamos en casa de nuestros progenitores y los enemigos eran nuestro hermanito menor por "soplón", es decir, por delatarnos cada vez que nos llamaba un pretendiente por teléfono o por chantajearnos si encima de todo el pobre llegaba de visita, la empleada de la casa por chismosa, nuestra hermanita menor por igualada y por ponerse nuestra ropa y por usar nuestros maquillajes sin permiso, nuestros padres cuando no nos daban permiso para salir, el primo baboso con complejo de *latin lover* que se creyó el estúpido refrán aquel que dice: "A la prima se le arrima". Sí pero es que nadie aclaró que los que nos gustan son los primos, pero los de nuestras amigas, casi nunca los propios.

El caso es que, cuando adultas, los villanos son todas aquellas personas que se interponen en nuestro camino, que no están de acuerdo con nosotras, que no se rinden ante nuestros encantos o con las que trabajamos y competimos a diario por subsistir. Y, las que pueden, por sobresalir. En nuestras vidas de mujeres independientes y oficinistas asalariadas, éstos adquieren otra fisonomía distinta de la de los cómics de Marvel y se transforman en horrendos especímenes de los que es muy difícil huir. Para muestra un botón.

El Hombre Lobo

El perdedor, el N.N., el fantasma de la oficina que lleva veinte años en el mismo puesto y que solito cree que se las sabe y se las merece todas. Aunque todas saben quién es, porque seguramente lo han visto por los corredores, ninguna sabe qué hace o cuál es su función dentro de la empresa. El jefe, por su parte, no lo ha despedido porque no sólo no recuerda su nombre, sino que ni siquiera se acuerda de que sigue trabajando en la misma empresa. Es tan poco influyente que con la única que podrá lucirse por un rato será con la nueva. Es decir, usted. Nadie quiere caer en las garras de este tipo de compañero de oficina que es el más mediocre de todos, el que da los peores consejos, el que ya no tiene aspiraciones, salvo deslumbrarla a usted. Y el que, como no tiene nada que perder, no tendrá ningún inconveniente en hacerla perder su tiempo.

El Guasón

El idiota, el payaso frustrado, el que tiene complejo de recreacionista de piñata bailable. El rey del corredor y, a su vez, el patinador, el mensajero, el que lleva y trae todos los comentarios maliciosos. El teléfono descompuesto. Sin lugar a dudas, es uno de los villanos más peligrosos, pues a punta de chistes malos y chismes tiene a todo el mundo convencido de que sus poderes son de otro mundo. Y lo peor es que tiene algo de razón. Su poder radica en su lengua y, para neutralizarla en algunos casos, toca rendirse y suplicar. Se las sabe todas, pues de idiotas todas creemos en sus buenas intenciones y lo convertimos en nuestro paño de lágrimas. Lo malo es que lo mismo hace con todas y con todos y, sin querer, es el hombre mejor informado de toda la oficina.

Hiedra Venenosa

Mejor conocida como la recepcionista. La que escucha las conversaciones, la que si un día no le gustó cómo la miró no tendrá inconveniente alguno en sabotear todas sus llamadas importantes. Hasta la de Julián, el tipo aquel que conoció el fin de semana, al que por estar borracha no le dio bien su número telefónico pero sí recuerda haberle dado el nombre de la empresa en la que trabaja y el cargo que tiene. Por supuesto, tras un altercado ocular con Hiedra Venenosa, nunca se enteró de que Julián, a través de sus buenos oficios y una labor realmente de inteligencia, no sólo logró conseguir su teléfono, sino que hasta flores le envió ese día. Usted nunca se enteró. Julián tampoco la volvió a llamar. Los poderes de esta superdesgraciada no tienen límites. Es una excelente villana, tanto que, así como no le pasará las llamadas que tanto le interesan, sí lo hará con todas las otras que no quiere atender ese día, como la de su ex novio al que le tocó ponerle una demanda en la fiscalía por acoso sexual, o del abogado del banco que insiste en que la demandará por no haber cubierto un sobregiro, la de la nueva novia de su ex quien presa de los celos grita histérica al otro lado de la línea, por ejemplo.

El Pingüino

El Jefe. El que al principio querrá medirle sus habilidades y su nivel de aguante para poder reclutarla a sus anchas en su ejército personal. El que donde se descuide, por muy adorable que parezca, si no le marcha a su paso y ritmo tiene el poder de congelarle aquel ascenso por el que tanto luchó o ese aumento con el que tanto soñó y que, por torpe, seguramente ya se gastó.

La Mujer Maravilla

La perfeccionista. La Barbie de *blower* y pestaña postiza que dizque se las sabe todas. La que siempre la deja como un zapato delante del jefe para ser ella quien se gane los puntos a su favor. La que es eficiente para todo, especialmente para amargarle la vida, sobre todo a las pobres novatas. Esta mujer es aparentemente un verdadero encanto, pero una vez que usted le haya dado la espalda, no tendrá ningún inconveniente en tratar de desacreditarla y quitarle el puesto.

El Acertijo

Este supervillano pulula en cuanta oficina, compañía o empresa en la que no alcanza el presupuesto para contratar verdaderos profesionales. Con este personaje uno nunca sabe si le cae bien o mal, si está haciendo bien su trabajo o si se está promocionando él mismo, como su remplazo. Generador por excelencia de incertidumbre y de mucha inseguridad laboral.

Estos y otros villanos hacen que nuestras vidas profesionales sean miserables. Las mujeres no la tenemos para nada fácil. El caso es que tras una ardua jornada laboral, como nos toca a casi todas y una vez acomodadas en el salón de la justicia, es decir en la sala de su nueva casa o departamento pero, alquilado, y aún vacío por falta de presupuesto, tras haber luchado a capa y espada contra esta gama de villanos que pululan en las empresas del planeta, la lucha por subsistir allá afuera apenas comienza. Y no es que alguien dude de nuestras capacidades, ni Dios lo permita. El problema es que nos tomamos muy a pecho aquello de que en realidad todo lo podemos solas. Es así como muchas empezamos a vivir nuestras vidas tan mal que ni siquiera hace falta la kryptonita para dañarnos el camino y quitarnos la fuerza: de eso nos encargamos nosotras solitas. Porque así nuestro superdisfraz de superheroína no sea una pantaleta de un material directamente importado desde el espacio, sino más bien un traje de marca que aún pagamos por cuotas, así no usemos capa, una tanga narizona como Superman, botas de látex sino stilettos, nuestra actitud luchadora es aún más impresionante que la de cualquier superhéroe submarino o volador. En ese afán por demostrarles a los demás que sí podemos, nos convertimos en mujeres aguerridas y con los guantes para la lucha siempre bien puestos y amarrados. Luchamos contra ellos por los mejores puestos y por sus salarios (los nuestros curiosamente siguen estando por debajo), contra nuestros compañeros de trabajo cuando ya no somos tan novatas y nos cansamos de tanto villano. Con nuestras amigas por demostrar a cuál le va mejor y supuestamente es más exitosa. Con nuestras parejas porque no alcanzan a entender nuestro cansancio o el porqué de nuestro explosivo mal genio.

Suponiendo que nos quede tiempo para tener algo de vida social, entonces, luchamos allá afuera contra las demás por ser las más reconocidas, las más admiradas, las más deseadas. Supongamos que, encima de todo, es de las afortunadas que a pesar de su actitud belicosa consiguió un pretendiente tan torpe, amoroso o suicida, como prefiera llamarlo, que se haya animado a proponerle matrimonio. Supongamos que usted no es tan bruta y a falta de otras posibilidades, accede. Supongamos que la boda se efectúa tal como usted la soñó, que su madre y su hermana hasta asistieron tras perdonarle que, por falta de tiempo por haberle dedicado su escaso tiempo libre a su trabajo y a su novio, las haya abandonado a su suerte durante meses. Tantos que hasta se le olvidaron las bodas de plata de sus propios padres y los cumpleaños de sus sobrinos. Supongamos que su nuevo marido es también un hombre de mundo y tan absurdamente comprensivo que la anima a que siga trabajando al mismo ritmo. Asegura que no le molesta que pase catorce horas diarias en la oficina o en asuntos relacionados con su trabajo, que traiga carpetas de papeles de su oficina para seguir trabajando el fin de semana, que pase horas pegada al teléfono dando órdenes o que su idea de una noche romántica sea cuando la deja dormir. Supongamos que lo hace porque tiene una amante o porque ya le ha empezado a echar el ojo a una que recién conoció y le conviene mantenerla, cómo diríamos, "ocupada". Aunque suene cruel, la mayoría de los hombres sólo nos apoyan en algo cuando han perdido su interés en nosotras. Supongamos que no dije eso y que no la acabo de llenar de suspicacia. El caso es que un tiempo después ambos se animan a tener un hijo. Usted, por supuesto, mujer moderna al fin y al cabo, sin sacrificar un solo ápice de su espacio, de inmediato pondrá las reglas claras sobre la mesa: "Lo tenemos pero no voy a dejar de trabajar". Acaba de dictar su propia sentencia y de condenarse sola.

Es cuando su pareja comienza a empacar la maleta virtual y a entender que su egoísmo la precede. Tanto que, si la dejara, usted muy posiblemente ni lo notaría siquiera. Y es por eso que muchos se alejan, nos dejan, se van de nuestro lado aunque sigamos compartiendo el mismo techo y, si cuenta con algo de suerte, tal vez hasta la misma cama. El hombre que se siente desplazado por la ambición desmedida de su pareja, por su afán de triunfo sin tener que contar con él, empezará inevitablemente a no sentirse valorado, ni mucho menos admirado. Y es ahí cuando empieza a comprender que la mujer con la que se casó, es decir usted, no necesita un esposo sino un edecán. Que su idea de hogar es la de un hotel, cinco estrellas, por supuesto, y que tener hijos no sería una ilusión que albergarían entre dos, sino más bien para usted. El paso siguiente y obligado dentro de la idea distorsionada de conformar una familia que tiene será la desconexión. Es decir, hasta que realmente la deje por otra que sí finja interés en él.

Es tal la manera tan defensiva con la que algunas mujeres asumen una decisión tan importante como la de tener un hijo que, sin darse cuenta, se alejan de sus respectivas parejas. La desilusión empieza a rondar la alcoba y es fácil concluir que un hijo es tal vez un inconveniente para ambos. Porque de sólo imaginarse cómo les cambiaría la vida en todos los aspectos, lo que cuestan los hijos y el poco tiempo que deja el trabajo para criarlos, de por sí una posibilidad aterradora. Por esto, muchas menos mujeres están teniendo hijos, si los tienen, no pasan de dos y eso, para no dejar al "mayorcito" solo y cuando quieren tenerlo. También se da el caso de las que, pasado un tiempo, o ya no tienen con quién o, peor aún, ya para qué. Sin embargo, algunas se animan aunque la experiencia les resulte agotadora. Si no tiene en casa quién la ayude, el marido por supuesto no cuenta, se levanta temprano, levanta a su hijo, le prepara el desayuno, le saca la ropa al marido mientras supervisa que el niño se lave bien los dientes y lo presiona para que se apure, pues para variar va tarde a la oficina. Maneja mientras habla por teléfono, reprograma citas para la tarde y de rapidez deja al niño en el colegio. Para tener más tiempo libre, seguramente meterá al pobrecito en todas las actividades extracurriculares que pueda.

En la oficina no habrá tiempo que perder, pues seguramente deberá llegar a casa a preparar todo nuevamente para otro día igualmente caótico al que ya está teniendo. Si la llaman del colegio para avisarle que el niño se raspó o se siente mal y está en medio de una junta, llamará a alguna amiga para que le haga el favor de recogerlo. Si tiene secretaria combinará sus funciones entre las de la oficina y la de su propio hogar, pues no le sobran minutos al día para atender ambas cosas a la vez.

Mi abuela sabiamente decía que al que no quiere caldo, se le dan dos tazas. Refrán que cabe perfecto para describir a las mujeres de hoy día. Tanto han luchado por la igualdad de géneros que ni siquiera se han dado cuenta de que eso sólo existe en sus cabezas.

Para ellas, las funciones ahora son dobles y el salario, el mismo. Han querido seguir trabajando al mismo ritmo desconociendo que, para que un hogar funcione, más que sacrificios —palabra que a todas nos produce alergia con brote— habrá que sacarle y dedicarle algo de tiempo. Y ésa es una de las razones por las cuales nos estamos separando, nos estamos quedando solas luchando contra un mundo cada vez más hostil y competitivo. Por eso hemos empezado también a tener que criar a nuestros hijos solas.

Yo que recientemente he aprendido a no culpar a los demás de mis fracasos y mis frecuentes desatinos, sí admito que soy madre soltera por no haber pensado de esa forma a tiempo. Puedo asegurarles que no hay una bendición más grande que la de tener un hijo y que no hay frustración más grande que la de obligarnos a criarlos solas por simple orgullo feminista. Y aunque no desconozco que allá afuera también existen casos patéticos de hombres a los que no sólo no les interesa responder por sus hijos, sino que cómodamente trasladan sus responsabilidades a la mujer; lo cierto es que casi que por gusto propio en algunos casos muchas de nosotras optamos por el camino difícil. El de la dignidad a prueba de balas. El que supone vivir en medio del resentimiento contra ellos en vez de negociar, valga la redundancia, precisamente con ellos. Así sea por el bien de nuestros hijos, si es que los tiene o si los ha pensado tener algún día. Para no restarles la posibilidad de crecer también con un padre cerca. Aunque sea de adorno, de figura decorativa, pero al menos presente. A uno que admire y a través del cual pueda aprender algo positivo para su propia vida. El respeto, por ejemplo.

Crecer con un papá cerca, así éste viva a varias cuadras de distancia y posiblemente con otra. Y aunque el ideal sería, para qué negarlo, haber conformado un hogar con todas las de la ley, con figura paternal incluida o por lo menos con un hombre de pijama a cuadros, periódico en la mano y pipa, lo cierto es que mi inseguridad de aquel entonces jamás me permitió siquiera estudiar la posibilidad de construir algo que se asemejara siquiera a un hogar. Siempre aspiré a ser una supermujer. Una que si no se hubiera dado cuenta a tiempo también podría haberse quedado para siempre supersola. Ojalá lo entienda a tiempo y no le pase a usted.

Para que nos entendamos bien, no me refiero a las mujeres que por desgracia se toparon con un subnormal que les prometió el cielo y la tierra, las dejó por otra, con el que tuvo un par de hijos y ahora toca perseguirlo con un policía para que le pase la pensión de los niños a fin de mes. Si es su caso, me pregunto, ¿qué pasa que no lo demanda? Hablo de las mujeres que piensan que debemos separar la maternidad de ellos así como de todos nuestros asuntos. La que insiste en que todo lo puede sola así las señales indiquen amplia y claramente que hay una mejor forma de hacerlo: en equipo. Así cada uno viva en su propia casa y con otra pareja, como, repito, es mi caso. Pero créanme que para poder convivir con ellos según nuestras expectativas de mujeres modernas, o para poder conciliar aún después de una separación, o de un divorcio con hijos de por medio, toca ceder un poco más. Lo cierto es que nuestra prepotencia de mujeres autosuficientes, señoras, en ocasiones afecta y lastima a nuestros hijos. ¿Y todo para qué? Para que al final nos toque conformarnos con los más patéticos e inútiles de los superhéroes: Acuaman, un tonto escurridizo y tan escamoso que sumerge nuestras ilusiones o literalmente las pasa por agua. O Linterna Verde, el desgraciado que alumbra de noche y sólo si tiene ganas de hacernos el amor, pero que en el día, extraviadas en medio del bosque, no sabría cómo guiarnos por la vida.

CAPÍTULO 5

¡TRAUMATIZ-HADAS!
CUENTOS INFANTILES DE HORROR

¿Y después se preguntan por qué somos como somos? Porque las mujeres modernas, si no nacemos, nos crían para ser unas verdaderas traumatizadas. En algunos casos, unas agresivas, posesivas, envidiosas e intolerantes féminas que vivimos a la defensiva y que lamentablemente casi nunca logramos hallarnos dentro de nuestro propio contexto. ¿Por qué seguiremos soñando con el ideal de relación perfecta que nos han contado pero que nunca encontramos? Y que si por casualidad lo hacemos, no sabemos cómo hacerlas funcionar.

¿Acaso las historias mágicas de princesas desvalidas salvadas por príncipes azules millonarios tienen algo que ver con nuestros traumas femeninos? Con la imposibilidad que tenemos muchas mujeres en el mundo de conformarnos con un ser humano normal, común, cuando desde pequeñas nos enseñaron a soñar con castillos encantados y héroes fantásticos. Porque ninguna de nosotras nunca soñó con quedarse con el lacayo, ni con el que le cuidaba el caballo al príncipe, ni con el que llevaba el cojín con la zapatilla de cristal, como inevitablemente nos toca a muchas en la vida real. A todas nos invitaron a fantasear con el dueño del castillo, con el de la trusa azul, con el del penacho de plumas. Pero es que príncipes no hay tantos y podrían ser incluso aburridísimos, infieles y hasta malos amantes. Pero príncipes al fin y al cabo. Qué tal las historias infantiles con las que nos invitan cuando pequeñas a "soñar con los angelitos". Esas que irresponsablemente nos cuentan y que de moraleja sólo nos dejan angustia, ansiedad y, en ocasiones, frustración. Porque nada de lo que pasa en los cuentos infantiles nos pasa a la mayoría en nuestras vidas reales de mujeres modernas y asalariadas, entonces el daño es… irreparable. He aquí algunas historias de horror infantiles con las que aún pretenden enseñarnos moral y valores para la vida. Como consuelo me queda que siquiera al estrangulador de Boston no se le dio también por escribir cuentos infantiles desde prisión.

La Cenicienta

El más popular de todos los cuentos infantiles entre nosotras las mujeres narra la historia de horror de una hermosa muchacha que luego de perder a su padre en extrañas circunstancias, pues nunca culpan ni al mayordomo como en todas las películas, le toca quedarse a vivir bajo la tutela de su malvada madrastra y de sus dos hermanastras feas. Lo peor de todo es que, a pesar de su tristeza por la muerte de un ser tan querido para ella, la madrastra se apropia de la casa y a ella le toca atender a su familia adoptiva como una empleada del servicio. El príncipe del castillo más cercano, pues en la zona como que había varios, decide que ya es hora de casarse, por lo cual lanza una campaña para conseguir esposa entre las doncellas del reino. Sus publicistas se inventan… ¡una fiesta! La pobre Cenicienta, muerta de las ganas de ir a ver si mejoraba su futuro algún día, es víctima de una trampa de la cruel madrastra quien le vuelve harapos el vestido que con tanto trabajo logró confeccionar ayudada por un par de ratones ladrones. Con vestido prestado, Cenicienta logra volar hasta la fiesta donde conoce al príncipe y él al verla tan bien vestida a pesar de no haber cruzado una sola palabra con ella, queda inmediatamente prendado.

A Cenicienta se le acaba el permiso que le dio su hada madrina para estar en la fiesta disfrazada de niña bien y se devuelve a su desgraciada realidad. El príncipe afortunadamente no logra superar aquel encuentro furtivo con la mujer de sus sueños y, con la zapatilla de cristal en la mano como única pista de su paradero, se lanza en una búsqueda sin cuartel para encontrarla. La madrastra trata de impedirlo quebrando la zapatilla de cristal y metiéndole la promoción del 2×1: dos hermanastras feas y bigotudas por el precio de una. Sin embargo, el amor triunfa cuando la Cenicienta saca de su bolsillo la pareja de la que se rompió. Ahí sí queda ampliamente demostrado que ella es la mujer que buscan. ¡Y una verdadera interesada!

Analicemos y aclaremos. ¿Por qué la protagonista de todos los cuentos infantiles tiene que ser hermosa? ¿Por qué no puede ser una muchacha normal, de hecho un poco pasada de peso y feíta que le toca ayudar en los quehaceres de la casa como castigo por haber perdido todas las materias en el colegio y por irse a parrandear con sus amigos hasta avanzadas horas de la madrugada? ¿Por qué la muy tonta se dejó quitar la herencia si para eso ha podido contratar a un abogado que al menos hiciera una separación de bienes con la madrastra? En esa casa no había mayordomo al que culpar por la muerte del padre de Cenicienta, por lo cual la culpable, a falta de más sospechosos, evidentemente debía ser la madrastra. No entiendo cómo Cenicienta no la acusó al menos por sospecha ante la fiscalía. ¡Demasiado tonta!

Las hermanastras de los cuentos son siempre feas y envidiosas. ¿Por qué no pueden ser más astutas, bonitas y estudiosas que la Cenicienta, cuya única gracia que tiene es ser linda? Como si las hermanastras por feas no pudieran también aspirar al amor de un príncipe azul, verde, amarillo o del color que prefieran. A la Cenicienta y, menos aun siendo la dueña de la casa, no le toca atender a nadie. Que se atiendan solas o que pidan comida a domicilio.

Esa actitud de sufrida, a las mujeres modernas, es la que más nos molesta de Cenicienta. Pellízquese, m'hijita, y sea práctica. Para lavar la ropa, llévela a la lavandería más cercana y pásele la cuenta a su madrastra. No se complique tanto la vida. ¿Y qué es eso de tener que pedirle permiso a la madrastra para asistir hasta a una pinche fiesta en palacio? No, señora, escápese, invente que se va a dormir a la casa de una amiga, como hacemos todas, pero no sea tan idiota.

Luego sigue la parte en que la madrastra le daña el vestido y la muy boba se pone a llorar y a lamentar su desgracia en vez de irse corriendo a la *boutique* más cercana antes de que se la cierren. Le pide ayuda a la madrina que, por envidiosa y solterona, sólo le da permiso hasta las doce, cuando todo el mundo sabe que las fiestas apenas empiezan a ponerse buenas. Va al castillo y el príncipe la ve y a primera vista se enamora de ella porque, obvio, es la más bonita de toda la fiesta. Lo cual comprueba mi teoría de que los hombres las prefieren brutas pero bien presentaditas. Cenicienta se va corriendo de la fiesta cuando son las doce para que él no descubra quién es realmente, como si tuviera algo que esconder. ¡Hmmm! A lo mejor el autor de este popular cuento no está contándonos la historia completa y Cenicienta sí tiene su "guardado". Un hijo ilegítimo, tal vez una adicción a las drogas, acaso es alcohólica, o una ex presidiaria. Porque si se enamoraron, ¿qué importa si tiene dinero o no, si llegó en una carroza de cristal tirada por caballos percherones o en taxi? No dizque el amor lo supera todo. ¿Qué clase de ejemplo es este, por Dios, que fingimos para que nos acepten socialmente o para conseguirnos un buen partido?

El caso es que el príncipe que, a estas alturas del cuento empezamos a sospechar de que es *gay,* de repente pierde el interés en todas las mujeres de la comarca y en su propia vida hasta en tanto no encuentre a Cenicienta, que ni sabe cómo se llama, y a la que el muy torpe ni siquiera fue capaz de pedirle su teléfono en la fiesta. Entonces, ayudado por un séquito de publicistas y expertos en mercadeo, lanza una campaña nacional y millonaria para encontrarla. Y claro, lo logra. Sólo para quedar encartado con la muy imbécil de Cenicienta que se tenía bien guardada la zapatilla de cristal, no como recuerdo de la inolvidable fiesta, sino para ganarse la lotería real y casarse con el príncipe al final. Grave, muy grave que ése sea entonces el sueño infantil de hadas y princesas con el que crecemos las mujeres. ¿Qué aprende una así? A que hay que esperar pacientemente a que algún fetichista de zapatos, preferiblemente de la realeza y además heredero millonario, se fije en una para arreglarnos la vida.

La Caperucita Roja

Una inocente y, para variar, hermosa muchachita va a visitar sola a su abuela enferma, a quien le lleva una canasta de panecillos y frutas silvestres. Decide acortar camino metiéndose por el bosque. En el trayecto, un malvado lobo hambriento la ve y la sigue hasta la casa de la abuela. Allí, antes de que llegue Caperucita (en otras palabras, su almuerzo) ataca a la pobre anciana, se la come y se disfraza para esperar a su segunda víctima. Caperucita, luego de hacerle un montón de preguntas, finalmente se da cuenta de que es un engaño y sale corriendo de allí antes de convertirse en el postre.

Analicemos y aclaremos. ¿Qué clase de historia es ésta, qué nos quieren enseñar a través de este cuento tan rebuscado? Antes que nada, habría que denunciar a la mamá de Caperucita ante el DIF por irresponsable y por abuso infantil. ¿Cómo se le ocurre mandar a su hija de seis años sola por el bosque dizque a llevar comida a otra parte como si fuera una vendedora ambulante o una repartidora de pizzas? Si tan sólo es una niña, ¡por Dios! ¿Por qué más bien no dejó de ver la telenovela del mediodía, o llevó ella misma la encomienda para evitar una tragedia? Es más, ¿por qué si la abuela estaba tan enferma no la llevaron a una clínica o se la trajeron a la casa para "cuidarla mejor"? En fin, Caperucita, a pesar de su corta edad, no sabemos aún si peca por inocente o por audaz. El caso es que la culpable sigue siendo la mamá.

El lobo, por su parte, es un pervertido. ¿Por qué no se meterá con una de su especie y de su edad? Se le adelanta a Caperucita, se come a la abuela y sin embargo la espera para el postre. ¿Pero qué clase de lobo famélico es este que después de comerse a una abuela entera aún queda con hambre? Se disfraza el lobo y se mete en la cama, lo cual tiene dos explicaciones: o es un travesti que se moría por ponerse la ropa de la abuela cuando le diera oportunidad o es un degenerado que lo que quería de Caperucita era otra cosa distinta de sus panecillos. Caperucita atraviesa el bosque, entra en la casa, ve a la abuela muy cambiada, con pelos hasta en el pecho. Y con un aliento a carne asada a pesar de que su abuela era vegetariana. Y sin embargo, la muy lenta, en vez de sospechar y salir huyendo de allí, se pone a conversar con ella. Le hace casi una entrevista de trabajo completa tan sólo para descubrir horrorizada que ha estado hablando todo el tiempo con un lobo feroz. Huye despavorida y el lobo se queda haciendo la digestión tranquilo pues ni denuncia en la policía ponen después. Lo que no le han contado sobre el final del popular cuento infantil es que el lobo, evidentemente un pedófilo, hambriento y con tendencias de travesti, ante tanta atención de la Caperuza que, hasta se ofreció a hacerle masajes en el cuello y todo, como pasa en todas los cuentos infantiles, se enamoró. Cuentan los de su grupo de apoyo en Alcohólicos Anónimos que aún lamenta su pérdida. Caperucita anda feliz con un leñador, dicen los que la han visto. Abrió una panadería y jamás le volvió a hablar a su madre quien aún está en terapia psicológica. Una verdadera tragedia familiar. ¡Nooo! ¡Qué malos ejemplos los que nos dan a través de los cuentos infantiles!

BLANCA NIEVES

Éste es otro de los cuentos infantiles preferidos por todas las niñas en el mundo. Y a su vez uno de los más terroríficos. Una —otra vez— hermosa princesa a la que por lo visto jamás la habían llevado a la playa, o había visto una cámara bronceadora, o era la princesa de un reino tan pobre que ni siquiera tenía casa de playa en Ibiza como todas las demás princesas que salen en la revista *Hola,* porque era blanquísima como la nieve, pierde a su padre en extrañas circunstancias y queda a cargo de su —otra vez— malvada madrastra. Pero ojo que no es la misma historia, aunque sea sospechosamente parecida y la moraleja al final sea casi la misma. La madrastra de Blanca Nieves era además bruja, la muy bruja. Y, a falta de cirujanos plásticos en la época, recurría a la magia negra para conservarse joven y bella.

La madrastra, al darse cuenta de que Blanca Nieves había crecido no sólo saludable sino más bonita que ella, busca la forma de eliminarla. El plan le sale mal, pues Blanca Nieves como que era simpatiquísima conmovió al sicario que habían contratado para acabar con ella, al punto que la dejó huir. Perdida en medio del bosque, sola, sin un celular a la mano, sin plata y sin qué comer, se deja convencer por todos los animales del bosque para que entre sin permiso en una casa, al parecer abandonada, y se apropie de ella. Estando en la casa se da cuenta de que hay un soberano desorden, y como ella es pues una princesa, no podría vivir en semejante chiquero. Por eso y porque no había televisión para matar el tiempo, se pone a arreglar su nuevo hogar. Al rato, los verdaderos propietarios de la casa, unos enanos mineros, llegan del trabajo para encontrar a la intrusa muy apropiada de su casa y, por supuesto, se ponen furiosos. Tratan de sacarla a la fuerza pero, como la casa queda en medio del bosque, la policía nunca llega. Tiempo que aprovecha Blanca Nieves para convencerlos de emplearla para cocinar, lavar y planchar.

Encima de todo, la muy cínica, se ofrece a hacerlo gratis con la condición de que la escondan de su malvada madrastra. Ahí sí les suena el negocio. Lo malo es que la muy viva no les dice por cuánto tiempo y se convierte en inquilina permanente de la residencia de los siete enanos. Hasta allí todo bien, el problema es que algún sapo, que nunca falta en cuento de terror que se respete, le cuenta a la madrastra que en el reino sigue habiendo una mujer mucho más linda que ella y así descubre que Blanca Nieves sigue viva. Como el sicario cazador fue un blandengue inútil y sin carácter que no fue siquiera capaz de matar a la princesa cuyo único pecado y talento era ser linda, la madrastra decide hacerlo con sus propias manos.

Saca su mejor disfraz de bruja y se va por el bosque con una canasta de manzanas envenenadas. La encuentra, le ofrece la manzana y Blanca Nieves por educación, más que por hambre, pues durante la ausencia de los enanos no hacía más que comer como una marrana, le pega un mordisco a la fruta. La madrastra la ve caer al piso y la cree muerta, por lo cual, con una estruendosa carcajada se devuelve al castillo a seguir siendo la más bella del reino.

Gran tragedia. Los siete enanos regresan del trabajo y se dan cuenta de que la empleada murió. Organizan un funeral al aire libre y le fabrican un ataúd de cristal para que todos la puedan velar y la recuerden para siempre. Suerte que tuvo la condenada que durante el velorio pasó por ahí "casualmente" un príncipe azul que, aunque muerta, la ve y se enamora perdidamente de ella. El muy degenerado, necrófilo, sin haberla conocido siquiera, sin haber cruzado una sola palabra con la difunta, se anima a darle un beso de amor. ¿Qué es eso? En un abrir y cerrar de ojos, ¡milagro!, Blanca Nieves resucita y se fuga para siempre con su príncipe que además es multimillonario.

Analicemos y aclaremos. ¡No, por favor! ¿Con qué clase de ejemplos crecemos, qué podemos extraer de todo este cuento que nos sirva para el futuro? Que la envidia mata, que hay que hacerse cirugías plásticas si es preciso porque ser bella es lo que más importa en esta vida como lo demuestra la madrastra, una loca obsesionada con la estética a la que no le importaba ninguno de los problemas del reino sino luchar y matar, si es preciso, a sus adversarios para seguir siendo la más hermosa del planeta. Que poner una clínica de estética en medio de un desolado bosque es, tal vez, un buen negocio. Y ésos son los valores que promueven en los cuentos infantiles. Blanca Nieves, por su parte, una princesa bastante atrevida y conchuda que invade una casa ajena, convence a sus inquilinos de que no la metan presa, y en vez de regresarse al castillo para luchar por lo suyo, se conforma con quedarse allí, escondida en el bosque, trabajando como empleada del servicio para no tener que enfrentar sus problemas personales.

A Blanca Nieves le faltó analizar un poco mejor sus opciones luego de su resurrección. ¿Para qué iba a cambiar a siete enanos trabajadores, con mina personal de diamantes, por un aparecido, por un príncipe de pelo esponjado, disfrazado de Pitufo, con tendencias necrófilas y, además según luego comentarían todos los animales del bosque, medio amanerado? Aparte de todo esos cuentos infantiles nos enseñan a escoger mal.

El Patito Feo

Por su parte, El Patito Feo es ese cuento que protagoniza un pato a través del cual, desde niñas, tratan de convencernos de que una bien podría ser una rechazada social de no nacer físicamente agraciada. Ese que sufre y llora como un pendejo durante toda la historia hasta que de grande se venga de todos al descubrir que en realidad es un hermoso (¡ooootra vez!) cisne, incluso más bonito que todos los que se burlaban de él.

Analicemos y aclaremos. ¿Acaso nos enseñan eso para vengarnos y mostrar que el estatus social lo da la belleza y no los sentimientos? ¿Y qué pasa cuando uno crece y descubre que no sólo no se equivocó de familia como el caso del pato ese, sino que además aparte de que en las manos de un buen cirujano plástico, no existe la más remota posibilidad de convertirse en hermosas y deseadas mujeres como por arte de magia? ¿Qué pasaría si encima de todo nos toca un marido bien avaro que no logra entender nunca que nuestros traumas tienen que ver con lo físico y que provienen de los cuentos infantiles que nos contaban de niñas? Entonces una se frustra y termina la vida de verdad creyendo que no hay mujeres feas sino mal arregladas. No. Mal casadas, ¡más bien!

La Bella y la Bestia

En cambio, un cuento infantil para rescatar de todos los bodrios a los que nos tienen acostumbradas es *La Bella y la Bestia*. Ella, una mujer que a pesar de ser bella trabajaba a la par de su papá. No se andaba de alegrona y ofreciéndose por la plaza tratando de conquistar a Gastón o a cualquiera de los demás millonarios del pueblo para que la sacaran de su pobreza. El papá metió la pata y se metió en líos con un tipo en el bosque, al parecer un prestamista de poca monta. Y ella, responsable como era, ante la vejez y la enfermedad de su padre, por pura consideración y sentido común hace lo que cualquier buena hija haría: lo remplaza en sus deberes y asume su deuda. Es así como termina viviendo en un horrible castillo encantado con, literalmente, una bestia de hombre. Así, como en la vida real, ella usa todos sus encantos y artimañas para conquistar a la Bestia que cae rendida ante sus pies. Como ambos se enamoran de verdad a pesar de la fealdad de él y de su patanería inicial, se rompe el hechizo y como premio él se convierte por arte de magia en un príncipe, millonario, "desencantado" y muy bien parecido. Bueno, esta parte ya es payasada… El caso es que ella, sin doblegar su orgullo y ni por interés siquiera, honestamente se enamora de la Bestia a pesar de su mal carácter.

Analicemos y aclaremos. Como en la vida real, este cuento nos enseña que hay que aprender a manejarlos, a lidiarles su mal genio hasta que se convenzan de que somos unas verdaderas princesas dignas de su amor y, por supuesto, de toda su fortuna.

Y éste es el cuento que también habrá que contarles a nuestras hijas, para que no crezcan pensando que pedir una cirugía plástica como regalo de quince años está bien y que con sólo ser bonitas tienen mejores oportunidades y posibilidades de que automáticamente se les solucione la vida algún día. Que los hombres, por muy "bestias" que sean, merecen atenciones y pueden cambiar. Pero eso, en caso de que usted prefiera que su hija crezca con valores, luchadora y trabajadora como seguramente lo es usted. Pero si lo único que le importa en la vida es que se case, mal o bien, pero que se la mantengan, salga corriendo a comprarse toda la colección de los hermanos Grimm y alquile todas las películas de Disney que pueda en una sola tanda. Seguramente logrará que, como en los cuentos de horror infantiles, su hija también aprenda a fingir que es bruta y tenga una vida, tal vez, más cómoda que la suya pero eso sí: ¡mantenida! Usted verá.

Conclusión

Los mismos cuentos infantiles treinta años después y algunos refranes populares que de allí se derivan están aparentemente interrelacionados, según he descubierto. Son tan eficaces estas historias de princesas con las que nos crían que, no son más que una especie de lavado cerebral intensivo con el cual, igual que con los juguetes infantiles con los que nos encartan desde niñas (la plancha de juguete, la aspiradora con las bolitas de unicel, la licuadora de baterías, que estoy convencida de que es el resultado de una secreta conspiración para frustrarnos desde niñas y que crezcamos pensando que hacer el oficio es divertidísimo) si los interpretamos mal, inevitablemente correremos el riesgo de crecer realmente sometidas, sin sacarle mayor provecho a nuestra condición de mujer desvalida. O, por el contrario, si les damos otro tipo de interpretación, podríamos aprender, desde una edad muy temprana, a manipular todo lo que nos rodea con tan sólo fingir que somos las víctimas inocentes del cuento de hadas. He aquí algunas moralejas y refranes de los que aprendemos varios años después gracias al mismo cuento pero mal contado. Esto es tal vez lo que queremos que aprendamos de:

La Cenicienta. No porque la tengan castigada y le toque el quehacer de la casa, debe perderse una buena rumba. Quien quita, a lo mejor se le enreda un zapato de cristal con un príncipe y se le arregla la vida.

Caperucita Roja. Ante un eventual peligro, es mejor afrontarlo que huir. O nunca se deje seducir por un lobazo. El que usted prefiera.

Blancanieves. ¡Críe fama y échese a dormir!

El Patito Feo. No hay pato feo sino mal arreglado. ¿Dime con quién andas y te diré quién eres?

La Bella y La Bestia. Príncipe que no ha de tener… múdesele a la casa.

Pero como la vida real dista mucho de ser un cuento de hadas… ¿qué pasaría si Cenicienta fuera de carne y hueso y que treinta años después, en medio de un shower *para la Sirenita que luego de haber recuperado la voz y al príncipe, decide por fin casarse como Dios manda, se reunieran las protagonistas de todos esos cuentos infantiles? Como de fábula psicotrópica de Esopo, ¿no?*

TREINTA AÑOS DESPUÉS… EN UN REINO LEJANO…

Cenicienta, probablemente, llegaría en una carroza de cristal, tirada por percherones blancos, vestida de gala y con varios kilos de más. Sus zapatillas de cristal ya desgastadas harían juego con su vestido de cristales Svarosky que, a los casi cincuenta años, la harían ver como una lámpara del tipo araña veneciana pero sin el enchufe. Les contaría a todas que su príncipe jamás llegará al trono, pues ante la muerte del rey, y después de que sus súbditos jamás le perdonaron la grave crisis económica en la que dejó al fisco luego de la campaña masiva en la que se embarcó por conquistar el amor de su doncella, amenazaron con alzarse en armas y derrocarlo si alguna vez llegaba al trono. Razón por la cual le tocó abdicarle el trono a su hermano menor, un surfista, mal estudiante y con acné. Confesaría además que se alegra de que le vaya tan mal a su marido porque duermen en alas separadas del palacio desde hace más de siete años y que él no hace más que inventarse bailes y grandes galas para que le sigan presentando doncellas solteras del reino. Les dice además que desde hace algún tiempo sostiene un tórrido romance con uno de los lacayos y que está pensando seriamente en abrir una zapatería porque ser princesa es eternamente aburrido.

Las demás se solidarizarían con ella y compartirían sus propias historias. Caperucita Roja, ya más crecida, aunque menor que ellas, ya cuarentona, contaría cómo se casó con un leñador del bosque.

Cómo el lobazo ese, desde prisión por habérsele comprobado la muerte de su abuela, aún la acosa sexualmente a través de cartas que de vez en cuando todavía le envía. Contaría que a su mamá nunca le volvió a hablar después del abuso infantil al que frecuentemente era sometida y que ya tiene dos hijos que, entre otras, le ayudan a atender la panadería y el puesto de frutillas silvestres que pusieron en la plaza del pueblo.

Somnolienta y aburrida, como de costumbre, Blanca Nieves contaría que a su madrastra finalmente la hallaron culpable del intento de homicidio del que fue víctima. Que intentó asesinarla un par de veces más (con un racimo de plátanos envenenados, en una ocasión, al invitarla a una fiesta en donde le ofreció trago adulterado y hasta con un pastel de tres leches que se veía delicioso pero que, por estar a dieta, se salvó de probar) hasta que finalmente fue apresada. Que el escándalo en palacio fue tremendo pero que sirvió para que le devolvieran el castillo y todas las propiedades de las que, tras la muerte de su padre, se había querido apropiar su madrastra. Contaría además que al príncipe necrófilo tenía varios meses de no verlo, pues se había ido de gira por el reino con un grupo de *rock* y se había fugado con una corista, ya fallecida, por supuesto. Por lo cual, la muy blanca se había internado en un hospital psiquiátrico y actualmente se trataba con Prozac y otros antidepresivos.

El Patito Feo no sólo no quedó contento con ninguna de las dieciocho cirugías a las que se sometió para verse mejor sino que además la última vez que se inyectó silicón en el pico pasó de pato a ornitorrinco. A él, en medio de la fiesta lo servirían como segundo plato, sobre una cama de lechugas y espinacas en una bandeja de plata y acompañado por papas al vapor.

Por su parte, Bella por supuesto no asistiría por estar en palacio muy ocupada y feliz atendiendo a su marido, la Bestia, y por no tener tiempo para esas pendejadas.

Y colorín colorado, estos cuentos de horror se han acabado.

Capítulo 6

¡Juguetes para todos los sustos!

Nadie pone en duda el cariño y la buena intención con la que nuestros padres hacen un gran esfuerzo por darnos un regalo. Pero si lo que realmente quieren es regalarnos cosas útiles, juegos didácticos que nos ayuden a prepararnos para nuestro futuro y para la que, algún día, será nuestra inevitable realidad, y ya que como anteriormente les expuse, que a través de los clásicos infantiles es imposible evitar tanta frustración femenina en el mundo, lamento informarles que con los juguetes tan malos con los que nos encartan cuando niñas tampoco están logrando su objetivo.

El Kenconductor

Propongo, por ejemplo, que en vez del carro convertible rosa de la Barbie, para no crecer antojadizas y envidiosas, pues las probabilidades de que lo podamos pagar con nuestro propio miserable sueldo de mujer asalariada o de que nos lo regale nuestro marido son bastante escasas, por no decir que nulas, que nos regalen más bien al conductor de la Barbie. Así nada más, sin importar siquiera la marca del carro, ni mucho menos el modelo, para que después no nos vayan a tildar de materialistas, desconsideradas y caprichosas. Así sea en una carreta tirada por caballos (con lo que nos encartarían a las que no protestamos a tiempo), con chofer la cosa cambia. Y si encima de todo el chofer o Kenconductor es musculoso, bronceado y de pocas palabras… eso sí lo considero soñar con un futuro mejor.

La estética de la Barbie

Ya no más engaños. Todas sabemos bien que las estéticas atendidas por sus propietarias son un verdadero fracaso. La dueña que atiende ella misma su negocio lo quiebra, pues se la pasa "probando" todos los servicios y los productos que ofrece. Casi siempre la estética está llena de sus amigas a las que, entre otras, les fía y nunca le pagan. ¿Entonces por qué en el caso de la Barbie, la mejor negociante de todo el universo de muñecos, iba a ser distinto? No, en este juguete que propongo lanzar al mercado, la Barbie no es dueña del salón de belleza, es una vil clienta, como en la vida real. Tampoco la atiende ninguna Barbie estilista sino el Ken *gay*. El mejor estilista de la zona, pues Rosa, el estilista que se convierte en el confidente de la Barbie, a quien ella le cuenta todas sus nuevas aventuras, a espaldas de su marido, con cualquiera de los nuevos juguetes que acaban de regalarle de Navidad a su propietaria. El que le aconseja salir con otros muñecotes. El que la anima a dejarlo… pero en la calle. El que todo el día le dice que está divina, regia, que su pelo de plástico nunca tuvo más brillo y más vida. Y, lo peor de todo: que la Barbie le crea. Lo mejor de todo es que ni siquiera tocará desempacarlo, ni sacarlo del clóset, pues será suficiente con sacarlo de su cajita rosa, de vez en cuando para airearlo o para llevarlo a una fiesta trance en donde bote todas las plumas que quiera. El Ken estilista sería además el único Ken en la historia que literalmente tenga un trabajo y le saque algo del dinero que le sobra a la Barbie.

EL KEN BUEN MOZO

Y siguiendo con el tema del universo de la Barbie, la muñeca favorita de todos los tiempos, este accesorio especialmente diseñado para ella es otro juguete que deberían inventar. Un atractivo muñeco, una mezcla entre los músculos de G. I. Joe, la elasticidad del Hombre Araña y la habilidad para volar de Supermán, para que se esfume cada vez que el Ken esté a punto de pillarlo. Un Ken con todos estos atributos pero con menos tiempo para quitarnos que el original, ese bueno para nada que vive metido todo el día en la casa porque ni trabajo tiene. El buen mozo, en cambio, frecuentemente nos deja solas y a nuestras anchas para hacer lo que a la Barbie se le dé la gana y cuando le den ganas. Aparte de la barba de tres días, el sudor y la ropa ajustada y medio desaliñada, lo cual lo hace ver terriblemente *sexy*, vive demasiado ocupado haciéndose el héroe en la selva como para venir a dárselas del marido perfecto en la casa. El héroe que espera con ansias, con el que a la Barbie le tocará aprovechar cada instante, antes de que vuelva a desaparecer misteriosamente, seguramente a atender alguna que otra aventura (o a una que otra amiga de la Barbie, como la odontóloga esa que pareciera que no mata ni una mosca).

Ese que, cuando regresa, lo recibe como a todo un galán y lo atenderá como a un rey porque sabe que sólo será por un rato antes de que vuelva a irse lejos. El Ken regular, en cambio, es ese que se queda en casa y que a la Barbie ya ni se le antoja seducirlo. Al que más bien a la Barbie le toca preguntarle más o menos: ¿hasta cuándo cree que se va a quedar de visita, que si se demora? ¿Que por qué no trata al menos de conseguirse un empleo, ojalá en otro país, que si no tiene nada mejor que hacer que quedarse allí en la sala de la Barbie, rodeado de mujeres rosas que jamás se lo van a dar? No, qué encarte. En cambio el Ken buen mozo se dará su lugar y su importancia, como nos gusta. Nos maltratará con su indiferencia, será un buen amante que nos deje con ganas de más. Y, muy considerado, se irá cuando se tenga que ir o cuando le dé la gana y no cuando nos toque echarlo por abusivo.

El rata Ken

Por si a la Barbie se la llegaran a pillar, posibilidad realmente remota debido a la poca astucia del Ken, propongo además que saquen simultáneamente al mercado también al abogado de la Barbie: el rata Ken. Ese que cuando la Barbie ya esté hastiada de mantener al Ken que no sirve ni para procrear, le caiga con todo el peso de la ley y lo deje sin un "ken-to" en que caerse muerto. Que venga con un *kit* completo que incluya manual de tramitología para un divorcio exprés y su propia Barbie secretaria que, además, sea notaria juramentada para evitarse las largas filas en las notarías y en los juzgados del Centro. Y, eso sí, que venga con un completo listado de psicólogos competentes para el Ken.

La "otra" Barbie

Esta muñeca me fascina y me enloquece porque es la más útil de todo el baúl infestado de juguetes horribles como la plancha de plástico, la estufa de pilas y el perro salchicha de resorte. ¿Eso para qué nos sirve? En cambio la "otra" Barbie es fabulosa porque desde pequeñas podría enseñarnos a convivir con una terrible realidad que nos ataca allá afuera cuando adultas: la amante. Además es supereconómica, pues obedece a una promoción de dos por el precio de una, que venga dentro de la misma cajita rosa de la Barbie de su elección menos de la Impulsadora de Maridos Barbie, porque se estaría llevando la misma sorpresa y se sentiría inevitablemente estafada. Pero que venga de una con el número del celular del Ken si encima de todo no queremos "jugar" a que se lo presentamos para que después nos lo quite. Que venga de una en ligueros y con plan de descuentos para el motel más cercano. Que venga también con una deuda previamente adquirida en el banco rosa de la Barbie para que el Ken por fin adquiera alguna función en su lamentable vida y le toque al menos pagar por algo: las cuotas del carrito de su amante. Sí, que se la inventen de buenas a primeras y así desde chiquitas aprendamos a jugar a que somos tres en la relación y evitarnos así cuando adultas sorpresas desagradables como enterarnos de que el inútil de nuestro marido, encima de todo, ¡anda con otra!

MANIPOLIO

¡Qué monopolio ni qué ocho cuartos! Que se inventen mejor un juego de mesa basado en el arte de la manipulación femenina. Uno en el que las fichas sean modelos de 1.80, rubias y de medidas perfectas (operadas o no, da igual, para el efecto es lo mismo). Uno en el que las tarjetas de penitencia en vez de mandarnos a la cárcel, lugar que posiblemente nunca pisaremos en nuestro sano juicio, ni siquiera para visitas conyugales si es que encima de todo tuvimos la desgracia de casarnos con un criminal, que más bien nos manden a sitios verdaderamente horribles y tormentosos para nosotras como a un *shower,* a la casa de la suegra, a un taller de mecánica. Uno en el que las propiedades que una puede adquirir, en vez de ferrocarriles, acueductos, hidroeléctricas, sean realmente útiles y atractivas para nosotras como salones de belleza, *spa,* centros comerciales, clínicas de estética y exclusivas *boutiques.* Uno en el que cada vez que pasemos por el *Go,* o la Salida, en vez de dinero, nos regalen cupones de descuento para operarnos con el cirujano de moda. Que en vez del dinero de papel nos aumenten el saldo disponible de la tarjeta de crédito del juego. Uno en el que el banco nos dé préstamos fáciles. Uno que, eso sí, conserve la única propiedad que nos interesa: la Park Avenue, en Nueva York.

Sabrina sobrina

Una bebé preciosa que abre y cierra los ojitos. Una muñeca regordeta, pecosa que toma biberón y hace *aguú* cuando la alzan. Lo fascinante de este bebé es que cuando diga *mamá*, que es generalmente cuando toca cambiarle el pañal, usted automáticamente se la pasa a otra persona porque como no es su hija sino su sobrina… Un juguete verdaderamente útil que, en vez de enseñarnos desde pequeñas a ser la madre abnegada, dedicada, sufrida y amargada, sirva para que aprendamos más bien a ser la tía buena onda, la exitosa, la trabajadora. La tía favorita que no tiene tiempo para tener hijos pero que gustosa pedirá "prestados" los ajenos cuando le entre un ataque repentino de instinto maternal. O cuando les sirvan de fachada para conquistarse a un tipo. Esa tía que juega con los niños un rato pero que le dejan la parte harta del asunto a las que se mueren por ser mamás. O a las que todavía no sospechan siquiera la monserga que se les viene encima y aún conservan la idea romántica de ser madres algún día.

Un Ni-entiendo

Si ya sabemos que a las mujeres nos atropella la tecnología y hasta chistes malos se han popularizado al respecto, ¿por qué la compañía de videojuegos caseros Nintendo no inventa una línea especialmente diseñada para mujeres? Una que se llame Ni-entiendo y que no venga con ninguna instrucción para jugarlo. Que el mismo botón con que se prende y se apague sea el único botón para todo. Que los personajes jueguen solos y tomen sus propias decisiones, salvo las de moda y belleza, por supuesto. Que venga con una conexión especial para el celular, para que no vayamos a perdernos ninguna llamada importante mientras nos divertimos. Que venga con audífonos para que nadie nos moleste mientras estamos "jugando". Que no tenga ninguna pista más que una de aterrizaje para el *lear jet* en el que se transporta nuestro personaje del videojuego. Que no haya ninguna misión distinta que no sea pasar el rato. Y, eso sí, que venga con un estuche incluido para hacernos el *manicure* y el *pedicure* mientras estamos ocupadas "divirtiéndonos".

LAS SUPERMARIO SISTERS

En vez del popular video juego de Nintendo en el que dos muy poco agraciados albañiles gordos y bigotudos, vestidos de overol, camisa leñadora y botas de campaña exploran mundos fantásticos, destruyen enemigos y reparten puñetazos y patadas a diestra y siniestra, ¿qué tal si se inventaran la versión femenina del mismo juego? Un Supermario Sisters en donde nuestras heroínas vestirían a la última moda ropa de Óscar de la Renta y de Cavalli, zapatos y carteras de Prada que, entre otras, son con las que combatirían a sus enemigos (el gerente del banco, el jefe de su marido, la moza, el plomero…), sin correr el riesgo de partirse las uñas ni de… horror, despeinarse. En vez de andar a pie como ellos, las Supermario Sisters andarían en convertibles último modelo y, en vez de capas para volar de un mundo a otro, viajarían en primera clase o en avión privado. Eso sí, para no ser tan excluyentes, que a los Supermario originales se los encuentren de vez en cuando durante el juego sólo para que las inviten a cenar a restaurantes caros (pero, eso sí, que se cambien primero) y para, por supuesto, sacarles todas las monedas que hayan recolectado en el camino. Para luego sí cambiarlos por otro personaje que tenga más superpoderes, músculos y armas que ellos. Que en vez de vidas nos premiaran con dinero para gastar y que todo el juego se desarrolle en un verdadero mundo fantástico para nosotras: un gran centro comercial, uno en el que en vez de muchos mundos haya muchas tiendas.

La Pollypócrita

No es la mejor amiga ni la peor enemiga. Tal como sucede en la vida real: es la "mejor enemiga" de todas las muñecas del baúl. Una muñeca diminuta y perfecta para prepararnos psicológicamente para nuestro futuro y la convivencia con nuestras demás congéneres: una guerra. En la escuela de juguetes será una vaga y la más hábil en copiar las respuestas de los exámenes de sus compañeros muñecos. La que hablará mal de la Barbie a sus espaldas pero que fingirá ser la amiga más leal que tenga. La indispondrá con los demás juguetes y eso la llevará a pelearse hasta con la Barbie Monja. La que les coqueteará a los novios de las demás muñecas, les robará la ropa y las hará quedar mal en todas partes. Como en la vida real, para que la muñequita sí nos sirva de algo, vendrá con su propio celular para transmitir más rápidamente los chismes que se inventará y las calumnias que regará como si fueran arroz. Cuando la inviten a la casa de la Barbie, de visita, de paso dispondrá de los cubiertos de plata y de las joyas de la abuela que hábilmente sacó de la gaveta. Por supuesto la Barbie jamás dudará de ella y la muy torpe le dará aún más confianza hasta convertirla en su confidente y amiga del alma. Tan sólo para que esta desleal muñequita con cara de que no mata ni una mosca se quede hasta con el Ken. Así un tiempo después se dé cuenta de que metió la pata de plástico al encartarse con semejante inútil con el fin de fastidiar a la Barbie. A la reina rosa no sólo ya no le interesa Ken, sino que anda con el Increíble Hulk.

Ratz (Bratz)

Inspiradas en la cara de Winona Ryder, son una banda de atracadoras y carteristas de muy mala calaña que tienen como base de operaciones delictivas los centros comerciales. O los muñequeros. Se visten muy bien y hasta simpáticas son las condenadas. Lo malo es que tras esas sonrisitas inocentes se esconden, aparte de sus malas intenciones, unas cleptómanas verdaderamente expertas. No contentas con su botín después de un largo día de trabajo, aplicarán sus malas artes para atracar a todos sus muñecos, incluso en sus propias casas. Es así como literalmente acabarán, como plagas de langostas, con todo lo que se les atraviese en el camino. Andan en bola y algunas más aventajadas también son apartamenteras. Sus últimos golpes: el Salón de la Justicia, el Castillo de la Barbie Princesa y la mansión de Batman.

El Porqués (Parqués)

A diferencia del original, el parqués, en este juego no tiene que atravesar con fichas y en manada todo un tablero y ni siquiera tendrá que inventarse ninguna estrategia para ganar, pues la clave será precisamente perder. Este juego me fascina porque es uno con el que más podemos poner en práctica aquello de fingir que somos brutas para nuestro propio beneficio. Asegúrese de invitar a jugar a todos sus amigos, los que más le gusten y, por supuesto, a ese hombre especial que tanto le llama la atención y que hasta ahora no le ha dado ni la hora, porque piensa que por ser tan inteligente le costará mucho de su esfuerzo y por ello no se anima. Éste es el juego de preguntas idiotas en el que usted podrá lucirse como toda una tarada. Nadie, absolutamente nadie, dudará de su falta de neuronas cuando inicie el juego y ante preguntas como:

"¿Quién descubrió América?", "¿El pollito es hijo de la…", o de respuestas múltiples como: "El Hombre Araña es…" *a)* un intenso que se nos pega como un moco; *b)* el hijo de Charlotte; *c)* un superhéroe sin carro; usted fingirá que no sabe qué contestar porque le parecen muy difíciles las preguntas y ni qué decir de las categorías. Este maravilloso juego sirve para prepararnos para un futuro como mantenidas. Alístese para ser, de ahora en adelante, la chica más popular del barrio, a la que todos llamarán, por la que se matarán entre ellos por invitarla a salir.

L'Ego (Lego)

Qué Lego ni qué ocho cuartos. ¿Aprender a construir qué? Si lo único que nos enseñan desde pequeñas es a destruirlo todo: nuestros hogares, nuestras reputaciones y la de las demás. ¿Por qué no más bien se inventan un juego de bloques pero para saber qué hacer precisamente cuando nos saquen, valga la redundancia, "el bloque"? En el que lo único que deberemos edificar será nuestra confianza y, por supuesto, que nos enseñe a que somos realmente buenas en todo lo que nos propongamos. En el juego, por supuesto, no habrá desafíos culinarios ni ninguna de esas zonceras. Serán bloquecitos con categorías como "autoestima", "hogar", "trabajo", "hijos", "novios", etc., para poder ir, desde pequeñas, construyendo hacia arriba las que sí serán en su orden nuestra lista de prioridades reales cuando crezcamos. Algo así como para nosotras las mujeres modernas, en su orden: trabajo, dinero, viajes, un hijo, familia, un perro, carro nuevo, última cartera Dior… Ahhh y marido, por supuesto.

Para que desde niñas nosotras mismas y nuestros padres se acostumbren a lo que hemos de ser cuando adultas. Para que no se engañen más y que desde muy temprano sepan a qué atenerse con nosotras.

Batalla Nasal (Batalla Naval)

Ideal para jugar en equipos mixtos en las épocas lluviosas cuando abundan las epidemias de gripa. O,si para su suerte sufre de ataques crónicos de reuma y sinusitis. Invite a su amiga, la que estornuda copiosamente, la que sufre de alergia crónica, pues podría ser un jugador clave. Lo mejor de todo es que es un juego tan asqueroso que a ellos les encantará que los inviten a divertirse un rato. Sirve para enseñarla a sentirse más cómoda cerca de la compañía masculina y para entenderles mejor su psique infantiloide y poco higiénica. Es decir, para que, ya que insistimos en suplantarlos a ellos en todo, también aprendamos de ellos esos "pequeños" detalles que aún los diferencian de nosotras. Porque en la vida real allá afuera las diferencias ya no son tantas, más que nada en el aspecto profesional, ¿entonces por qué no aprender también a ser verdaderas eructadoras profesionales, a rascarnos las partes íntimas con arrojo y sin el menor asomo de disimulo y a aprovechar nuestras gripas para ser lo más asquerosas que podamos? Piénselo, sería lo último que nos falta para ser: ¡ellos!

Éste es un llamado a las compañías fabricantes de juguetes en el mundo para que no se fundan más los cerebros inventando juegos inútiles que simplemente no logran divertir, ni entretener siquiera a nuestras caprichosas hormonas femeninas. Éste, señoras, es un llamado a la cordura, a la creatividad, para que en vez de esa gran cantidad de juguetes funestos, de muñecas lloronas pipisiadoras, de aspiradoras de plástico que lo único que logran succionar son todos nuestros sueños, inviertan en juegos que de verdad logren prepararnos para un futuro mejor o, por lo menos, más acorde con nuestra realidad. Pero no nos digamos mentiras. Como las probabilidades de que esto suceda son virtualmente nulas, ahora que ya muchas de nosotras somos madres o planeamos serlo eventualmente, concienticémonos de que el próximo juguete que les demos a nuestras hijas sea el G. I. Joe más grasoso y sucio del mercado, un celular y un curso práctico para manejar su propia tarjeta de crédito.

CAPÍTULO 7

AL COLEGIO DE PASEO...

Nosotras y la mala educación. Pero es que no sólo nos enseñan a ser unas frustradas en potencia a través de los regalos que nos hacen o las historias que nos cuentan cuando niñas. También lo hacen nuestros maestros durante la época del colegio.

Y SIGUIENDO CON EL TEMA DE NUESTRA INFANCIA, para seguir dándoles ejemplos de cómo nos dañan la cabeza desde que somos pequeñas, ¿qué podríamos decir de la época del colegio? Aparte de cosas verdaderamente útiles para subsistir en este complicado mundo real como inventar excusas para no tener que entregar la tarea a tiempo y que aun así nos pasen la materia, no le encuentro mayor sentido que uno poderosamente social a nuestro paso por cualquier plantel educativo si es que no son nuestros propios padres quienes empiezan a tener un poco más de fe en las capacidades físicas y mentales de sus propias hijas. Si no dejan de meternos en el colegio sólo para que les dejemos las mañanas libres y no tengan que encartarse con nosotras todo el día. O para que aprendamos al menos a leer y escribir. O en el peor de los casos por costumbre o por moda porque todo el mundo lo hace. O, para que los vecinos no los vayan a denunciar ante el DIF por negarles a sus hijas en estos tiempos modernos su derecho a la educación. Ojalá todos los padres del mundo inscribieran a sus hijas en el colegio para que de verdad adquiriéramos los conocimientos necesarios para luchar en la vida. Ojalá, algunos de ellos, tuvieran para nosotras otras y más grandes aspiraciones que la de casarnos con el hijo del vecino.

No nos digamos mentiras, todavía son muchos los padres en el mundo quienes jamás piensan que, en el caso de una mujer, sacar las mejores calificaciones del curso es un verdadero logro. De hecho, el que algunos de ellos, cuando adultas, nos prefieran más bien mentalmente torpes, como sucede en tantos países subdesarrollados, demuestra que tal vez no lo es. ¿Ser la reina de la popularidad del plantel? Tal vez. ¿Capitana de las porristas? Mejor aún. ¡Qué orgullo! Pero aprender a repetir fórmulas que a la mayoría de las mortales no nos sirven para nada y acotaciones históricas en donde las mujeres casi nunca son protagonistas de nada, no es propiamente una buena inversión. ¿Que Cristóbal Colón descubrió América? Pues sí, ya la descubrió, a mi qué me importa. ¿Cuál es la novedad? Para decir que se encontró con un puñado de indios, los mismos que me sigo encontrando yo quinientos años después en todas las fiestas. Los mismos tipos atrasados, obsoletos, machistas, maleducados intolerantes que se creen los grandes conquistadores. Los mismos que nos dejan plantadas, que nos dejan a nuestra suerte a criar a "sus" hijos pero solas. Los mismos que les cuentan a todos sus amigos lo que hacen o no con una. No, ¡valiente descubrimiento!

Nos obligan a aprendernos de memoria la vida y obra de personajes históricos que como ejemplo tampoco son de gran ayuda para el futuro. Sí, después de la muy subvalorada Eva, los demás ejemplos que hemos adoptado las mujeres como nuestros modelos para seguir dejan mucho que desear. A Juana de Arco la quemaron por revolucionaria y por haber querido imponer la moda del pelo corto, cuando las revistas de la época insistían en que la tendencia era largo. A Cleopatra la eliminaron por mandona. A todas las reinas de las respectivas coronas de Europa o les ponían los cuernos o las decapitaban por morrongas y solapadas. Por usar sus joyas en público, en vez de esconderlas como toca ahora con tanta inseguridad.

Tanto personaje histórico y tanta fórmula química que toca aprendernos encima de todo de memoria ¿para qué sirve? Confieso que, ahora de adulta, la única que aplico es el H_2O y eso para mezclarlo con el whisky cuando no me lo tomo sencillo.

¿Entonces qué están enseñándonos realmente en el colegio que aplicado a nuestras vidas de mujeres modernas verdaderamente nos es de alguna utilidad? Que Manuelita Sáenz, por ejemplo, es una gran heroína. ¿Y eso a mí de qué me sirve? Aparte haber sido la novia del Libertador y haberlo asistido durante su mortal enfermedad, no hizo mayor cosa para mejorar nuestra condición de mujeres en la historia, así digan lo contrario. Así nos quieran seguir vendiendo la idea de que detrás de cada gran hombre hay una gran mujer. Que le cuidó una gripe. Que fue su compañera fiel así el infiel fuera otro. Pero para qué si, que yo sepa, ni la nombraron la primera dama, ni le regalaron uno de los tantos países que liberó, ni siquiera nombraron una sola calle en su honor. Entonces me pregunto, ¿qué clase de ejemplo machista es ése? Si en estos tiempos modernos, cuando grandes comprobamos más bien que detrás de cada gran hombre sí hay una gran mujer… ¡pero sorprendida! ¿O que tanto esfuerzo para qué? Si cuando crecemos y tenemos la posibilidad de convertirnos también en grandes mujeres por nuestra propia cuenta, detrás de nosotras también habrá un gran hombre, sí, pero mirándonos el trasero.

De hecho, lo único que aprendí de dicha heroína histórica es que nunca hay que apostarle a vivir un romance clandestino con ningún prócer de ninguna independencia, salvo la propia. Mucho menos si a nuestros brazos llega ya enfermo porque luego le toca a uno cuidarlo. ¡Qué monserga! A Manuelita Sáenz le hubiera ido mejor en su vida si hubiera lanzado su propia campaña libertadora, pero para que todos se fueran del Nuevo Mundo y nos dejaran a nuestras anchas con todos esos aborígenes maravillosos. ¿Y todo para qué? Para darnos cuenta de que lo único realmente útil que aprendemos es que el amor es una cuestión de química y que el sexo es cuestión de física.

No nos digamos mentiras, señoras, nuestro paso por el colegio sólo sirve en ocasiones para obtener algo de disciplina. Si es que ya no están dándonosla a modo de sobredosis en la casa: no podemos salir, no podemos tener novio, ni en público ni mucho menos en privado, no podemos llegar tarde, no podemos… Adquirimos disciplina y, eso sí, mucha astucia social.

Así es como aprendemos cosas realmente útiles para la vida, como saber interrelacionarnos y sobrevivir a otras mujeres más complicadas y complejas que nosotras mismas. Para aprender a identificar y sobrevivir entre la hipocresía y la falsa diplomacia de las de nuestro mismo sexo. Porque lo cierto es que en el colegio, en ninguno de los ocho en los que estuve, noté que se esmeraran en enseñarnos a las mujeres a ser las mejores amigas. Solidaridad de género que llaman. Tampoco fomentaban que fuéramos las peores enemigas, no exageremos.

Nos enseñaron más bien a ser las "mejores enemigas". Porque eso sí, para falsas nosotras. O es que tampoco vamos a admitir que, si encima de todo el colegio es bilingüe, el único idioma alterno que aprendemos es a hablar mal de todas las que nos caen gordas. Es decir, la mayoría. Según nuestros parámetros, la más popular del grupo es una zorra, la más bonita es seguramente bruta y la más estudiosa es una resentida social. Además, en colegios bilingües, la única carrera, diseñada para la mayoría de mujeres que dominan dos idiomas, es secretariado bilingüe. Lo cierto es que nunca nos preparan para respetarnos, para aceptarnos tal cual somos. Para unirnos y entender que allí precisamente radica la fuerza. Que únicamente de la unión puede nacer la esperanza para que el curso de nuestra historia femenina sí tenga una oportunidad de cambiar.

Nos meten en colegios mixtos cuando es más que sabido y reconocido que lo único que tenemos mixto es el cutis o el pelo. ¿Acaso lo hacen para que aprendamos a ligarnos al mejor partido del curso? Si no fuera así, ¿entonces mixto para qué nos conviene? Si no le dan a una permiso para quedarse a dormir en la casa del amiguito, entonces ¿para qué? Para eso nos sirve a algunas el colegio, pues aparte esto, pocas enseñanzas nos sirven para la vida real. Porque nada en el colegio nos prepara para los cuernos del marido, ni para la traición de la secretaria de gerencia, ni para lidiar con un esposo violento, ni para saber a qué tenemos derecho cuando nos divorciamos. Ni a criar niños, ni mucho menos a tener la valentía para separarnos y vivir solas cuando nos hayan dejado en la calle, a nuestra suerte y, generalmente, por otra. No, señoras, complementemos mejor la información y ayudémosles a nuestras hijas, o a las generaciones que han de venir tras nosotras, a que se preparen para lo que serán sus vidas reales de mujeres adultas. En las que nosotras desde hace rato y sin preparación alguna ya estamos tratando de sobrevivir desde hace mucho tiempo.

Lo cierto es que una al colegio va de paseo y a hacer relaciones públicas. Una se quema las pestañas estudiando y todo para saber que la única aspiración profesional que algunos padres tienen para nosotras es: casarnos con el hijo del vecino, ése sí universitario con honores y todo. Como si eso garantizara la felicidad.

"En el colegio lo único realmente útil que una aprende es a no dejarse quitar el novio por la del pupitre de al lado y a hablar mal de las demás. Porque eso sí, una nunca es la mejor amiga ni la peor enemiga, una es la mejor enemiga".

Tan buenas enemigas aprendemos a ser durante nuestro paso por el colegio que incluso una podría compartir al mismo adolescente, granuliento, sin que ninguna de las dos implicadas y en disputa lo sepa. En el colegio, también aprendemos buenas costumbres como mentir para salvarnos de un cinco por no haber hecho la tarea y la de sobornar a uno que otro compañero para que nos

125

deje copiar en el examen o coquetearle a algún maestro para que nos pase la materia. Por lo demás, nuestro paso por el colegio para las que no están interesadas en los deportes, en aprender inglés o cualquier otro idioma, en la historia, o en cualquier otra actividad extracurricular distinta de volarnos clases para chacotear con los amigos en el centro comercial o para vernos a escondidas con el noviecito, no sirve para mayor cosa. Porque cuando grandes todo lo que quisieron que aprendiéramos en el colegio, cualquier teoría de vida que quisieran inculcarnos se desbarata al enfrentar nuestra vida real. Nada del colegio nos prepara para los celos, ni el temperamento de un marido furioso, para rehacer nuestras vidas después de un fracaso amoroso, ni ninguna de las cosas cotidianas que para las mujeres del mundo, modernas o no, al final del día son realmente importantes.

La solución, por supuesto, no es dejar de mandar a la niña al colegio. Claro que no. Faltaba más, escondida en casa ahí sí que menos tendrán oportunidad nuestros padres de deshacerse de nosotras. O entonces ¿cómo va a conseguir novio o posible prospecto matrimonial para el futuro? Es simplemente que ya que nuestras mamás no lo hicieron, ni por lo visto con ellas sus propias mamás cuando eran pequeñas, que dejen de traumarnos con que seamos las más inteligentes o las mejores estudiantes si muy en el fondo nunca piensan que el machismo nos dejará triunfar como seguramente les pasó a muchas de ellas. O que intenten ser claras con nosotras y que desde pequeñas nos aclaren cuáles son nuestras verdaderas probabilidades: amas de casa, novias, solteras, solteronas, divorciadas.

El problema es que ya no sabemos ni cómo serlo. Tenemos demasiada información en la cabeza. A diferencia de lo que muchas de nosotras aprendemos en casa, en el colegio, por el contrario, nos ilusionan en vano. Nos enseñan a ser competitivas, capaces, ágiles mentalmente y todo para que cuando adultas comprobemos que estas habilidades de nada sirven para que nuestro marido nos valore hasta que la muerte nos separe. Para que no terminemos torturando a nuestras propias hijas porque no son las que mejor ortografía tienen en el curso, ni mucho menos las que sacan las notas más altas en materias tan inútiles para nuestra realidad femenina en el hogar como álgebra, anatomía, cálculo.

Si en la vida real, esa que a las mujeres que pretendemos conformar un hogar nos toca vivir, lo único que realmente debemos saber de anatomía es a hacer cardio en un gimnasio y a aprender a contar calorías para adelgazar y que no nos vayan a dejar por una más esbelta que nosotras. Y de cálculo, lo único que a ellos les interesa que aprendamos es a calcular a qué hora toca poner la comida para que ellos encuentren la comida caliente cuando lleguen del trabajo. O a calcular también pero cuántas cucharadas de medicina hay que darle al niño para que se le quite la fiebre sin envenenarlo por torpes. O, ya que insiste, en el mejor de los casos, a calcular cuánto dinero nos queda en la tarjeta de crédito este mes para que no nos la suspendan. Y ya, sin tanto misterio.

No entiendo para qué, entonces, tanto estrés, tanta exigencia académica si en la vida real, esta de la que hablo, en la que vivimos todas las mujeres modernas, no hay que ser ningún Einstein para darse cuenta de que ellos nos siguen prefiriendo brutas. Cuanto menos sepamos o cuanto más finjamos que no sabemos nada, ¡mejor! La triste realidad es que aquella que se quemó las pestañas en el colegio estudiando, la que no pudo asistir a su propio baile de graduación, pues estuvo ocupada preparándose para los exámenes de admisión en alguna universidad de nombre impronunciable y altísimo prestigio. Aquella que se graduó con honores y hasta la recibieron becada en Harvard, la que con mucho esfuerzo fue la única mujer entre un nutrido grupo de hombres que logró recibirse como ingeniera nuclear… ésa, lamentablemente, jamás será apreciada o considerada por la mayoría de los hombres machistas como un buen partido. Ésa nunca se casa con ellos, ésa los espanta porque les cuesta mucho esfuerzo y ¡qué pereza! O es que no se han dado cuenta todavía, que, entre la mayoría de los de su gremio, cuanto más cultas más se asustan, y cuanto más culo más se entusiasman.

En cambio, la que desayuna y queda desocupada, la que se ganó el título de bachiller en una rifa, la que ve telenovelas todo el día, tiene cuatro empleadas para que atiendan a los niños y, aun así, manifiesta abiertamente que vive agotada, esa sí que se lleva la mejor parte. Esa clase de mujer realmente muy astuta e inteligente, a ésa el marido la adora, la que no sabe lo que es una uña partida. La que cree que una junta no es más que un *shower* (té, lluvia de regalos), donde ellos se juntan, sí, pero con sus amigos a hablar de viejas. Como ellas.

La que no sólo se da el gusto de ir periódicamente a la estética porque a su marido le encanta verla regia, sino que además la atienden a domicilio cuando el conductor se enfermó y a ella le da mucha pereza manejar. Esa es a la que llevan de vacaciones a Europa y no a Disney una vez al año, porque no se le ocurrió más cuando ella le sugirió unas vacaciones exóticas en familia. Esa es la que vive arreglada y maneja un convertible último modelo. No como nosotras las mujeres dizque modernas que para hacernos hasta la depilación con cera hay que pedir permiso en la oficina. Las que todavía estamos pagando las cuotas del Fiesta modelo 82 en el que nos transportamos. Esas mujeres, mis nuevos ídolos, son a las que francamente les importa un bledo si el marido les pone los cuernos o no mientras las sigan manteniendo. A las que de hecho les parece fantástico que tenga moza y hacerse la de la vista gorda porque así garantiza que de la "oficina" llega cansado y así evita la fatiga de tener que cumplir como esposa, hacer el amor por las noches y dañarse así el *blower*. Ésa es la cruel realidad, señoras. Entonces, para cambiar realmente el mundo, qué tal si nos crían con un poco más de fe, de confianza, de honestidad. Sí. La vida de las mujeres sería mucho más plena y justa si en vez de un paseo, nuestro paso por el colegio fuera más bien una experiencia educativa que nos preparara realmente para nuestro futuro, para nuestra verdadera realidad primer o tercer in-mundista.

CAPÍTULO 8

EDUCACIÓN SUPERIOR... ¿A NOSOTRAS MISMAS?

Una se quema las pestañas y se mata la vida estudiando para saber que, cuando grandes y por muy preparadas que aparentemente estemos, los puestos importantes a veces nos los ganan las que más dominen el tema de las relaciones públicas.

Siguiendo con el tema de la educación y tratando de averiguar por nuestros propios medios por qué las mujeres crecemos con toda esa gran cantidad de traumas emocionales e inseguridades que nos alejan cada vez más de la tan ansiada estabilidad emocional y económica, descubrimos que nuestro paso por la universidad es la mejor época de todas. Porque ahí nos dan finalmente la oportunidad de igualarnos a la mayoría de ellos: a ser unos mediocres con ínfulas de genios.

PERO SÓLO ANTE NOSOTRAS CUANDO NOS CREEN BOBITAS y sin muchos conocimientos. Es decir, cuando nos creen dependientes y por eso nos adoran. Ahí sí dejan salir al Pasteur que todos creen llevar por dentro. Pero, en cambio, si, por el contrario, usted manifiesta abiertamente su pericia en temas como la termodinámica, la biología marina, la arquitectura o la administración, ahí sí prepárese a arreglar usted misma la licuadora que se descompuso o a comprarla con su propia plata porque la de él de repente ya no va a alcanzar más. Y además, sosteniendo en muchos casos dos hogares, ¿cómo? Prepárese también a cambiar su propia llanta del carro cuando esté ponchada, a arreglar usted misma la señal de la antena del techo que se dañó. También a limpiar el carburador de su propio carro. Porque a los hombres no les interesa casarse con una que sepa más que ellos. ¿Qué dirían sus amigos? ¡Qué vergüenza tener en casa a una que los haga sentir unos perfectos inútiles, que domine temas que hasta ahora eran exclusivamente reservados para ellos!

Y entonces una se pone a pensar: "¿Para qué tanto esfuerzo, para qué tratar de ayudarles con los problemas de la casa si eso lo único que hace es alejarlos de nosotras? ¿Para qué ensuciarse de grasa, casi electrocutarse arreglando la aspiradora y partirse la espalda cargando usted misma el sofá para redecorar la casa?" Para qué si ellos no nos miden por nuestras habilidades sino por nuestras necesidades. Preferiblemente económicas y ojalá muchas. Es decir, según el nivel de dependencia que tengamos hacia ellos. Esto para que no se acompleje. Para que ni de chiste se vuelva a perder una fiesta en la universidad por andar estudiando o porque sueña con ser la próxima Bill Gates. O la próxima Martha Stewart, que entre otras estuvo en prisión por ser millonaria. Para que sus hijas o las de ellas tampoco crezcan pensando que ellos van a apreciar sus esfuerzos si de alguna forma compiten con los de él. O para que desde pequeña entienda que también existe una altísima probabilidad de que le toque quedarse sola. Más aún si resuelve a tiempo que no le interesa fingir nada para darle gusto a nadie.

Pero, es tal el daño que nos hacen que nos animan a inscribirnos en carreras que no sirven más que para condenarnos a trabajar toda la vida: derecho, economía, diseño, medicina nuclear. ¿Para qué? ¿Para qué queremos aprender por ejemplo a ser veterinarias si a veces ni siquiera con conocimientos universitarios podemos dominar al animal que tenemos en casa? ¿Para qué quemarnos las pestañas aprendiendo dizque a administrar empresas, si nunca aprendemos a cuadrar la chequera a fin de mes? Y no es que la incapacidad en nuestro caso sea genética. Es que a ellos sus propias madres, incluso más machistas que ellos, nunca se tomaron la molestia de enseñarles a tiempo que la mujer cambió. Que no sólo sí tenemos los mismos derechos que ellos sino que bien podríamos ejercerlos cada vez que nos venga en gana. Es muy grande el daño que nosotras mismas las mujeres le estamos haciendo a la llamada sociedad en general, al no educar a tiempo hombres que también nos valoren tal cual somos. Pero nos entusiasman con la idea de ser lo que queramos ser: ¡incluso astronautas! Cuando es más que sabido que la NASA ha preferido mandar a un perro y a varios chimpancés, antes que a nosotras. ¿Entonces para qué nos ilusionan?

Y es innegable que existe una dualidad femenina allá afuera. Algo que definitivamente no cuaja entre nuestros deseos de superación y los esfuerzos que realmente estamos haciendo todas, individualmente o en grupo, para que eso suceda. ¿Cómo superar nuestros propios resentimientos de género y aprender más bien a sembrar para el futuro? ¿Cómo aceptar que la igualdad no se va a dar automáticamente y que tal vez ni siquiera la alcancemos a ver nosotras en nuestro propio tiempo, sino que todo lo que empecemos a hacer desde ahora lo haremos con la idea, con la fe ciega, de que el mundo sí podría cambiar, así no lleguemos a ser testigos de ello? ¿Que tal vez no seamos nosotras, pero que si lo intentamos al menos sí lo llegarán a disfrutar las generaciones de mujeres que están por venir a este mundo?

Qué tal si en vez de quejarnos de ellos empezáramos también por dejar de ser tan machistas, tan consentidoras en nuestros propios hogares y comenzáramos más bien por enseñarles a nuestros hijos varones a respetar a las mujeres, a admirarlas, a apoyarlas y a no sentir que, por tener los mismos sueños, aspiraciones y capacidades que ellos, somos unas verdaderas amenazas sociales. No creo que me toque a mí verlo en vida, pero sí creo y tengo fe en que si retomamos el camino correcto y empezamos a aplicar cambios fundamentales de mentalidad desde ahora, mi hija Daniela sí tendrá la oportunidad de crecer y sobrevivir en un mundo en el que pueda sentir que también está diseñado para ella. Pero mientras eso suceda, mientras la paciencia alcance, por lo pronto, para subsistir, a lo mejor el secreto sigue radicando en nuestra astucia femenina y en recurrir a esa intuición con la que nacemos dotadas todas las mujeres en el mundo, pero que tan pocas veces usamos realmente.

Porque si seguimos como estamos no es descabellado cuestionarnos de vez en cuando que todo nuestro esfuerzo es inútil. Si todavía quedan demasiados hombres allá afuera que no fueron educados para aceptar que el mundo ha cambiado y que las mujeres también. Que cada vez jugamos un papel de mayor protagonismo tanto en sus vidas profesionales como en las personales. Porque ya no sólo nos conformamos con ser sus esposas, también estamos preparadas y queremos ser sus socias, sus amigas, sus compañeras. Entonces, si no logramos conformar un semillero de hombres tolerantes con el género femenino, comprensivos y racionales con el mismo, las relaciones entre géneros lamentablemente cada vez van a ser más difíciles.

Para que no siga pasando lo que hasta la fecha, que por no estar preparados para nosotras, la nueva mujer; es decir, por profesionales, por competitivas y exigentes nos desechen y nos cambien por otra que terminó la prepa pero por radio. Para que colguemos, sí, muchos diplomas pero para que por mamertas no nos manden al carajo y nos cambien por la primera adolescente sin aspiraciones que se encuentren por el camino. Porque, flojos como siempre lo han sido para superar sus complejos machistas y conquistarnos, así ganemos igual que ellos, ésas requieren mucho menos esfuerzo. Porque, según ellos, ellas sí que son tiernas, se dejan atender, se dejan aconsejar… ¡Se dejan mantener! Para qué estudiar tanto, me pregunto, si el problema es en gran parte nuestro. Nosotras las dizque profesionales, las que aunque lo soñamos, admitimos en el fondo que todavía no veremos ese gran cambio de mentalidad entre géneros, jamás bajamos la guardia. No nos enseñaron a ser suficientemente astutas para entender que la batalla no puede ser siempre contra ellos a quienes evidentemente los criaron mal, sino en contra de nosotras mismas y de todo ese resentimiento que hemos venido cargando por siglos. Nos mantenemos, sí, pero en plan de guerra y con las garras afiladas para sacarles los ojos cada vez que pretendan llamarnos al orden. Pobrecitos de algunos de ellos, ¿es que no se han dado cuenta de que la cabeza no les da para más? ¿Que no conocen otra cosa distinta y que tampoco la conocerán a menos que nos dediquemos a terminar de criarlos? A enderezar lo que muchas de sus madres les torcieron desde su infancia. En ocasiones, hasta la vida misma.

Entonces, al admitir que es allí, en la crianza del sexo opuesto, en donde radican la mayoría de nuestros problemas para lograr entendernos con ellos, ahí nos preguntamos si todas sabemos y admitimos que es más rico vivir apoyadas, acompañadas y posiblemente mantenidas que solas, deprimidas y asalariadas, ¿cuáles de nosotras son las verdaderas inteligentes? ¿Las que lo entienden a tiempo y luchan por rescatar a los pocos que aún tienen salvación, o las intolerantes que no sólo no intentan entender la situación sino que además luchan contra ellos y se esmeran pero por hundirlos?

Aparte de humildes, necesariamente deberemos convertirnos en mujeres realmente inteligentes y aprender que todo cambio supone un caos y nosotras somos y nos hemos convertido en el cambio mismo. Que los hombres no han cambiado mucho, nosotras en cambio sí. Llevamos más de tres siglos luchando por ser mejores o simplemente distintas. Que las que no son tan brillantes siguen pensando que la liberación femenina es luchar contra ellos, o convertirnos en una mala copia de ellos, en vez de aliarse entre géneros para crear juntos unas nuevas reglas del juego que sí funcionen y que sí nos proporcionen la equidad que todas queremos. Que tanto necesitamos.

En pocas palabras: es que no se han dado cuenta de que somos mucho, pero muchísimo más astutas que ellos. Que si dejáramos de mostrar nuestras armas, de rebajarnos hasta su propia inconciencia y más bien hiciéramos gala de todo lo que hemos aprendido y evolucionado, no sólo podríamos someterlos y manipularlos a nuestro antojo, sino que aprenderíamos a entendernos y a convivir con ellos basadas por supuesto en esa comprensión, en ese entendimiento que nos indica que lo que hemos de buscar no es la igualdad, sino una simple y muy necesaria equidad. En cuanto a derechos, oportunidades, reglas y leyes que nos protejan a todos por igual, no respecto a actitudes y más banalidades de este tipo que no conllevan más que a la incomprensión, a la falta de comunicación y a la soledad que pulula allá afuera y que tanto nos afecta, eso sí, a todos por igual.

Éstas son, entonces, para finalizar este capítulo, según mi juicio y corto entender, algunas materias que, en cambio, sí nos deberían enseñar en la universidad, si queremos que nos sirvan para algo en la vida real. Si aspiramos a tener también sanas relaciones de pareja, o para manipularlos en su propia ley, usted decide.

Cálculo: con especialización en calcular sus ingresos, las probabilidades que tenemos de casarnos con ellos y cuánto tiempo nos podría durar la relación.

Arquitectura: pero sólo para aprender a rediseñar nuestra propia casa una vez que nos hayamos divorciado y se hayan ido de ella. O más bien una rama de la misma especializada en algo muy práctico: diseño de clósets con amplio espacio para guardar las toneladas de zapatos que coleccionamos en vida cada vez que fracasamos sentimentalmente.

Matemáticas: no para aprender a sumar sino, como en la vida real: a restar y, por supuesto, a gastar.

Psicología: para aprender a manipularlos a ellos y entender tanta frustración femenina.

Física: aprender a conquistar. A maquillarnos, a ser mejores en la cama, o solas o acompañadas. Con especialización por supuesto en los últimos avances médicos de la cirugía estética. Para las que aún le atribuyen el éxito en el arte de la conquista al aspecto físico, por "física" pereza ni de peligro se vayan a quedar solas.

Química: para desecharlos cuando la lucha hormonal nos indique que por ahí, es decir, con ése, no es la cosa.

Anatomía eléctrica: por si todo lo anterior falla, que aprendamos a escoger el vibrador "anatómicamente" mejor diseñado para nuestros cuerpos.

Lo que sí le aseguro que nunca aprenderá en la universidad, pero que sí aprenderá con el matrimonio, es si que alguna vez consigue quién cargue con usted a pesar de ser una profesional exitosa, será a ser leal, indulgente, tolerante y muy paciente. Que las cosas no son cuando usted quiera sino cuando él acceda. También aprenderá ampliamente lo que es el autocontrol y la sumisión a toda prueba. Y una cantidad de pendejadas más que no le enseñarán en ningún plantel educativo, es cierto, pero que tampoco le hubiera hecho falta aprender para su vida si no se hubiera casado. ¿Quién la mandó?

CAPÍTULO 9

NOSOTRAS Y LA PUBLICIDAD
¿VÍCTIMAS DE NUESTRO PROPIO INVENTO?

Nadie es tan feliz, ni nada puede ser tan fácil en la vida. Entonces, ¿por qué creer que todo lo que nos muestran a través de un televisor sí es posible? Si una cosa le parece demasiado buena para ser verdad es porque probablemente lo es. Tal como en el caso de los hombres. Si con el que ha estado saliendo le cae bien a su mamá, a sus amigas y hasta a su ex, quien la anima a que no lo deje nunca, algún problema o defecto de fábrica habrá de tener. O alguno usted pronto se inventará que tiene. Lo mismo es con la publicidad.

LA PUBLICIDAD SIEMPRE ME AFECTÓ A TAL GRADO QUE, cuando pequeña, nunca pude cantar el "Feliz cumpleaños" sin tener que agregarle "les desea Aurrerá". Mi caso era tan patético que compraba champú Grissi para poder cantar en la ducha "Grissi en mi cabello a la hora del champú, limpia suavemente, ahora sigues tú". Y cuando vivía en Barranquilla, nos reuníamos, no menos de seis amigas quinceañeras en bikini, para cantar a voz en cuello el pegajoso *jingle* mientras nos bañábamos con manguera en el patio de enfrente de la casa. Todo el mundo nos veía haciendo el oso, cuando a nosotras nos parecía el mejor plan del mundo si usando el popular producto nuestras cabelleras se veían como las de la televisión. Que por supuesto nunca pasaba más que en nuestra imaginación. Entonces, si la publicidad logra su cometido que, en últimas, es el objetivo de un negocio que mueve tantos millones en el mundo entero, ¿por qué la misma no cambia con los tiempos y se vuelve más… cómo diríamos, realista? Sí, que cambie, tal como ya hemos cambiado nosotras por dentro con el paso del tiempo. ¿Por qué será entonces que la publicidad al parecer no es para todas nosotras, o peor aún, por qué nos quieren vender una idea errónea de lo que es la vida actualmente? Es decir, la vida de la mujer moderna que también consume, esté de acuerdo o no, una cantidad de productos para su supervivencia.

¿Por qué las mujeres de los comerciales que promocionan cualquiera de las decenas de variaciones de caldo de res o de pollo que pululan en el mercado, se ven felices mientras preparan el almuerzo? Si cualquier idiota sabe que mientras para nosotras la llave que abre nuestro corazón es recibir un regalo inesperado. Para ellos, en cambio, la llave que abre el corazón de cualquier hombre no es lo que nos habían dicho: a través de su estómago. Es estar dispuesta a tener relaciones sexuales repentinas en cualquier momento y lugar del día.

¿Para qué se esfuerzan? ¿Por qué se ríen mientras pelan ajos, pican cebollas y preparan la sopa? ¿Qué tiene de divertido untarse de grasa y oler a comino por el resto del día? Si ya lo hemos probado y sabemos perfectamente que no tiene nada de gracioso. ¿Por qué el marido siempre sale almorzando con ella? ¿Acaso no trabaja? Si todo el mundo sabe que hoy día casi ningún papá puede darse el gusto de almorzar con la familia por encontrarse demasiado ocupado en la oficina. Si todo el mundo sabe además que ningún hombre demuestra tanto interés por trabajar a menos que se haya casado. Entonces por qué querría aquel hombre del comercial, encima de todo, llegar temprano a su casa a almorzar con su esposa. Muy sospechoso. Como también lo es que los niños llegan felices, muertos de hambre y, encima de todo, limpios del colegio. Es que hacen la prepa por radio y por eso se ven tan

impecables. Es que nunca les dejan tareas que llegan tan despreo-
cupados. ¿Cómo hace esa feliz mujer para lograr que sus hijos se
sienten a la mesa y coman? Si yo, con mi hija, llevo años de lucha
y de sobornos y aún no he podido. Si la gran pelea entre la mayoría de las mamás del mundo y sus hijos es precisamente porque
viven inapetentes, y cuando una logra convencerlos de que coman
algo generalmente no es nada que contenga alguno de los ingredientes con los que la mamá del comercial preparó el almuerzo
tan felizmente… Pues se me ocurre que para que esa publicidad
sea realmente impactante también para las mujeres modernas, es
decir para que de verdad nos sintiéramos identificadas con ella y
nos pudiéramos animar a comprar algo que supuestamente nos
ayuda a solucionar la vida sin tanta sonrisa prefabricada, propon-
dría algo como lo siguiente:

La señora del comercial lleva rizadores en la cabeza y se acaba
de dar cuenta de que, por estar viendo la telenovela del mediodía,
se le hizo tarde para poner otra vez el almuerzo porque el que
estaba haciendo se le quemó. En ese momento entra una llamada.
La de una amiga que le cuenta que acaba de descubrir que el
marido anda con otra. Entonces, ¿cómo le cuelga? Por eso, en
el comercial, la protagonista nunca soltará el auricular y nosotras,
desde el otro lado de la pantalla, nos maravillaríamos al ver cómo
logra cocinar, hablar por teléfono y aconsejarle a la amiga que deje
al marido, todo al mismo tiempo. Como en la vida real. Bueno,
cocinar es un decir, porque lo que realmente hace es poner una
olla con agua en la estufa, echar un cubo de caldo y revolver con
la cuchara. Entonces, nosotras, las mujeres modernas, sí pensaríamos
que ese caldo debe ser una maravilla y que cocinar lo puede hacer
literalmente cualquiera. Nada de decorar la comida con yerbas y
cosas de esas porque muchas mujeres modernas están tan ocupadas
que no sabemos distinguir entre perejil y cilantro. Así que la decoración dejémosla para la cena navideña o alguna otra ocasión

que lo merezca y que podamos pedir ya preparada y decorada pero a domicilio, por supuesto. No para un vil almuerzo, por Dios.

El marido llegaría del trabajo, furioso pero porque lo echaron del trabajo. Porque lo vieron en otro comercial de caldos y al jefe le pareció una irresponsabilidad de su parte que anduviera saliendo a la casa a almorzar con la familia en horas laborales, como vio que hacía en el otro comercial. Le dice además que no tiene ganas de almorzar y azota la puerta del cuarto con rabia. Ella no le presta atención pues sigue ocupada hablando por teléfono. Los niños entrarían en la casa peleando, con los pies sucios y dejarían hecho una miseria el piso de la cocina. La última escena es ella comiendo sola, sentada en la mesa de la cocina, mientras el marido sigue histérico en el cuarto, los niños ven televisión en el suyo y ella… sigue hablando por teléfono mientras acaba con un plato de algo incinerado del que aún sale humo.

ESLOGAN DE LA CAMPAÑA

"Qué importa que no tengan hambre. Qué importa si ni siquiera les gusta su sazón. Ellos se lo pierden. Qué fácil es fingir que es una buena ama de casa con Misazón, multicolor". O mejor algo así: "Mejor comer sola que mal acompañada. Acompañe sus comidas con Ricosazón tricolor". Definitivamente, yo sería una excelente *copy* de agencia de publicidad.

O cuando los comerciales son de productos para aliviar la gripe. En ellos el papá se preocupa por la salud del hijo y hasta ayudan a la mamá a darles la medicina. ¿Cómo creen? Si el papá casi nunca se entera de esos "pormenores domésticos" y casi siempre le toca sola a la mamá. ¿Por qué la gripe sólo les dura un rato y, cuando se toman el remedio saltan inmediatamente de la cama a jugar con el perro, en el jardín de la casa? ¿Por qué a una no le pasa eso? Una nunca resucita así de milagrosamente en menos de cuatro días. ¿Por qué esos comerciales de medicinas contra la gripe no muestran a todos en la familia enfermos al mismo tiempo que es lo que usualmente pasa cuando en casa hay un virus contagioso rondando? ¿Por qué no nos muestran con el pelo sucio, la sudadera ochentera tipo *Flashdance,* de muy mal genio y con una caja de pañuelos desechables al lado?

Y ni qué decir de los comerciales de champú. En ellos, ninguna de las modelos tiene una sola cana, un solo pasador, como en la vida real. Sus cabellos se mueven con el ritmo de un viento huracanado y aun así siguen igual de peinadas. Cuando a una después de los treinta ya no le gusta andar en moto y pierde hasta el espíritu aventurero por una sola razón: se nos daña el *blower.* Después de cierta edad a una ya no le gusta andar con él en autos convertibles, porque, por audaces y juveniles, corremos el riesgo de que el pelo se vuelva una miseria o que llueva y se nos esponje. Peor aún si estuvimos en la estética el día anterior. No nos gusta lavarlo con tanta frecuencia por temor a que se nos empiece a caer o porque el tinte nos dura menos.

Porque con tanto trabajo ya no queda casi tiempo y no queremos perder el dinero que invertimos en el que nos hicimos la semana pasada. O porque cuando cae una sola gota de lluvia, casi ni queremos salir de la casa por temor a que se nos encrespe. Entonces, tener como ejemplos de felicidad a estas modelos que nos pretenden vender una imagen de libertad capilar, no es que nos identifique mucho. No es que se ajuste mucho a nuestra realidad. Además, el pelo les brilla como si se bañaran con aceite de canola y se ven nuevamente felices mientras se lo lavan. Pero si todo el mundo sabe que lavarse el cabello una misma es uno de los planes más hartos del mundo. Que cuando salimos de la ducha casi nunca nos queda tiempo para cepillarnos, que es lo que a casi todas nos toca hacer para que parezca liso. Que por eso, con el celular, la estética es casi una necesidad básica. Cuando todas sabemos, porque lo vivimos a diario, que por muy sanas que seamos, el pelo se cae y pierde brillo con el paso del tiempo. ¿Entonces a quién quieren engañar con tanta felicidad?

Propongo que los comerciales de champú sean un poco más realistas y así más mujeres modernas en el mundo correríamos a comprar sus productos. Que la modelo no tenga el cabello tan largo, ni tan sedoso, mucho menos tan brillante. Que salga de la casa con paraguas para taparse de la lluvia y que desde ningún punto de vista parezca feliz porque está lloviendo, como en la vida real. Más bien que se note enfadada porque se le dañó el peinado. Que la modelo aparezca, sí, peinándose con la secadora después de salir de la ducha y que el comercial más bien nos enseñe cómo demonios se cepilla una el pelo en poco tiempo para no llegar tarde a la oficina y aún así divertirnos en el intento.

Que el eslogan sea algo así como: "No le prometemos nada aparte de hacer espuma. Ni un pelo brillante, sedoso o liso. Sabemos que lavarse el cabello es lo peor, sin embargo, este producto huele bien". O algo sencillo y sincero, por el estilo. Lo dicho, ¡soy un éxito!

Qué tal esos comerciales de margarinas o de aceites en los que toda la familia aparece, nuevamente feliz, corriendo sonriente por una pradera llena de pasto verde, flores multicolores y mariposas que revolotean en el fondo. ¿En qué momento de la vida pasa eso? Si las vacaciones en familia ya no se pueden porque ni con el salario de ambos se puede salir a pasear a ningún lado. Cuál pradera si nos hemos vuelto tan citadinos que no conocemos ni el parque del barrio. Y eso que nos queda en la esquina. ¿Y la familia feliz corriendo unida? Por favor. Debe ser porque se vino la lluvia y corren hacia el carro. O porque una banda de atracadores viene detrás de ellos. O porque uno de los niños accidentalmente le tiró una pedrada a un panal y las abejas (asesinas) están persiguiéndolos. Por favor, que desistan de seguir engañándonos.

De los comerciales más graciosos que aparecen en la televisión actualmente, no podemos dejar de mencionar los de detergentes en los que a las mamás les parece superdivertido ensuciarles la ropa a los niños para demostrarles a las demás mamás lo fácil que se lava la ropa con ese producto. Pero si todo el mundo sabe que no hay nada peor en la vida que lavar ropa. Que se nos dañan las uñas, que los niños la vuelven añicos y que antes sale más barato comprarles ropa nueva que gastar luz y toneladas de detergente para sacarles las manchas que no sabemos ni de qué animal muerto provienen. O los de telefonía celular en donde todos hablan sospechosamente felices y hasta cantan y bailan. ¿Cómo puede ser esto posible cuando las cuentas que nos llegan mes tras mes siempre son altísimas? Sin importar qué tipo de plan tengamos, siempre nos pasamos y terminamos pagando el doble. ¿Entonces de qué se ríen? ¿Qué tanto bailan?

O cuando les da por lanzar simultáneamente todos esos comerciales de carros nuevos y lujosos. ¿Para qué? ¿Acaso para recordarnos a las asalariadas que faltan como cuatro años para terminar de pagar las mensualidades del modelo 2000 que aún tenemos y que no hemos podido cambiar porque no hemos terminado de pagar el viejo?

No. Ver televisión se ha vuelto también una tortura del consumismo heredado de los países del Primer Mundo. ¡Protesto!

CAPÍTULO 10

LAS BRUTAS TAMBIÉN LLORAN

¿Y de las telenovelas qué? En cuanto a los programas que vemos o que nos obligan a ver en la televisión, con tanta programación mala, el caso es peor aún. Afortunadamente, en Colombia, mi país de origen, las cosas han empezado a cambiar y hasta podría asegurar que han mejorado sustancialmente. Respecto a las telenovelas, al parecer siguen siendo los programas favoritos de la mujer latina, por lo menos la temática que se ha empezado a manejar en algunos proyectos sirve para abrirnos los ojos y hasta para brindar uno que otro buen ejemplo. ¿Acaso es posible ser tan ilusas?

Yo QUE TRABAJÉ TANTO TIEMPO EN ELLAS, puedo realmente hablar con conocimiento de causa. Por lo menos en nuestras telenovelas las mujeres trabajan, estudian, se superan y tienen hijos. No como algunas extranjeras, en donde la protagonista, sin importar su edad, siempre es soltera y sufre por el amor de alguien que no lo es. Destruye hogares a su paso, siempre queda embarazada del protagonista y él nunca puede reconocer al hijo, ni siquiera por falta de interés, sino porque siempre algo trágico pasa. Como que a la abuela la atropella un microbús, se descubre que ambos son hermanos, la ex esposa del protagonista también queda embarazada al mismo tiempo y además intenta suicidarse. Y todo un rollo trágico que supuestamente está inspirado en la vida real. En la vida real de quién: ¿de Jason o de Freddy Krueguer?

La vida no puede ser tan trágica. Las protagonistas de las novelas con las que todas soñamos no pueden ser tan tontas, ni tan buenas, ni tan ingenuas. Ni tan inocentes, ni tan torpes, ni tan brutas, ni tan afortunadas, ni tan desempleadas, ni tan bonitas aun recién levantadas. ¿Por qué, por ejemplo, la esposa del protagonista, a la que le bajan el marido, siempre es la mala? ¿Por qué en las telenovelas extranjeras, más que nada, aunque aquí también a veces pasa, dejan plantada a la novia en la iglesia porque él casualmente el día anterior se enamoró a primera vista de una pueblerina de minifalda recién llegada a la ciudad? ¿Por qué las telenovelas no son un poco más realistas?

Que las protagonistas tengan mal carácter y que no sean tan santas y tontas como las hacen ver. Como si por ser ingenuas, inocentes y de buenos sentimientos todos los hombres cayeran rendidos a nuestros pies. No, que le cueste un esfuerzo real levantarse al tipo. Que no le sea fácil sólo porque es bonita y boba. Que el premio no sean ellos sólo porque son los que en las telenovelas siempre tienen dinero.

Las mujeres nunca tenemos y siempre nos hacen ver como unas interesadas. Como que pretendemos que sean ellos quienes nos arreglen la vida. ¿Qué clase de buen ejemplo puede ser ése? Que sea a la protagonista a la que le bajen el novio, para que la villana ahí sí tenga motivos de peso para ser mala, porque está despechada y no porque es una caprichosa. Las villanas de las telenovelas, lo digo yo que soy medio experta en el asunto, casi nunca tienen motivos reales para pelear por el protagonista que casi siempre resulta ser un pelele de quinta categoría que, al final, se merece su suerte de quedarse bien encartado con la más boba entre las dos.

Y a las villanas todo el mundo ama odiarlas. Analicemos por qué. ¿Acaso porque representan a la mujer moderna, esa que generalmente trabaja, es educada, culta, independiente y casi siempre empieza la historia como la pareja oficial del protagonista?

¿Será porque es una rival digna de cualquier mujer? Será por eso entonces que los libretistas de telenovelas extranjeras a la mitad de la misma se enloquecen y empiezan a salpicar a sus villanas con cosas negativas como la locura, la histeria, se convierten en asesinas, ladronas, obsesivas, posesivas, armadoras profesionales de escándalos para lograr así que, en vez de que el público las admire y hasta se solidarice con ellas, las odie? ¿Para qué hacen eso? No les basta con haberles acabado la vida al hacer que su pareja las deje por una de más curvas pero con menos sesos que ellas. No les parece ya suficiente humillación que la cambien a una por una cretina. Entonces, ¿cuál es el concepto de mujer ideal que nos tratan de vender? No entiendo por qué todo tiene que girar alrededor de la pareja y de lo fácil que puede ser conseguirnos un millonario para que nos mantenga.

¿Será un complot internacional masculino para lavarnos el cerebro y para que nos convenzamos de que la historia de Cenicienta sí es posible? Pues ante el éxito indiscutible de este tipo de producciones entre hombres y mujeres por igual, cabe pensar que eso es realmente lo que el mundo quiere y no las historias complicadas de la mujer moderna y su vida real. Y es que, ahora que lo pienso, no tendría ninguna gracia una telenovela en donde a la protagonista no le interesara casarse. Es más, donde fuera solterona, a mucho honor. En donde si el protagonista le es infiel o duda si quedarse con ella o no, porque anda enredado con otra, mientras decide con cuál de las dos se queda, que ella misma sea la que tome la iniciativa de mandarlo al demonio y se apure a conseguirse otro. Como en la vida real.

Que tome y vaya a reventones. Que salga a veces en sudadera y no maquillada y entaconada cuando esté en la casa haciendo el quehacer. Que no se deje ni de la mamá de él, ni de la villana, ni de todos los de la oficina que la odian, ni de nadie. Que se gane la lotería o que se ponga a trabajar como una burra. Pero no para vengarse de todos los que le quisieron hacer daño a lo largo de toda la historia, sino para retirarse joven, bella y con plata y pueda vivir en paz por el resto de sus días. Preferiblemente con otro marido que se consiguió cuando se acabó la historia, o con el libretista. Pero esa historia no tiene fantasía, es cruelmente muy parecida a nuestra vida real. Y nuestra vida real al parecer no vende. Al parecer lo que sería todo un cuento de hadas para las mujeres modernas, para la televisión latinoamericana sería un verdadero fiasco de cero *rating*.

Entonces, por esto mismo nos venden, a través de los cuentos infantiles, la publicidad, las historias que nos cuentan en la televisión, en donde las protagonistas se ganan las cosas sin el mayor esfuerzo, y entonces surge la idea de un movimiento promachista por conveniencia. ¿Será que después de todo no es tan idiota ese refrán de "Si no les puedes ganar, úneteles"? ¿Eso es lo que todos quieren y las que estamos equivocadas somos todas las demás? Lo cierto es que mientras la mentalidad latinoamericana exalte valores como la belleza, la ingenuidad, la torpeza, la debilidad y la falta de ambición, lo único que nos queda por hacer si queremos pertenecer a esta sociedad, si queremos algún día lograr lo mismo que las protagonistas de esas producciones, pues tocará recurrir a actuar como ellas. A fingir como ellas que somos brutas para que las puertas de la buena fortuna también se nos abran de par en par. ¡A lo mejor lo que nos quieren dar es un buen ejemplo de cómo lograr que nos mantengan! ¿Será?

SEGUNDA PARTE

¿DIOSAS U ODIOSAS?

CAPÍTULO 11

LA GUERRA DE LAS MOZAS

Villanas, heroínas lacrimógenas o no, lo cierto es que lo que nunca elegimos o debemos escoger, en su defecto, aclaro por cuenta propia es la posibilidad de amargarnos la vida al lado de un hombre infiel. Acaso el hombre no es leal con nosotras por naturaleza. Pero, al contrario, sí podría llegar a serlo con cualquiera o con todos sus amigos, al tiempo. Pues al parecer y según lo demuestran estudios muy recientes, ni ellos lo son, ni nosotras tampoco. O lo peor de todo es que tenemos el talento amplio y suficiente para promover la infidelidad tanto la propia... como la de ellos. Y si me quiere demandar por lo que acabo de afirmar sin tapujos y con la dura franqueza que me caracteriza, pues tome un número y haga la fila.

¿SERÁ CIERTO ESO QUE HAN POPULARIZADO LAS QUE se han conformado con ser plato de segunda mesa de aquellos glotones que gustan comer en dos restaurantes al mismo tiempo? ¿Es realmente mejor ser la otra? Porque al parecer y de acuerdo con las quejas más frecuentes que he escuchado en la mayoría de mujeres, siempre creen que la "otra" es la que está quedándose con la mejor parte. ¿Y cuál exactamente sería esa parte, me pregunto?: un traidor, un tramposo, un desleal. ¡Valiente premio! Pero lo cierto es que ser la tercera en discordia tampoco debe ser tan remotamente atractivo. O peor aún, perder tiempo de vida disputándose a un hombre infiel es lo más cercano al infierno que puede ocurrírseme. En mi caso particular y aunque sigo creyendo que la fidelidad es un invento humano, pues nuestras necias hormonas desde la época de la prehistoria nos han demostrado certera y gradualmente que la "exclusividad" y serle fiel física, emocional y hasta mentalmente a una sola persona es prácticamente imposible, en esta vida he optado por serlo.

Más bien tengo la seguridad absoluta de que quienes optamos por serlo lo hacemos más por obligación o por decisión propia en algunos casos, que por verdadera convicción. Que los que practicamos la fidelidad lo hacemos más por gusto y no propiamente porque seamos ciegos, frígidos o muertos en vida que ya no sintamos absolutamente nada. Porque no nos digamos mentiras: eso de que no nos sintamos de vez en cuando atraídos hacia otras personas es absolutamente falso. Pero la diferencia entre lo que he escogido ser y no sucumbir así sea por curiosidad ante las tentaciones que rondan allá afuera es que al menos yo acepto que ser fiel no sale tan naturalmente como muchas suponemos que debería ser. Por esa simple razón, precisamente, valoro aún más el esfuerzo de quienes, como yo, han elegido una vida de verdad para poder darle una oportunidad justa y transparente a la relación. Básicamente por esa misma razón no le hago a nadie lo que no quiero que me hagan a mí.

Y estoy muy lejos de ser una santa paloma, créame. Es sólo que si algo tengo muy claro en esta vida es que me gusta rodearme de personas que eligen como yo ser sinceras. Y eso no quiere decir que no me haya topado con cada cretino infiel allá afuera, tampoco con ello quiero decir que ser infiel esté bien, por el contrario, a lo que me refiero es a que si tengo claro que el único derecho al que tengo en esta vida para ser feliz es vivir en paz y en armonía, también he decidido a tiempo que nadie, o cualquiera que pretenda despojarme de ese derecho, saldrá automáticamente de mi corazón y de mi vida. Pero volando por la puerta y con su gran maleta de ropa atrás.

Es decir, por sospecha he decidido romper relaciones porque no todo el mundo tiene la virtud de regalarnos esa tranquilidad, esa confianza que algunos necesitamos para creer que vivir en armonía sí es posible. Según mi modo de ver las cosas, así como hay personas que nos sacan lo mejor, también existen muchas otras que tienen como particularidad sacarnos lo peor. Y no sé si la química entre determinadas personas sea la responsable de ello. Pero lo cierto es que hay químicas que chocan entre sí y en ese preciso instante, es decir, cuando lo constatamos, nuestro deber es huir y dejar huellas en el pavimento si es necesario. Porque una vida llena de dudas, de sinsabores y por ende de reclamos inventados o no, no es, y valga la redundancia, lo que yo propiamente llamaría el ideal de vida en pareja que quisiera tener.

Para el efecto, insisto, mucho mejor estar sola que mal acompañada. Pero lamentablemente en el caso de muchas, demasiadas mujeres en el mundo, disputarse la atención exclusiva de la pareja con una tercera persona es algo así como una necesidad patológica tanto para sentirse las ganadoras absolutas de una disputa, muchas veces fantasmagórica como es el caso de algunas que hasta se "inventan" a la amante, para alimentar sus enfermos egos, o para darles algo de emoción a sus aburridas y tóxicas existencias. En cualquiera de los casos, sufrir de celos enfermizos o permitir que alguien nos intranquilice es, según mi juicio, un verdadero calvario.

Si tenemos claro que, así la misma naturaleza nos indique que vamos en contra de ella con el tema de la fidelidad impuesta, que no nos gusta compartir nuestra pareja con nadie más, ¿por qué tantas mujeres en el mundo seguimos optando por dejarnos guiar por el orgullo herido en vez de mandarlos a la porra y quedarnos solas? Peor aún, ¿por qué esas mismas mujeres optan por una vida de angustia y desasosiego en vez de embarcarse en relaciones más sanas y tranquilas con especímenes que se asemejen más a nuestros gustos y necesidades por sentirnos seguras? ¿Tendrá algo que ver que aparentemente las mozas la pasan mucho, pero muchísimo mejor que nosotras? Aunque lo dudo seriamente, analicemos las posibilidades.

Teniendo muy claro que cuando, por el contrario, logramos reprimir nuestros impulsos y despejamos de nuestra mente los malos pensamientos que a veces nos asaltan a todos, hombres y mujeres modernas por igual, y no nos dejamos llevar por la tentación de vivir una que otra aventurilla, no es porque realmente no sintamos ganas, sino porque decidimos esforzarnos por darle una oportunidad justa a la relación en la que estemos en ese momento. Que algunos aceptamos que no queremos que nos paguen ni con un ojo, ni con un diente, muchísimo menos con la misma moneda si nos llegaran a cachar. O que no queremos que nos midan con la misma vara con que hemos medido al tercero en cuestión y con la que seguramente nos vienen midiendo hace rato o, por la razón que elijamos, impuesta o no, es realmente cuando aceptamos que optamos por la fidelidad más bien porque las reglas sociales así lo han impuesto y porque sinceramente nos morimos del pavor de quedar como una vil chancla tanto frente a los demás como con nuestras respectivas parejas. Por simple, llana y pura vergüenza, para qué negarlo. O porque también es posible, que nos nace ser sinceros. Pero no nos digamos mentiras, asegurar descaradamente que nunca, borrachas o no, se nos ha ido el ojo detrás de un tipo buen mozo de vez en cuando sería tan falso como asegurar que ellos no han fantaseado ni una sola vez en sus vidas con una curvilínea rubia aparentemente sin sesos.

Una vez aclarado el hecho me dispongo a aclarar también algo que para algunas sonará aún peor y más escandaloso que mi anterior premisa: las mujeres en la mayoría de los casos somos responsables de promover la infidelidad masculina. Antes de poner el grito en el cielo, de botar el libro por la ventana o de marcarle a su abogado para que me demande, analice más bien los hechos que hablan por sí solos. Porque, queramos o no, de alguna manera históricamente les hemos dado el poder de estar con dos mujeres al mismo tiempo y que ellos sientan que encima de todo se lo debemos agradecer. Porque, piénselo, no existirían hombres infieles si no existieran mujeres en el mundo que estuvieran dispuestas a seguirles el juego de machos irresistibles y conquistadores. Porque sigo pensando que no hay nada más cierto que así como el hombre propone, la mujer dispone. Y si el hombre casado propone una aventura a una mujer que supuestamente se valora un poco, qué hace esa mujer que no le da un buen bofetón. Por una sencilla razón: a muchas mujeres les gusta y disfrutan la sensación de sentirse de alguna forma que con sus encantos pueden quitarle el novio, el marido o la pareja a otra. Es tal la rivalidad que existe entre nuestro género que son muchas las que salen con hombres comprometidos con otras mujeres, sencillamente porque se sienten dueñas y amas de un juego secreto en donde ellas son las que, según ellas, llevan la mejor parte sin tener que esforzarse demasiado como las verdaderas "amas", pero de casa.

No pienso moralizar a nadie, ni más faltaba. Simplemente expongo un hecho, una realidad que siempre me ha llamado poderosamente la atención. ¿Por qué hay mujeres que se prestan para un juego en donde jamás llegan a ser las principales y se conforman más bien con ser las segundonas? En otras palabras, es como un juego de beisbol en donde el pitcher deja que sea el catcher quien se gane el crédito por haber ponchado al bateador. O el torero que después de una larga y brillante faena, cuando tiene al toro postrado, le pasa la espada al del burladero para que lo remate y se lleve de paso el rabo, las orejas, los pañuelos blancos y los aplausos. ¿Habráse visto una actitud más conformista e imbécil? Pero lamentablemente es así.

Como también lo es que muchas mujeres no se hayan dado cuenta de que a ellos les encanta que nos desgarremos las vestiduras ante la eventualidad de una infidelidad porque eso indica claramente que hemos caído en un truculento juego en el que el único que gana es el que pasa dos veces por el "Go" o la "Salida", porque asimismo tiene dos oportunidades para cobrar recompensa. ¿Entonces por qué les damos gusto, por qué sencillamente no esperar digna y pacientemente a que se les pase el gustillo por la aventurilla en la calle y mientras tanto les abrimos también sucursal fuera de casa? Es decir, ¿por qué en vez de hacerlos sentir como todos unos machotes, más bien no los ignoramos hasta que ellos caigan en la cuenta de que, por la que nos estarían dejando, o más bien perdiendo, es una simplona que no tiene las armas suficientes para conquistarse a uno solita para ella? O que, por el contrario, es tan hábil que ya le tiene el ojo puesto a uno que no le costaría tanto esfuerzo atrapar: el nuestro que a su vez es tan torpe y tiene tan poco criterio que se tragaría por completo el cuento de las dos damiselas desvalidas que luchan a capa y espada por su amor, por sus atenciones y por su cuenta bancaria.

La razón fundamental de por qué mi propuesta no resulta tan buena es elemental: porque lamentablemente en la teoría sí funciona pero al parecer en la práctica no tanto. La psique del ser humano es demasiado complicada para entender a simple vista. Si Einstein tan sólo utilizó el diez por ciento de su cerebro, qué se puede esperar del resto de los demás mortales con cerebros medianamente funcionales. Y lo digo más que nada porque no muchas mujeres en el mundo piensan tan torcido (o tal vez tan al derecho) como yo, lo admito. Porque es más fácil (y lucrativo, para qué negarlo) convertir la vida en un emocionante drama de celos y lágrimas para que ellos piensen que sin su presencia en nuestras vidas (y sus chequeras) es imposible vivir.

Algunas son bastante hábiles en el asunto y han optado por el ocasional ataque de histeria para poder manipularlos a su antojo. A mí simplemente me da pereza pero, una vez más, a lo mejor por eso sigo sola. Porque francamente no me da la gana, no me gusta ser parte de ningún juego en donde en realidad nadie sale vencedora. Ni la oficial por sentirse traicionada, ni la "otra" por sentirse negada. Uno en el que si aprendiera por un instante a ver las cosas de una manera distinta, tal vez se daría cuenta de que los únicos que nos siguen ganando la partida con tanta inseguridad infundada siguen siendo ellos.

Reconozco que a veces resultaría más práctico y divertido desgreñar a la amante en público hasta dejarla calva, que pagarles a ellos con la misma moneda e ignorarlos o, simplemente como bien lo dije antes, conseguirnos un galán también. Lo que aún no me queda claro, insisto, es por qué tantas mujeres en el mundo se conforman con tan poco cuando podrían fácilmente apostarle a lo mucho o a quedarse a veces solas por no permitir que la situación termine también por destruir su orgullo. De verdad, hay escasez de hombres allá afuera que cada vez más ellos se aprovechan de ello y de nuestra aparente necesidad de estar con alguien. Con cualquiera, en el peor de los casos.

Aunque en gran parte es cierto aquello que dicen que los hombres son como los teléfonos públicos: los que sirven están siempre ocupados y los demás están todos dañados; ¿por qué todas por igual insistimos en los que a todas luces no nos convienen? Porque tomando en cuenta que con tanta metrosexualidad y no sé cuántos tipos de supuesta heterosexualidad existan allá afuera, cada vez hay menos hombres con quien salir en el mundo. Y no sé si es porque en verdad últimamente nacen mayor cantidad de mujeres en el mundo, por culpa de las cremas antiarrugas mixtas, para ellos y para nosotras, por culpa de Beckham y de todo su séquito de personalidades imposiblemente atractivas (modelos, jugadores de futbol y de otros deportes, actores…) que promueven su virilidad tratando de convencer a sus congéneres que es debido a la cantidad de cuidados a los que se someten, y que a algunas nos hacen dudar de su verdadera orientación sexual, que las mujeres en el mundo nos estamos convenciendo cada vez más de compartir, sí, pero a los pocos hombres que quedan y que supuestamente sirven con las demás.

Lo peor de todo es que a ellos, al parecer, les encanta que nos peleemos por ellos, que les dejemos de hablar a nuestras amigas para que ni por casualidad se le acerque al que tanto esfuerzo nos costó pescar. ¿Será posible tanta paranoia que nos hemos vuelto neuróticas, inseguras, celosas, posesivas, locas, esquizofrénicas, perdiendo el único derecho que realmente tenemos en esta vida que no es otro que el derecho a la tranquilidad, tan sólo porque algún idiota nos ha venido vendiendo la idea de que ya no hay tantos? Y después se preguntan por qué se han popularizado tanto los vibradores.

¿Por qué elegimos conformarnos con la incertidumbre, si por lo que deberíamos estar luchando es por la certeza, por la seguridad a la que también podríamos aspirar? Por aquellos, aunque pocos, hombres quienes también piensan que la fidelidad es algo que valoran y que aprecian porque a ellos también los hace sentir más tranquilos y seguros. O tal vez porque, seamos sinceras, a lo mejor ya se cansaron de ser infieles y es ahí cuando hay que atraparlos, no antes. Porque si algo tengo muy claro en esta vida es que si no soy la titular de la cuenta, ni me molesto siquiera en invertir en ese banco.

Pero no todos pensamos igual y eso es absolutamente respetable. Por ello exploraremos en este capítulo las ventajas de ser la esposa o, como decimos popularmente en Colombia, la moza. Quien la tiene más fácil, la que aún conserva con cierto orgullo en el clóset y lleno de polillas su traje de novia, como símbolo de que consiguió marido o de que metió la pata, cualquiera de las dos opciones sirve. O el caso también de la que nunca vestirá de blanco pero si de Prada, de Cavalli, de Armani posiblemente con el dinero de "su" marido. Y de sus capitulaciones ante la posibilidad de un divorcio, claro está.

Entonces analicemos rápidamente qué es mejor: tener un hombre al lado, seguro, metido en la casa, o metido en la cama... ¡pero de la otra! Según Alejandra, cuando nos reunimos, nos convertimos a veces en psicólogas improvisadas que, a Dios gracias, jamás nos otorgarían un título universitario por revolucionarias, descaradas y descarnadas. Según ella, es mil veces mejor ser la moza, aunque ella esté casada y bien, para sorpresa de no pocos, porque ellas obtienen todos los beneficios de la esposa sin tener que cargar con ellos. Y a esa afirmación tan cierta le sumo que las mozas llevan casi siempre la mejor parte por las siguientes razones que enumeraré a continuación. Si igual y admitiendo que en algún momento, la mayoría de ellos, tan infieles como han demostrado ser, en alguna oportunidad nos abriran sucursal aparte con otra, interesante saber cuál de las dos nos conviene más ser. O mejor aún, ¿cuál de las dos deberíamos aspirar a ser? He aquí las odiosas comparaciones para sacarlas de la duda.

VENTAJAS DE LA ESPOSA

Ventaja matrimonial 1. Con la esposa se anima a tener hijos, los reconoce y hasta es posible que hereden.

Eso siempre y cuando la moza no se les adelante y los deje en la ruina primero. Por otro lado, mientras la señora de la casa es la que invierte hasta sus propios ahorros, porque al marido sospechosamente ya no le alcanza para nada, para que sus hijos vivan mejor, la moza es la que nunca ha cambiado un pañal y aun así la tienen en la categoría de "mamita".

Ventaja matrimonial 2. La esposa, al final del día, siempre duerme con él.

¡Gran cosa! Si preferiríamos que se quedara de vez en cuando en la casa de la otra para que no nos cambie el canal en el cual estamos viendo *Esposas desesperadas,* para que no nos quite la cobija, para que no nos ronque al lado, para que no nos desordene la cama o para que ni Dios lo quiera nos pida que hagamos el amor justo el día en que fuimos a la estética. Aquí sí, punto nuevamente para la moza que encima de todo lo despacha para donde la esposa y seguramente duerme a sus anchas en su cómoda camita, pagada por él, y hasta otro. Ése sí, el novio oficial.

Ventaja matrimonial 3. La esposa, por ser la oficial, lo acompaña a todos los eventos sociales.

Esto ya es realmente patético porque los eventos sociales adonde ellos frecuentemente llevan a sus esposas son los más aburridos de todos: la comida en la casa del charlatán de su jefe, el popular asado donde sus amigos golfistas sólo hablan del hoyo en uno que acaban de meter. Las esposas, sobra decirlo, nunca se dan cuenta del chistecito de doble sentido. O a la casa de la suegra en donde, por la confianza, ellos se encierran a ver televisión mientras nos dejan en la sala a entretenerles a la mamá. A estos eventos son los únicos en donde se tiene la oportunidad de quitarse la sudadera y ponerse hasta bonitas. Eso sí, cosiéndole el dobladillo a un vestido viejo heredado de la hermana porque nada más que se casen algunos para que salga a relucir la avaricia que tienen reservada especialmente para la esposa. Y si tienen moza peor, porque encima de todo es que, manteniendo dos hogares, no les alcanza.

Ventaja matrimonial 4. La esposa, sobre todo si no trabaja, no tiene que pagar nada, pues todo se lo paga él.

Gran mentira, lo paga y con creces, ¿o es que creen que tenerles la camisita planchada, los hijos bien alimentados y vestidos, la casa ordenada, lidiar con su mamá, su jefe histérico y los patanes de sus amigos y, encima de todo tenerles el periódico y el cafecito caliente sobre la mesa, no es un precio alto, altísimo por pagar? Encima de todo si la esposa trabaja, así sea medio tiempo, la posibilidad de que esté aportando la mitad, sino todo su salario, en los gastos de la casa es altísima. Somos tan taradas que no nos damos cuenta de que la razón por la cual cualquier perdedor ahora puede tener también moza es porque encima de todo les ayudamos con los gastos de la casa. ¡No hay derecho!

Ventaja matrimonial 5. La esposa tiene autoridad para armarle un escándalo de Padre y Señor mío, si es que lo llega a pillar con las manos en la masa.

Es cierto. La esposa ofendida siempre será la única, entre las dos, socialmente autorizada para ejercer su derecho a sacar del pelo a la otra de cualquier sitio público, esté o no él presente. La dueña absoluta de ese cenicero que le lanzó a la cabeza y de ese regalo costosísimo del que será merecedora momentos después de una traición cuando el muy traidor le suplica a llanto herido un perdón que cree merecer. Punto, por fin, para la esposa.

Ventaja matrimonial 6. La esposa siempre gozará de la solidaridad de "sus" amigos y de sus demás congéneres.

Pobrecita de usted. Siga creyendo en pajaritos embarazados para que vea lo mal que le irá. Los amigos de él no son más alcahuetes porque la cabeza no les da para más. Porque su descaro se los impide. Casi siempre son los que lo saben todo, los que lo ocultan todo y los que en caso de ser involucrados en tan engorroso asunto son capaces de negar hasta la mamá. No busque lealtad aquí, si es que no quiere perder su tiempo. Y por el lado de sus congéneres, le aconsejo que cuanto menos las empape del tema, mejor. Porque si bien es cierto que adquirirá un poco de solidaridad al principio, cuando voltee la espalda lo más seguro es que le echen la culpa a usted de los deslices de su marido debido a que, según han notado las muy chismosas, ya no se arregla para él como antes, o que se ha dedicado más a ser mamá que esposa, o porque usted se volvió tan controladora e insoportable que le tocó conseguirse a otra. Le guste o no, en el fondo muchas terminarán complacidas con su desgracia, pues de alguna forma justificarán sus propios fracasos. Las mujeres no somos solidarias entre nosotras y ésa, insisto, sigue siendo la ventaja que ellos sí tienen sobre nosotras. Del apoyo de la suegra, olvídese, para la mamá del traidor éste sigue siendo su bebé que nunca hace nada malo. La loca histérica siempre, recuérdelo, siempre será usted.

Ventaja matrimonial 7. En las fechas importantes usted será siempre la homenajeada y a quien le darán regalo fijo.

Claro está que esto sucede, en el caso de la mayoría de parejas, sólo los tres primeros años de casados y si no se deja convencer con ese discurso patético que dice: "Todos los días contigo son especiales, ¿para qué regalos?"

Ventaja matrimonial 8. Siempre le queda la esperanza de que el muy perro se canse de sus malas andanzas y que al final de su vida, como lo ordena la ley divina, terminarán juntos o "hasta que la muerte los separe".

El problema más grande que sigo teniendo con esta irresponsable afirmación es que, al menos en mi caso particular, ni me seduce la idea de aguantarme a un marido infiel toda la vida, ni mucho menos tener que conformarme con que al menos estaré a su lado para ayudar a aplicarle los santos óleos o cuando ya no controle esfínteres. ¿Y a mí eso de qué me sirve? Entonces pregunto: ¿de qué le sirve a una esperar a estar cansada y desgastada luego de desperdiciar toda nuestra juventud hasta que el muy desgraciado estire la pata o cuelgue los tenis para ahí sí poder llenarse la boca con que por lo menos cumplimos nuestra misión eclesiástica? Punto para la moza que no tiene que, encima de todo, pagar un costoso funeral.

Desventaja extramatrimonial 1. El único hijo que le gusta tener con la otra es un perro faldero que se llame Nerón, así sea tan feo, que parece engendro de ratón cruzado con murciélago. Para que la pobre no se sienta sola en los momentos en los que, debido a sus obligaciones maritales, le toca atender a la esposa.

Falso. Casi siempre empiezan con el truco del perro o el osito de peluche para ir calentando el ambiente y siempre con la secreta esperanza de amarrarlos. Las mozas tienen tanto tiempo libre que ven demasiada televisión. Demasiadas repeticiones de *Los ricos también lloran*. Pero el punto es para la moza que, por no tener hijos, generalmente luce una figura mucho más envidiable que la nuestra. Pero si encima de todo la muy viva se deja meter un gol y se anima al consabido "hijo fruto de una relación extramatrimonial" como reza en los juzgados de todo el planeta, pierde esta ventaja. Lo que la moza debe saber es que si, a pesar de mis advertencias, se anima a hacerlo, pelearle la parte al hijo ilegítimo en un juzgado al ex amante o, peor aun, a la esposa traicionada y a los hijos ofendidos del matrimonio es una tarea de titanes a las que muy pocas se atreven porque los resultados generalmente son desastrosos e incluyen gritos, jalones de pelo y bolsazos en público. Sin embargo, la gran ventaja que sigue teniendo sobre la esposa es que ante la posibilidad de sacrificar sus aspiraciones maternales por vivir una aventurilla de este tipo, será ampliamente compensada mientras tanto con joyas, ropa, perfumes, viajes, etcétera. Eso sí, encima de todo se consigue un amante con dinero y no uno que a duras penas la pueda llevar de vez en cuando al cine o a ver las estrellas. Pero no por romántico, sino por prángana. Uno a cero para la moza.

Desventaja extramatrimonial 2. Pobrecita, la moza casi siempre duerme sola.

O eso es lo que los muy idiotas, encima de todo, piensan. He aquí uno de las grandes ventajas de ser la ocasional. Sólo tienen sexo programado, pues como el casi nunca puede, así ella aprovechará para conseguirse un novio de verdad que cumpla eso sí con horarios laborales y de jornada continua. En caso de que encima de todo creyera estar enamorada del tipo, sí lo extrañaría un rato, sí, pero se le pasaría rápidamente apenas se dé cuenta de que jamás le toca lidiar con sus ronquidos, ni con su mal genio en las mañanas, ni con tener que prepararle el desayuno. Punto extra porque ni siquiera le toca tender la cama a diferencia de la esposa que a veces la única actividad real que tiene en la cama es precisamente cuando la tiende.

Desventaja extramatrimonial 3. A la moza en cambio sólo la llevan a antros, a sitios oscuros en donde por lo menos hay música, bebidas que no les toca servir y en cambio muchas posibilidades de remplazarlo con un mesero o, en su defecto, un *stripper* que, según averiguó, se llama Joaquín.

Sea cual fuese el sitio, es la oportunidad perfecta que tienen las mozas de vestirse a la última moda, de bailar y de sacarle lo que necesitan para pagar su tarjeta de crédito a fin de mes. Hombre borracho y enmozado que se respete es de un generoso… Pero lo bueno es que la moza nunca tendrá que ir a ninguna fiesta aburrida con los petardos de sus amigos y las envidiosas de sus esposas. De alguna manera perversa ella es la única en su submundo, la reina absoluta de todas sus atenciones momentáneas. Y eso en comparación con que no la atiendan nunca a una sino que por el contrario, por ser esposos, se sientan con derecho a ser atendidos, de repente suena muy atractivo. A la otra nunca le tocará atender a nadie, ni repartir picadas, ni hacerse la simpática, ni mucho menos ofrecerse a lavarle los platos a la dueña de casa por cortesía con nadie. La moza sí que la tiene fácil, ¿no?

Desventaja extramatrimonial 4. La moza no gasta nada; de hecho, para él, ella se convierte en un lujo, una comodidad que debe costear si quiere seguir disfrutando.

La otra no aporta nada de su salario, si es que trabaja, en minucias hogareñas. Gasta en ella, en su *manicure*, su *pedicure*, sus tintes capilares, sus masajes y sus gustos personales costosos o no. Como debe ser. Claro está que si encima de todo usted es una moza que trabaja, modesta, de poca monta e inteligencia que de verdad llega a enamorarse del muy condenado que encima de todo no tiene ni estatus ni dinero, y la única tierra que tiene es en las uñas, y que se convence erróneamente de que algún día dejara a la señora de la casa por usted, tal vez sea hasta tan bruta que finja dignidad y a él no le acepte sino las visitas hasta que se decida. Ahí sí, aplauso para el muy desgraciado, porque encima de todo come gratis.

Desventaja extramatrimonial 5. La moza no vive tan tranquila como todos aparentemente la ven.

Absolutamente cierto. Lo que se ahorra en la renta se lo gasta en sudor y en los servicios de un profesional de la psicología. La moza, a menos que sea la más descarada de todas, que casos también se han visto, vive paranoica, neurótica, sufre de alucinaciones y de frecuentes ataques de delirio de persecución. Más aún cuando sabe a ciencia cierta que la esposa ya se ha enterado y, a su vez ella se ha enterado, valga la redundancia, de que en sus ratos libres el *hobby* de la ofendida señora es hacer, karate o *kick boxing*. Siempre ante el temor y la expectativa de que la van a insultar o a desgreñar en público. Es un precio demasiado alto por pagar. Punto enorme para la esposa.

Desventaja extramatrimonial 6. Si cuenta con suerte el portero del edificio donde vive será el único que le brinde su amistad después de descubierta su aventurilla con el casado en cuestión.

Aunque también sola, punto para la esposa que puede por lo menos contar con el apoyo de alguna hermana, de una tía o de una compañera de las clases de cocina que toma los jueves por la tarde y que siempre le darán la razón. A la moza sí le toca pasar el trago amargo sola porque como lo suyo es clandestino y cuanto menos lo sepan, mejor, es muy poco probable que pueda ventilar sus frustraciones sentimentales con alguien distinto de su instructor de yoga que, entre otras, es *gay*.

Desventaja matrimonial 7. En el caso de la moza los regalos cursis son más que un detalle de fina coquetería, un requisito indispensable para que la relación continúe.

Eso, en el caso que usted sea una amante inteligente y lo deje por sentado antes de cometer el error garrafal de darle las llaves de su apartamento, por ejemplo. Los hombres, tan cómodos como son, si una les da la uña, se las ingeniarán para quedarse con su mano, el brazo y si se descuida con su independencia también; por esa razón el mejor truco, o la mala maña más útil que he aprendido en los últimos tiempos para que ellos jamás pierdan su interés en nosotras, es que nunca debemos darle una seguridad de nada. Que siempre se sientan en vilo, al borde del abismo, a punto de perdernos. Es lo más efectivo para que se anden como nos gusta.

El que si por equivocación o por simple y llana torpeza suya se llegara a sentir a sus anchas dentro de la relación, que siente que usted por él daría la vida, es muy posible que ya esté pensando en acomodarse... pero con otra. Que los esfuerzos que hace por retenerla a su lado se esfumen, que le volteen la torta y que sea usted la que termine, así sea por orgullo herido, llorando a moco tendido por lo que considerará su supuesto abandono. Para terminar aclaro que la gran ventaja que tienen las mozas sobre las esposas es que ellas manejan esta información con audacia y, aunque los engañan haciéndoles creer que son los hombres de su vida, los atienden como reyes en los pocos instantes en los que les tocará atenderlos, siempre y muy sutilmente les inyectan altas dosis de inseguridad y les hacen creer también que en cualquier momento podrían dejarlos por otro. Y por ello, mis queridas señoras, a ellas sí les mandan, ¿qué dije?, les vuelan cheques que da miedo.

Desventaja extramatrimonial 8. Moza que se respete, por lo menos a sí misma (y son realmente pocas), sabe de antemano al meterse en una relación clandestina que las probabilidades de que sea para toda la vida son realmente escasas.

Por no decir que imposibles. Claro está que en el caso de la moza bruta, que también las hay, algunas realmente creen que algún día dejarán a sus esposas por ellas. Y hay casos de algunas que hasta lo logran para convertirse así en las más brutas de todas. Porque qué lata tener que cargar con el muy traicionero, con sus cargos de conciencia y con la paranoia que seguramente se le desarrollará cuando se dé cuenta de que lo mismo que le hicieron a otra con ella es muy posible que se lo hagan a él. Ante la eventualidad de una muerte prematura, más que nada debido a que la ofendida esposa en un ataque de rabia decidió tomar la justicia por sus propias manos, la moza no hereda nada distinto que odio y mala fama. Lo único bueno es que no le tocará desempolvar el sastre negro apolillado, ese que tiene moho, el que huele a calceta de futbolista, el reservado sólo para este tipo de eventos, para asistir al funeral de su ex. O el de otra que, en este caso, es el mismo difunto.

Entonces, ante la cruel evidencia y admitiendo que es posible que las reglas sean tan injustas que ellos han aprendido a valorar más a la amante que a la mujer que tienen en casa, cómo no considerar la posibilidad de convertirnos todas en mozas para dejar de pelear por ellos. Los hombres tienen sus prioridades tan distorsionadas que aparentemente ¡le dan mejor vida a la que no escogieron como esposa!

CAPÍTULO 12

HOMBRES Y MUJERES SOMOS IGUALES... IGUALES DE INFIELES

¿Qué pasaría si, con ese afán que tienen algunas por convertirse en "ellos", es decir, en el problema mismo, fuéramos nosotras las que nos animáramos a ser también infieles? ¿Si clandestinamente le apostáramos a traicionarlos de vez en cuando y pagarles ahí sí con la misma moneda? ¿Qué pasaría si nos volvemos realmente prácticas y en vez de amargarnos la vida aprendemos de ellos las reglas básicas de convivencia matrimonial: hacernos las idiotas y conseguirnos un amante? Suena descabellado. Lo es. Lo que sí deberemos aprender de ellos, que son unos verdaderos expertos en la materia, son algunas reglas doradas para disfrutar de una aventurilla sin el inconveniente de que nos sorprendan con las manos en la masa... y en la pierna, en el brazo, en el pecho... El tema de la discreción, señoras, para las que se hayan animado a brindarles un poco de su propia medicina, será vital para triunfar. Anoten entonces algunas cosas que hemos aprendido de ellos y de sus reconocidas malas mañas si es que se anima algún día a entrar también en el juego de la traición.

Qué injusticia llamar a una mujer ninfómana tan sólo porque vive tan obsesionada con el sexo como cualquier hombre común y corriente. No hay derecho.

LO QUE ELLOS NO SABEN ES QUE MUCHAS AMANTES sólo quieren ser una relación clandestina, para no engancharse de por vida con ellos. Y los pobres pensando que son el "premio". Como tampoco saben que, a su vez, muchas esposas, a sabiendas de que el marido anda con otra (casi todas lo saben o al menos lo intuyen), en secreto hasta le agradecen el gesto a la otra, pues esto les deja tiempo y hasta el camino libre para salir ellas también con otro. Preferiblemente uno que sea más agraciado, joven y mejor amante que ellos. Y en el juego de la infidelidad, por parte y parte, créanme que ésta no es una tarea para nada difícil. Así como sucede con ellos, que entre más comprometidos y brillante sea su anillo de casados, más apetecidos para muchas. La noticia es que para otros hombres allá afuera, no sé bien si por moda o por su latente egolatría, conquistar a una casada suele ser también bastante atractivo. ¿Será que en esto radica la tal igualdad de condiciones que tanto proclamamos últimamente? ¿En tener la posibilidad de traicionarnos todos, ahí sí, por igual? Muchos esposos no se han percatado que las mujeres en el mundo han evolucionado y ven en el hecho de que ellos tengan una amante una conveniente situación de la que pronto algunas sacarán provecho. Sí, las mujeres nos hemos vuelto terribles o más bien prácticas. Sin embargo, casi ninguna ha aprendido la lección completa y por ello siguen cometiendo algunas indiscreciones. Mejor dicho, en el arte de la clandestinidad ellos siguen llevando una amplia ventaja. A diferencia de ellos, las mujeres tenemos desarrollado a un grado superlativo algo que se llama cargo de conciencia.

Por esta razón, mientras ellos son capaces de negar un romance así los hayan pillado con los pantalones abajo y con la amante encima, a muchas mujeres ni siquiera les han preguntado algo cuando están contando todo. Lo dicho, somos rápidas para hablar y lentas y torpes para pensar. Pero algunas han aprendido a superar el problemilla, y poco a poco han ido aprendiendo, precisamente de ellos, el arte de callar y, por supuesto, de negar todo. Mi amiga Diana decía: "La infidelidad no está hecha para todas. Si se les complica la vida, si sufren, si lloran, si sienten complejo de culpa y hasta lástima por el traicionado, ni lo intenten siquiera, pues simplemente no está diseñada para usted".

Por el contrario, tantas otras mujeres, no sé bien si inteligentes o no, pues si de por sí es a veces una tragedia tratar de lidiar con un solo hombre, qué tal con dos y al mismo tiempo, han aprendido de ellos no sólo trucos para mantener sus romances en la clandestinidad, sino también a disfrutarlo sin tanto cargo de conciencia. Tal como lo hacen ellos.

Supongo que los caballeros que estén leyendo este capítulo deben estar al borde de un colapso nervioso. Más que nada porque está basado en revelaciones que ellos me han hecho como investigación para este libro. Es decir, porque sus secretos, señores, han sido revelados. ¿O verdaderamente les aterra la idea de que las mujeres sean tan liberadas que de traicioneros pasen a ser los traicionados? De héroes a víctimas. Y eso sería un golpe duro a su ego. Cansadas de tanta traición, de tanta infidelidad, muchas mujeres han decidido aprovechar la confusión que reina entre géneros para adoptar de ellos algunas malas mañas que, al parecer, a ellos los hacen felices y que hasta ahora han sumido a las mujeres en la mayor desilusión. Como nadie ha entendido que el tema es la equidad, insisto, y no necesariamente la igualdad, más que nada en cuanto a actitudes, la última frontera por cruzar ha sido atravesada… y con creces.

La mujer moderna, equivocada o no, ha empezado a descubrir la fascinante adrenalina que producen las relaciones clandestinas. ¿Una forma más de igualarse a ellos? Un poco de venganza, tal vez Nada hacemos con tapar el sol con un dedo: las mujeres en el mundo también se están volviendo infieles. Entonces, antes de que se sigan escandalizando, mucho antes de que me pongan una caución o una orden de aprehensión por lo que aquí afirmo, tal como las justificaciones con las que ellos pretenden cubrir sus infidelidades, ¿quién les habrá dicho que es distinto para nosotras? ¿Quién ha dicho que, así como antes era algo impensable, hoy día tener amante es una complicación o un problema o que para tenerlo hay que necesariamente estar mal con el marido? Todo lo contrario, si un amante en nuestros días es como un accesorio, como un arete, es fácil de llevar y aun así es posible estar divinamente con su Cariño. Como ellos. Eso sí, señora, recuerde que por muy moderna que sea nunca, nunca deberá cambiar el salario (así sea el "mínimo") por una comisión. Queda terminantemente prohibido dejar al marido por un peor partido que él, es decir, por el amante que no tiene en que caerse muerto. Eso sí, aunque el marido no cumpla ni años que al menos gire.

Queda vetado de por vida y borrado de su lista de contactos en su *messenger* el amante indiscreto. Ese que no entienda bien las reglas del juego que son, para nuestra suerte, bastante claras, cortas y concisas (que, entre otras, enumeraré más adelante) y que ponga en riesgo la maravillosa clandestinidad de la que gozan. Ese que tiene complejo de locutor de radio y que no tiene ningún inconveniente en transmitirles a todos sus amigos lo que hace y no hace con una. El que no ha terminado de llegar a su clímax cuando ya está compartiendo la información con toda su bola de amigos. Una que, entre otras, la deja muy mal parada y con una reputación bastante dudosa. El fastidioso que la llama todo el día y que le llena el correo de voz de su teléfono con mensajes que si se descuida bien podría descubrir su marido. El que la llama después de las nueve de la noche tan sólo para oír su voz, el que insiste en que no tiene nada de malo que los vean alguna vez en público. El que la quiere exhibir pues, de alguna forma, se siente orgulloso de la situación. De caer en su juego, su ego de macho seductor se inflará mientras su interés por él inevitablemente desaparecerá.

Otra regla de oro y no precisamente motivada por su sed de venganza, sino porque entendió que si no les puede ganar: únaseles, y así felices los cuatro, es que bajo ningún punto de vista puede darle esperanzas al amante de que se enamore de usted. Recuerde, señora, no hay nada más peligroso y de mal gusto que un mozo enamorado. De esos que proclaman el domingo como "el día nacional del mozo", pretendiendo que lo atienda ese día también. No, qué pena, tampoco sea tan conchuda. Algún día le toca atender a su marido, tampoco. ¡Qué abuso! ¿De dónde sacó este iluso que para tener un amante usted tiene que estar mal con su marido?

Para que no se sigan presentando estos malentendidos y que no vaya a terminar usted sin el hacha y sin la calabaza, propongo un acuerdo clandestino entre amantes. Reglas del juego bien claras que deberán ser seguidas al pie de la letra para garantizar el éxito momentáneo de cualquier relación clandestina. Sirve para hombres y mujeres por igual. Si quiere, y puede, pásele este capítulo también a su marido. Eso sí, sólo si tiene motivos suficientes para sospechar que anda con otra y si es absolutamente necesario. Éste, valga la redundancia, no necesariamente deberá ser aplicado sólo ante la eventualidad de una relación extramatrimonial; el siguiente también le servirá para esos "detalles" o entre usted y aquel ser "impublicable" con el que le fascina estar pero con el que jamás oficializaría ninguna relación sentimental. Me refiero también al popular "El picador". Ese personaje que podrá ser un tigre en la cama, pero que preferiría mantener enjaulado. Preferiblemente en un zoológico lejos de la ciudad o del país. Al que no sacaría a pasear ni al parque por pura y física vergüenza. Primero, porque no le conviene que la vean con él, eso dañaría su de por sí ya malograda reputación y por supuesto su imagen y, segundo, porque tiene muy claro que la relación que tienen es mucho más emocionante sólo si se mantiene en secreto. Porque por muy torpes que seamos nadie ha dicho que a todos tenemos que convertirlos en el novio o en el marido. Ni que todos tienen cualidades y méritos suficientes para ser el oficial.

El paso a seguir, entonces, será dejar también claras las reglas del juego para que su fogoso romance no termine en un incendiario drama. De los buenos, quiero decir, de los malos ejemplos que hemos aprendido de ellos surge el siguiente acuerdo. Me tomé la molestia de hablar con algunos amigos, reconocidamente infieles para que me contaran algunos de sus secretos y poder así compartirlos con ustedes, las que aún estén interesadas. Sigo pensando que es demasiado esfuerzo lidiar con uno solo al mismo tiempo para tener que encartarnos con ¡dos a la vez!

El acuerdo

Este acuerdo que se firma entre ambas partes está sometido a los principios y las reglas enumeradas a continuación:

1. No está permitido quedarse a dormir en la casa del otro. Excepción a la regla: a menos que el sexo sea muy bueno y necesiten repetir la faena a la mañana siguiente.

2. No están permitidos los encuentros en público, excepto para cenar en algún sitio oscuro del Centro o para tomarse una copa antes de los acontecimientos de esa noche y sólo cuando sea absolutamente necesario. Es decir, que su amante sea tan poco agraciado pero tan bueno en la cama que le toque "embellecerlo" a fuerza de alcohol.

Algo así como que su amante tenga un "buen lejos" pero que de cerca necesite algo más que su valor para besarlo, por ejemplo. Recuerde que besar es la mejor forma de acercarse al otro y que por un instante no alcanzamos a ver los defectos del otro. También dicen por ahí que, así como cuando con las luces apagadas, todas las mujeres les parecemos a ellos hermosas, con tres tragos encima todos los hombres nos parecen guapos, ricos, interesantes y hasta buenos amantes. Un encuentro público dentro de un auto sólo será permitido si uno de los dos tiene una emergencia como el carro dañado, no llegó el taxi que esperaban y ambos sienten que están perdiendo minutos valiosos. Por lo, demás, recuerden: cada uno por su lado. Es la regla de oro.

3. No están permitidas las llamadas antes de las ocho de la noche en el caso de los picadores. Recuerden: no tienen nada de que hablar. En el caso de los que estén casados, las llamadas no están permitidas después del noticiero de las siete cuando el marido esté ocupado viendo otras tragedias distintas de la que vive en casa. Hay que ser considerados.

4. Nada de discusiones emocionales sobre temas como: "¿adónde vamos con esta relación?", "¿me quieres?", "¿volveremos a vernos?", o si existe siquiera la remota posibilidad de que el amor florezca entre ambos. Es una relación sin futuro y ésa es la gracia, de la misma, recuerden.

5. Ningún plan deberá hacerse con anticipación —ésa es la razón y el chiste de que ambos sean el plato de segunda mesa del otro—. Para encontrarse en otra ciudad o país, sin embargo, es una excepción a esta regla. Aun así sólo admitiría una llamada previa para señalar el sitio en el cual se encontrarán.

6. Nada de apelativos cursis y cariñosos para dirigirse al otro. "Mi amor", "bebé", "mi vida", "corazón" o cualquiera que se le parezca está rotundamente prohibido. También lo estará llamarse por su nombre de pila. Busque algún apodo neutral como "Gordo" o "Flaco", y asegúrese de llamarlos por igual a los dos para que no se confunda. Sin embargo, hablarse *sucio* en la cama sí está permitido.

7. Equivocarse y confundirse con el nombre de otra persona durante el sexo está permitido. Las ventajas de un contrato de confidencialidad, mas no de exclusividad.

8. No está permitido quedarse dormido, abrazarse o acurrucarse después del sexo. Recuerden, si se acabó, se levantan, se visten y cada uno para su casa.

9. Se verán cuando ambos estén de acuerdo y sólo si ambos tienen ganas. Tampoco serán bien recibidas las solicitudes de repetición. ¡No sean conchudos!

10. Durante el sexo deberán ser creativos para variar posiciones. Recuerden que entre menos contacto visual, mejor.

11. Nada de flores o regalos cursis que los pudieran delatar. El mejor regalo sigue siendo: ¡que no los descubran!

12. Está prohibido tener cómplices o coartadas. Nada de ir a presentárselo a sus amigas o algún familiar. Entre menos gente lo sepa, mejor.

13. Ni se le ocurra enamorarse. Las cosas por su nombre y como son. Nada de escenas de celos si alguno se enamora de otra persona o si se reconcilia con su ex.

14. Nada de ilusionarse con que es para "toda la vida", para eso tiene a su esposo, o más bien cásese con su novio, al que ha tenido esperando y suspirando durante años. Ni acelere una ruptura ni prolongue una tortura. Regla de oro. Se acaba cuando se tenga que acabar.

15. Si no puede con uno es muy posible que mucho menos pueda con dos al mismo tiempo. No sea mala onda y más bien trate de enmendar su relación oficial de pareja. Si ni con esto logra apreciarlo, es muy probable que no lo haga nunca. Ahí sí, déjelo en paz o con la otra que él ya tenía. No sea egoísta.

Para finalizar es muy importante que les queden muy claras las reglas a ambos o a todos: al amante, a usted, al traicionado, en caso de que la cachen, y la amante del que la descubrió. Asegúrese también de que el anterior reglamento sólo sea modificado por mutuo acuerdo. Si alguna de las partes intentara alterar cualquiera de los términos del mismo, éste será automáticamente declarado nulo. Asimismo, él, o la agresora, será removido instantáneamente de la memoria del teléfono celular, bloqueado y aislado de toda comunicación hasta que el muy o la muy torpe entienda y acate las reglas del mismo. Lo más curioso es que cuando les leí las reglas a algunas amigas, lejos de sentirse ofendidas por un documento tan masculino, no sólo se rieron sino que estuvieron absolutamente de acuerdo. Como quien dice: las cuentas claras y el chocolate espeso.

Pero, ¿qué pasaría ante el evento trágico de que la llegaran a descubrir? He aquí algunas sugerencias para salir bien libradas y quedar como unas reinas. Consejos, por supuesto, también, sugeridos y aprendidos de ellos:

1. No lo niegue, afróntelo. Mala suerte si se dejó descubrir. Admita que fue su indiscreción. Esmerarse en negarlo podría, incluso, empeorar las cosas.

2. Decida inmediatamente con cuál de los dos se quiere quedar. Pregúntese con cuál se siente mejor y tiene más futuro y ante la posibilidad de que la perdonen, actúe de acuerdo con su decisión.

3. Prepárese para pedir perdón si quiere continuar con su relación. Le puedo asegurar que volver a ganarse la confianza de su pareja será un trabajo arduo, de mucha constancia y, sobre todo, de paciencia. Si su caso es, por el contrario, que ha cachado a su pareja y es él quien le pide perdón, si decide darle otra oportunidad y quedarse con él, perdónelo de verdad y no a medias. Aprenda a vivir con la falta que cometió y no se dé peor vida de la que seguramente ya tenía. Reconózcalo como el ser humano imperfecto y lleno de errores que realmente es. Piense que fallar y cometer errores es humano. Como también lo es echarle la culpa al otro. Piénselo, podría ser incluso un nuevo y fresco comienzo para su ya desgastada relación. Olvidar es imposible, pero perdonar no lo es. No lo torture y no pretenda retenerlo a su lado para vengarse después. Sin tanto esfuerzo, es decir abandonándolos a su suerte para que se quede con la otra, podría obtener los mismos resultados sin levantar la voz siquiera.

4. Si de verdad quiere recuperar la relación que casi pierde por su indiscreción, evite cualquier contacto o comunicación con su antiguo amante. Evite la tentación de caer o de confundirse de nuevo. Aparte, déle esta vez y, en agradecimiento a la segunda oportunidad que le han brindado, una oportunidad justa a la relación y a la pareja. Aunque sea por un rato. Recuerde que la tentación sólo se vence más fácil si sabemos que probablemente tendremos otra oportunidad más adelante. A buen entendedor, pocas palabras.

5. No tire la toalla tan fácilmente. No renuncie a su relación si aún le quedan esperanzas de salvarla. Es decir, si de verdad se arrepintió. Prepárese para conversaciones difíciles, llantos, gritos y a dar muchas veces la misma explicación. Tenga paciencia y ni se le ocurra empacar sus maletas y ofrecerse a irse de la casa a menos que esté hablando en serio o que su amante ya la esté esperando en la esquina con dos boletos de avión a Bali. Si la botan de la casa, como lo haríamos con ellos, no se la deje fácil. Demuéstrele quedándose que está dispuesta a sortear la situación y a arreglar los errores que cometió para que la relación vuelva a funcionar. ¿Sí ven? Si en el fondo está dispuesta a perdonarlo, no lo "premie" dejándole el camino fácil para que vaya a consolarse a la casa de la otra. Allí es cuando ellas aprovechan para quedarse con ellos. Esto, por supuesto, en caso de que decida perdonar y quedarse con el muy condenado. Para todas las demás, obvie este último punto y sáquelo rapidito y a patadas.

6. Sea honesta, a menos que sepa mentir extraordinariamente bien. Aparte de admitir que actuó mal o a la ligera, prepárese para contestar las preguntas que le hagan y responderlas con absoluta franqueza. Si deja hilos sueltos, en algún momento, cuando vuelvan a tocar el tema, se le armará un lío de Padre y Señor mío, peor que el de antes. Recuerde que su única esperanza de que la perdonen es decir la verdad. Tampoco se sobreactúe y cuente demasiado. Menos es más, y en este caso, mejor.

7. No se haga la víctima: no lo culpe a él de su desliz ni trate de ser cariñosa y comprensiva. Si lo que quiere, por el contrario, es que las cosas se acaben de una buena vez, sea ruda, cruda y hasta cruel. El favor más grande que le puede hacer a su futuro ex es darle los motivos suficientes para olvidarse de usted y seguir adelante con su vida. Aclare que se ha dado cuenta de que ya no lo quiere, que se ha enamorado posiblemente de otra persona y que lo mejor es terminar. Si sabe que no lo quiere al lado y si alguna vez de verdad lo quiso por compasión, regálele la certeza de que a conciencia falló y no la incertidumbre de que por tonta se equivocó.

¿Acaso las mujeres nos hemos modernizado al punto que hemos entrado a un juego, hasta hace muy poco, casi exclusivamente masculino, con la intención de sacarnos un clavo que teníamos enterrado desde hacía varios siglos? ¿Será ésa la verdadera motivación de la avalancha de infidelidades que a sus anchas invade al mundo? ¿Será que ellos conocían el verdadero secreto de la estabilidad matrimonial: tener un amante? Por mi parte, no sé a veces qué hacer con mi novio oficial, quien me quita tiempo y sueño por las noches, como para ir ahora a encartarme con ¡otro! No. Definitivamente la infidelidad no está hecha para mí. Por lo menos no en esta vida.

En el caso de las mujeres que aún no han aprendido a interpretar las señales, ni el juego, ni nada, el problema sigue siendo que, en vez de dejarlos, algunas pretendemos jugar el rol de víctimas ofendidas. Pero lo que no hemos captado en muchos casos es que deberíamos estar agradecidas con la otra por quitárnoslo de encima. Lo cierto es, y se lo abono a las más brillantes de todas, que la pataleta con tirada de puerta, con amenaza de divorcio, con llorada a lo Verónica Castro les funciona, a las que a pesar de todo quieren permanecer casadas o felizmente mantenidas. Lo de la infelicidad emocional es otro tema, pero mantenidas y muy felices de no tener que pagar cuentas. Lo peor es que debido a la tal liberación femenina, a que trabajamos como mulas y encima de todo les ayudamos con la mitad de los gastos de la casa, ahora sí que cualquier idiota, cualquier donjuán de barrio se puede dar el lujo de tener una amante. Porque antes por lo menos era una cuestión más selecta, más exclusiva. Tener moza era un lujo al que sólo tenían acceso reyes, príncipes, dirigentes políticos, personalidades de la farándula mundial. Se necesitaba de algo de estatus y mucho de dinero para poder sostener dos hogares al mismo tiempo.

En todo caso, para ellos, nos guste o no, tener una amante es costoso. Y para las que insisten en seguirles los pasos, un experimento, a veces fallido, en esa lucha que tienen por igualarlos en lo bueno, pero más que nada en lo malo también. ¿En qué nos estamos convirtiendo? Y después de estos sabios consejos, directamente extraídos del manual masculino de la infidelidad, sigo pensando que lo mejor, antes de animarse a poner cuernos, es apartarse de su pareja, pedir un tiempo a solas para replantear la situación y los sentimientos encontrados que pueda tener en ese momento y, una vez y absolutamente libre como el viento, haga con su vida lo que se le dé la gana, pero sin herir en el intento los sentimientos de los demás que no tienen la culpa de su inestabilidad. Siendo la mujer liberada que decididamente soy, insisto en que lo mejor es zarpar de ese puerto. Si su relación es suficientemente mala como para que tenga que buscar un remplazo temporal, más bien convénzase de que tal vez es mejor quedarse permanentemente sola o al menos por un rato. Una vez que se haya cansado del juego, le aseguro que también se cansará de con quien lo ha estado jugando y más que nada de mentir. Pobrecitos de quienes hayan decidido convertir sus vidas en una sola mentira. Los que no tienen la valentía suficiente, ni los pantalones para decir adiós y quedar libres para ahí empezar una nueva etapa de la vida. Y aclaro que no tengo nada en contra del matrimonio. Pero sí contra estancarnos y obligarnos de por vida a quedar atrapadas en una mala relación. Sin embargo, no tiene nada de malo soñar con tener alguna vez una aventura. Pero como bien dicen: "Soñar no cuesta nada". En cambio vivirla a veces cuesta un precio muy alto que muy pocos querrán o podrán pagar.

Y para terminar una reflexión libre que aparece en la Ley de Murphy: aprender a detestar al marido en las primeras etapas de la relación le evita a uno después una cantidad de gastos, de esfuerzos y hasta un divorcio costoso. Si se prepara de antemano para el inevitable desenlace, ya llevará años ahorrando por su propia cuenta y sacando de la de él todo lo demás para invertirla en la suya.

CAPÍTULO 13

SERÉ TU AMANTE… ¡BANDIDO!
(LAS MOZAS POR SU NOMBRE… Y LAS COSAS TAMBIÉN)

Por si ya ha empezado a replantear su posición e incluso a ver las cosas más claramente y le ha comenzado a sonar la idea de probar suerte como moza en vez de apuntarle a ser la esposa, porque al fin y al cabo y al parecer, según lo que ellos ampliamente nos han demostrado, ¿tanto esfuerzo para qué, para que otra se lleve las palmas? ¿Y el dinero, los viajes, las joyas y el marido y todo lo demás? Más bien la invito a que lo piense muy bien y a que nunca le apueste a ser la otra, pues ser la principal también tiene sus ventajas. ¿Cuáles? No sé bien. Tal vez escriba un tercer libro cuando lo descubra. Si su caso es el de la esposa o novia traicionada, engañada, allá verá si por educación o por lástima quiere compartir con alguno de ellos (o con varios y así podría descubrirse como impulsadora de maridos fieles) la información vital que trae este capítulo: la amante pesadilla. Esa mujer sin un ápice de autoestima que decide o elige ser la otra, porque aparentemente no tiene las armas suficientes para aspirar a ser la titular, la oficial. La siguiente es una lista de los tipos de amantes a los que no debe aspirar a ser, o por el contrario, saber de antemano a qué tipo de alimañas y de villanas de la vida real nos estaríamos enfrentando allá afuera.

PARA NADIE ES UN SECRETO QUE SER LA AMANTE, aunque contiene aparentes ingredientes de sensualidad, de emoción, toques de riesgo y aventura, la gran desventaja que también tiene es que el factor "confianza" con su pareja, es decir con "su" marido, es muy difícil de lograr. Más que nada, por lo que expuse anteriormente y es que si ellos de antemano saben que están poniendo en riesgo sus matrimonios estables al enredarse con una mujer que es capaz de sostener una relación clandestina como ellos, de callar como ellos y fingir como ellos, es muy posible que también duden de su honestidad, como de la de ellos.

Sin tener que confrontarlo con la evidencia, sin tener que embarcarse en una patética charla motivacional para tratar de convencerlo de que la deje porque no le conviene, sin tener que gastar uno solo de sus centavos en contratarle psicoterapeuta para regenerarlo, sin la inconveniente necesidad de tener que revelar su verdadera identidad y quitarse el disfraz de "ignorante" que tanto le ha lucido todos estos años y que le ha servido para cambiar de *look* y hasta de novios todo a costilla de él y de sus cargos de conciencia, ¿qué tal si mejor y disimuladamente deja este libro abierto precisamente en este capítulo y que sea él mismo quien descubra por qué clase de bicho está traicionándola? No pierda su tiempo confrontándolos o pidiéndoles una explicación. El gran defecto que tienen la mayoría de los hombres es que nunca aprenden de sus errores, ni aunque nos tengan al lado para recordárselos. Tampoco pierda su tiempo hablándole mal de la amante, ni tratando de convencerlo con argumentos de peso de que la deje. Entienda de una buena vez que el único amor que jamás podrá ser destruido es el amor prohibido. Entre más nos digan que no, más nos empeñamos en demostrarles a los demás que sí se puede. ¿O acaso no recuerdan cuando éramos pequeñas y nuestras madres nos prohibían algo, y más rápido queríamos probarlo así fuera por simple curiosidad o simplemente para desafiarlas? Pues lo mismo pasa con los hombres. Básicamente porque ellos no maduran nunca. La mejor táctica para que la deje es no decirle absolutamente nada. No desgastarse advirtiéndole que es una mala mujer, o que si sigue con ella usted lo dejará. Le garantizo que más se apegará y se quedará con ella.

No se dé mala vida y más bien déjelo enterarse solito de la metida de pata que cometió y que además podría costarle carísimo. He aquí una detallada lista con el tipo de mozas de las que ellos deberán huir si quieren conservar su salud mental y, por supuesto, sus billeteras. O las que usted bien podría aspirar a ser si a pesar de mis advertencias aún le suena probar ser la "otra". He aquí las más vivarachas de todas:

La Chica 10

La futbolista, la Maradona de motel, la Pelé-le, la Artillera, la que a punta de zalamerías le vive metiendo goles. Más que nada a su salario. La que tras un agitado momento de sensualidad no tendrá inconveniente alguno en llorar desconsoladamente porque ese mes no tiene con que pagar la renta. ¡Pobrecita! Y es así como el muy tonto termina gastando una fortuna pagando hasta los servicios de lavandería y el arriendo de su *penthouse* que, incluso, es más amplio y lujoso que en el que vive con la esposa. Esta "lloriqueadora" profesional, coleccionista de pestañinas a prueba de agua, proseguirá al quejarse del mal estado del auto convertible con rines de lujo que ya le habían obsequiado anteriormente (no sabemos quién) y tan mal lo hará sentir que terminará con su carro, y donde se descuide con el de la esposa engañada también. A la esposa, por supuesto, al verlo llegar de repente en taxi, le inventará que se estrelló, que su auto está en el taller y que por eso, por unos días (o por unos años si encima de todo el infiel en cuestión no es el dueño de su propia empresa sino un asalariado que gana el mínimo), usará el ¡¡suyo!! Lamentablemente allí no acaba la efectiva estrategia lacrimógena de la Chica 10. Aún hay más. Dada la oportunidad se aprovechará de una para agregar que las cosas en su casa están tan mal que ella, con lo poco que gana, deberá buscarse "otros ingresos" para ayudar a su familia. Es así como el muy imbécil y por temor a que lo cambien por otro termina pagando tres casas y hasta los estudios de mecánica del hermanito menor de la otra que, entre otras, es bastante terca. Pero si hablamos de goles, la Copa Mundial se la ganará indiscutiblemente el día en que esta hábil alimaña disfrazada de amante abnegada, sufrida y ni qué decir, necesitada, decida meterle el definitivo de todos: ¡se hace embarazar! Si algo hemos de aprender de estas aves de rapiña es que a ellos siempre hay que llenarlos de inseguridades. Es decir, esposa o no, que siempre estén convencidos de que en un abrir y cerrar de ojos estaríamos dispuestas a cambiarlos por otro, para que ahí sí marchen por donde es y como nos gusta.

La Mi-moza

También conocida como la "melosa". La que despliega tantos cariñitos y atenciones, la que es aparentemente tan dulce que lo tiene al borde de un coma diabético o al menos de una caries. Tal como lo hacen ellos con nosotras, en vez de su nombre de pila se empeña en llamarlo *flaco, gordito, cuchi-cuchi, amorcito, bombón*. Lo mejor de todo es que ellos ni se dan cuenta de que están aplicándosela igual como sistemáticamente han venido aplicándosela a usted. Que éstos no son más que apelativos genéricos y cursis que para nada comprometen a quien los usa por si de casualidad, y con toda la probabilidad, tiene otro o a otros en espera distintos a él. Es para no confundirse con los nombres. Qué torpes, ¿cómo no se dan cuenta? La forma como la esposa bien podría beneficiarse de esta información es utilizando la llamada psicología a la inversa. Hágalo dudar de su supuesta lealtad (tal como lo hace él) y cámbiele repentinamente el apodo de H. P. por el de Gordito. Fijo él también se imaginará de ahora en adelante que está poniéndole los cuernos con otro. Que sospeche, según podemos aprenderlo de las mozas, aparentemente funciona increíblemente bien.

La Maternal

Esta trepadora es una de las más hábiles de todas. La que tiene complejo de mamá. Pasa en segundos de ser la inagotable "mamacita" dentro de sus sábanas de satín fucsia (¡ughhh!) a hacer el papel de la mamá que lo reprenderá si llega tarde, la que lo convencerá de ponerse una bufanda de colores con la que se verá absolutamente ridículo porque "está haciendo mucho frío allá afuera". La que fingirá que se preocupa por él, hasta lo cuidará cuando esté cansado y hasta se ofrecerá a hacerle un masaje en los pies. La que, en general, hará todo lo que usted ya no hace ni le nace. La que se esmerará en fingir que él es su "Papi", así el apelativo venga casi siempre acompañado de un "chulo". Mucho ojo con esta tipa que pretende suplantar a la esposa y hasta su propia madre en su labor de consentirlo y terminar de criarlo.

Esta mujer es extremadamente peligrosa porque se las sabe todas. Porque como una araña, le tejerá una red de la que le será muy difícil zafarse. Un día le da por pedirle que le regale muñecos de peluche y la consabida ropita de bebé para ponerles, cuando se sienta sola. Le pedirá que simbólicamente lo bauticen juntos con el nombre más cursi que se le ocurra. Algo así como "Churrusquis Meléndez" (el apellido de él). Más que nada para engañarlo y que encima de todo piense que ella es la fuente de la ternura. Por ahí derecho pasará a pedirle la cunita de latón en la que mecerá a su nuevo hijo imaginario. La petición del velo y el esterilizador de biberones, está a la vuelta de la esquina, no se preocupe. Tal vez existe la posibilidad de que esté tratando de decirle algo: que le faltan seis meses de embarazo y que ahora sí que el muy tonto metió la pata, por ejemplo. ¿Sí se da cuenta ahora de que el secreto está en fingir devoción?

La Cómplice

Más conocida en los bajos fondos como la Alcahueta, es aquella que fingirá que todo lo que él le sugiere le parece magnífico, así en el fondo se muera de tedio. Ojo, no confundir con la Maternal porque, que yo sepa, ninguno hace planes sensuales con la mamá, a menos que encima de todo sufran de complejo de Edipo. La cómplice es la que, a diferencia suya que ya le tiene demasiada confianza como para mandarlo a la porra a él y sus estúpidos planes, si él le propone un plan aburridísimo como ir a verlo jugar golf, por ejemplo, no tendrá inconveniente alguno en sacar pompones de porrista y disfrazarse de *caddy* si es preciso. La que a su vez finge que todos sus chistes y sus bromas son ingeniosas y graciosas. La que si le toca, se tirará al piso y simulará un ataque de risa con lágrimas incluidas, así ya se lo haya contado varias veces, se lo sepa de memoria y le dé mucha más risa cuando por fin se calle. Así él, más que chistoso, le parezca un petardo sin gracia. Así desde hace meses que ya no se ría con él sino precisamente "de" él.

Esta mujer lo complacerá en todo justo antes de pedirle algo muy costoso. Se ofrecerá a conseguirle amigas a sus otros amigos para armar un buen relajo, una secta, una cofradía. Con la que él sale de su apartamento siempre pensando que es su complemento ideal, la única que lo entiende. Y que a su vez entiende de desfalcos y de cómo vaciar sus cuentas privadas en las Bahamas sin ser detectada. Mucho ojo porque es una moza tan hábil que difícilmente su víctima logrará darse cuenta a tiempo de que toda la información que con ella comparte, pues se ha ganado su confianza, podría ser y será usada en su debido momento en su contra. ¿Qué aprender aquí? Que tal vez tenemos que jugar golf, ajedrez, póquer y hasta eructar la cerveza si queremos conservar el marido. ¡Qué estrés! Pero lo cierto es que, al parecer, funciona.

La ¡Ena-Mozada!

Ésta es la más patética de todas y la que usted, si es que sigue animada con la idea de probar suerte como moza algún día, deberá evitar ser a toda costa. Porque encima de todo es tan insegura que de verdad cree y se convence, por puro orgullo de moza herida, de estar enamorada de un hombre comprometido. Este tipo de moza es una verdadera pesadilla, tanto que ellos terminan pensando: "¿Por qué no me habré quedado mejor con mi esposa?"

Confieso que en las actitudes esquizoides de esta categoría de amante he basado mi teoría de que ellos las prefieren brutas porque los manejan a la perfección utilizando un arma realmente infalible: el cargo de conciencia. La que lo convence de que está desperdiciando su juventud por esperarlo a él, es decir, a que se separe de usted. La que se queja de no tener vida, amigos o suficiente tiempo con él para sentirse realmente querida como quisiera. Y como el muy torpe se deja convencer de que es cierto, serán frecuentes las pataletas con las que tendrá que lidiar y en las que por no perder a una mujer tan "sacrificada", actuará en consecuencia y tratará de calmarla las veces que sean necesarias. Con los regalos que sean necesarios. Por eso, el recibo de la joyería en el que aparece una cuenta enorme por unos aretes de diamantes que jamás se ha colgado en la oreja y que le encontró en el bolsillo, de repente empezará a parecerle altamente sospechoso. Esta mujer sufre, llora, patalea, reclama, se mesa el pelo, arma *shows* de celos contra la esposa y contra toda mujer que se le acerque. Ellos terminan pensando que es porque la traen "loquita" y no se equivocan. Porque realmente está loca de atar y es capaz de pasarse de Prozac y llorar una semana seguida con tal de lograr sus objetivos. La buena noticia es que, aparte de ser una verdadera pesadilla, este tipo de mujer jamás logra sus objetivos. De hecho su actitud, sospechosamente parecida a la de la esposa, hace que las dejen y que regresen como perros arrepentidos a sus hogares. Ojalá todas fueran como esta subnormal. Sería tan fácil quitárselas de encima, precisamente porque eso lo hacen ellas solitas. Gracias.

LA PSICÓPATA

No quiero asustarla pero ésta es, incluso, peor que la Ena-Mozada y de hecho es una especie de ramificación o de versión desmejorada de la misma. ¿Alguien recuerda acaso a Glenn Close en *Atracción fatal*? Esta demente es la que aparte de todo lo que describí anteriormente, está tan obsesionada con "su" marido que del amor al odio pasará en cuestión de segundos. Y las consecuencias, por supuesto, no se harán esperar. La que si muy pronto no logra sus objetivos (básicamente que la dejen a usted y a los cuatro hijos del matrimonio por ella), se volverá una mujer agresiva y muy violenta. En vez de recomendarle que le pague psiquiatra o más bien un exorcista, por pura lástima hasta me atrevería a sugerirle a quien la padece que la reporte inmediatamente a las autoridades competentes, pues es muy posible que entre los planes de esta persistente orate no esté el que incluye dejarlo en paz. Ésta manda anónimos amenazantes con recortes de periódico y la foto de su familia pegada.

Se le aparece sin anunciarse a la oficina así él esté cerrando un negocio millonario con Bill Gates. Averiguará el teléfono de su casa y llamará a altas horas de la noche con la intención de provocar toda serie de sospechas. Ya sabe dónde vive, dónde la esposa juega *bridge* los miércoles por la tarde, dónde él lava su carro y las direcciones de todos sus amigos. Al principio seguramente a él le parecerá muy divertido que se le aparezca en todas partes, pero cuando la vea en frente de la puerta de su propia casa con un bat seguramente ya no le parecerá tanto.

Ésta lo amenazaría con quitarse la vida si es preciso con tal de verlo desesperado y jurándole amor eterno frente a un altar forrado con papel tapiz de flores, en Las Vegas. El favor que nos hace esta loca es que, una vez presa o encerrada en un manicomio, nuestros maridos se vuelven más consentidores y detallistas que nunca, pues no quieren volver a correr el riesgo de perdernos. Ahí también podemos aprovechar para pedirles una mamoplastia, un carro nuevo y hasta unas vacaciones exóticas en Grecia. Pero sin ellos, pues como están castigados, así aprovechamos para irnos a descansar ¡pero con otro!

Lo Moza en Serie

Ésta es peligrosísima, señoras, porque, más que por deporte, su condición de amante es para ellas casi una profesión. Lo bueno es que la tiene clarísima y que después de cierto tiempo inevitablemente dejará a "su" marido, pero por el de otra. Uno más guapo, alto y millonario que el suyo. Y ahí usted se preguntará si tal vez usted no estará en el sitio equivocado, pues encima de todas, ésta siempre estrena mientras a usted le toca conformarse siempre con el mismo traje y hasta perdonarle una aventura para no quedarse sola. Este tipo de mujer es tan hábil que para ella, como en *El aprendiz* de Donald Trump, nada será personal, sólo son negocios. Está con el que le conviene y porque le conviene. La que vive lo que tiene que vivir durante el tiempo que tenga que hacerlo, pero que sabe a ciencia cierta que después de uno seguramente vendrá otro a pagarle las cuentas de la casa. Es tan descarada que ni siquiera se esforzará en conseguir un buen empleo a pesar de haberse graduado de medicina nuclear y de que tiene mejores probabilidades que "su" marido de ser millonaria por su propio esfuerzo. Ahí está el detalle: el esfuerzo. A esta mujer no le gusta hacer nada, porque a ella todo se lo compran ya hecho. Su diploma, así como sus empleos temporales, serán utilizados sólo de fachada mientras cae alguno en su red. Y tal vez deberíamos hasta aprender algo de ella, una regla de oro: si uno confiesa que sabe hacer algo, inevitablemente tocará hacerlo, sin ayuda de nadie. En cambio, si tal como lo hace ella, fingimos que no sabemos hacer nada, ellos gustosos se ofrecerán a hacerlo. Y encima de todo agradecen. Éstas son unas verdaderas maestras en manipulación.

La Her–Moza

Este tipo de amante es como para dar alaridos, pero de la risa. A través de esta mujer es tal vez la única oportunidad real que tendrá de burlársele de la moza en público y en privado, como guste. Se enreda con el marido ajeno sólo porque tiene un objetivo claro en su vida: que alguien pague por sus frecuentes cirugías plásticas. Lo peor de todo es que ninguna de ellas se da cuenta de que son tan evidentes que casi andan por la vida con un gran cartel en la frente donde se lee: "Amante". Más aún teniendo en cuenta que sus trabajitos de impulsadora de productos en un supermercado, de asistente de mago, de animadora de bazares y fiestas, todos saben y es evidente que no le darían suficiente para costearse sola las mejorías plásticas a las que frecuentemente se somete.

Para rematar, todas logran algo realmente patético en un mundo en el que está más que demostrado que la individualidad de cada cual es la que generalmente determina los triunfos y los fracasos de las personas: parecen todas cortadas con la misma tijera. Es como si a todas las operara el mismo cirujano que seguramente responde al nombre de Jack el Destripador. Un verdadero carnicero. Todas usan implantes en los senos y glúteos, lo que las hace ver como patos en desfile. Todas se tiñen el pelo de rubio alguna vez como para negar su procedencia. ¿Pero por qué? Si sabemos que son superinternacionales, pues todas son de Madrid. De Madrid, Cundinamarca. Tienen el pelo largo y también se hacen luces. Todas se hacen la lipo. Todas visten el mismo uniforme: *body* ajustado al cuerpo con profundo escote, preferiblemente hasta el ombligo, *jeans* forrados y mucha bisutería barata como para que no quede duda alguna de que alguien está manteniéndolas o sacando a vivir, como popularmente decimos en Colombia. Es como si anduvieran con un cartel de neón invisible en la frente anunciando que siempre están en promoción. Lo peor de todo es que con el paso de los años será difícil diferenciar entre ellas y un maniquí de *boutique* del Centro. Un caso realmente perdido, pues sus frecuentes "desmejorías" las hace el blanco perfecto de burlas. Se pasan la vida arreglando (según ellas) su parte física para ver si algún día se consiguen a alguien que cargue con ellas. Cuando la víctima se aburre, que es casi siempre, seguirán buscando a otro y así dejan pasar la vida hasta convertirse en patéticas cuchibarbies deformes. ¿Qué aprender de este tipo de moza? Que para pedirles una lipo al menos hay que hacer el amor con ellos de vez en cuando, así nos muramos de la pereza.

La Moza-mbique

Este tipo de moza es toda una pieza exótica e importada. Será indetectable precisamente porque probablemente ni siquiera vive en la misma ciudad que usted. Más bien en algún país remoto de nombre impronunciable. Generalmente es una mujer voluptuosa y que, como gran ventaja, no exigirá mucho mantenimiento. A menos, eso sí, que su esposo se anime a mantenerla a distancia. La que rondará por su cabeza como un fantasma sin que jamás pueda comprobar si realmente existe en algún otro lugar distinto de su imaginación. Este tipo de amante es letal porque, de padecerla, sus efectos secundarios incluyen paranoia, esquizofrenia y un delirio de persecución que le será muy difícil quitarse de encima, así se haya enterado por terceros de que ésta ya dejó a su marido y se encuentra felizmente casada con el chamán de una isla desierta. Nada podrá quitarle para siempre a este mal silente de la cabeza y en ello radica exactamente su poder desestabilizador.

La Fa-Moza

Es la que a pesar de que ha salido con todos sus amigos y con los amigos de éstos, "está" de moda en los bajos fondos. Con la que todos se mueren por salir para comprobar, así sea por un rato, todo lo que se dice de ella acerca de sus múltiples habilidades, en la cama y fuera de ella. La que los muy torpes se desviven por conquistar para poder ser parte de su harén personal. Tal como pasa con nosotras cuando somos adolescentes que nos morimos por salir con el más patán del curso tan sólo para callarles la boca a las demás y decir que también fuimos suyas. ¿Habrá un propósito más tarado, descabellado y lamentable que éste? El tema es que alguna vez en sus vidas ellos también caen en este juego tan tonto y terminan siendo vilmente pateados y humillados por una gata que no tendrá inconveniente alguno en remplazarlo con su propio hermano si se descuida. A ésta, a pesar de que se la comparten y la reparten, nunca se quedan con la mejor parte. De hecho, cuando pasa de moda, la que se no se queda con nada, ni con ninguno, es precisamente ella. Esta pobrecita mujer casi siempre se quedará para coserle el dobladillo del traje de novia de su mejor amiga que, valga la pena aclarar, sí se casa algún día.

La Moza-rt

Una verdadera pieza de arte y de colección. De exhibir en un museo. Este tipo de amante finge exquisitez así no sepa diferenciar entre un *crêpe suzette* y un buñuelo. La arribista, la que pretende a costa de él darse la gran vida. La que no pide, exige. La que tampoco sugiere, ordena. ¿O más bien ordeña? Esta gran ordeñadora profesional es tal vez la más peligrosa de todas porque vacía cuentas con la misma rapidez con la que en la joyería más cercana escoge un anillo como si estuviera en promoción. La experta exprimebobos de la que ni cuenta se dan que su interés por ellos dura exactamente lo que sus ahorros en el banco, después de haberles sacado hasta el último centavo. Esta interesada mujer la tiene más clara aún: lo que no da, quita, y lo que no sirve, estorba.

Y luego de torturarla psicológicamente por un buen rato como conclusión son muchos los peligros a los que ellos están expuestos allá afuera. Pero nosotras también, a menos, por supuesto, que decidamos cambiar de bando. Peligros andantes, de curvas sinuosas, de pestañas postizas y de andar cadencioso que silenciosa pero eficazmente logran de ellos lo que las abnegadas esposas modernas, si no se avispan, jamás logran ni por las buenas, ni mucho menos por las malas: que las mantengan.

Entonces, para finalizar, por qué más bien no se deja de tanta pendejada, de ofrecerse a pagar la mitad de todo en casa para sentir que está aportando, cuando la realidad es que lo que a él le sobra casi nunca será para llevarla a Capri, para comprarle zapatos nuevos, ni siquiera para ayudarle a pagar la mensualidad de su propio carro. Sino para arreglarle la vida a otra. Y no estoy diciendo que debamos convertirnos en amantes, no me malinterprete, por Dios. Vivir en la clandestinidad y aferrarse a un hombre ajeno tan sólo para costearnos algunos gustos que bien podríamos darnos solas con el fruto de nuestro propio esfuerzo, no es ni será nunca el ideal de una mujer moderna que se respete. Sólo que, si queremos ser medianamente felices con ellos, es sano reconocer que la competencia allá afuera es dura. Como también lo es aprender a tiempo a reconocer las señales de que alguna vivaracha está bajándonos el marido y el presupuesto de la casa. Para que pueda defenderse de ellas a tiempo, para que pueda combatirlas con sus propias armas y en su mismo juego, para que, si la dejan por otra, al menos como consuelo tenga a la mano esta lista para poder burlarse una y otra vez de su rival, una y otra vez del idiota que lamentablemente cayó en una trampa tan evidente y tan predecible de la que nunca hay salida buena.

¿Ahora sí, esté de acuerdo o no, entiende que el secreto de las mozas está en fingir que los necesitan para que, así sea para alimentar su ego machista, cedan y las mantengan? Y si su idea de estado ideal sigue siendo casarse y conformar un hogar, así sea aparentemente estable, le guste o no, le parezca patético o no, deberá admitir que a veces las amantes sí que se las saben todas. ¿Por qué sigue perdiendo el tiempo leyendo este libro y no abre ya mismo una cuenta secreta en algún banco en Montecarlo?

CAPÍTULO 14

LA PESCA MILAGROSA

Supongamos que su marido o su novio tiene otra. Suponga que acató las recomendaciones que le hice y decidió por fin dejar atrás el "festival del despecho" y quedarse sola. Al menos por un rato, no estaría nada mal. ¿Y ahora qué? Mi responsabilidad es advertirle que volver a retomar el camino hacia la estabilidad emocional no será nada fácil. Está usted ante la histórica oportunidad de empezar de cero una nueva vida. Con altibajos, es cierto, pero la atracción más divertida del parque de diversiones sigue siendo la montaña rusa. Que en cambio, el carrusel, es decir, el círculo vicioso en el que muchas viven sus vidas, es no sólo aburrido sino también predecible y en ocasiones marea y produce vómito. Sepa de antemano que las que de repente se quedan solteras, por la razón que sea, se convierten en pescadoras. Porque serán muchos los anzuelos que deban echar y mucha paciencia la que deberán desplegar si quieren atrapar algo que realmente valga la pena entre todo el cardumen de desadaptados y de hombres emocionalmente inestables que pululan allá afuera.

PESCAR EN RÍO REVUELTO: ES DECIR, LO QUE SALGA SIRVE. Ésa, al parecer, es la filosofía y, al mismo tiempo, el gran dilema de las que aún no consiguen pareja, de las que no han entendido que en este mundo tan competitivo de bagre para arriba cualquier cosa podría ser ganancia. Pero, ¿sabe usted dónde están los caballeros?, en otras palabras, ¿sabe usted en dónde pescar, dónde lanzar el anzuelo para capturar ojalá un buen partido? ¿En un avión, un supermercado, en una convención, un coctel, un gimnasio, en la propia comodidad de su casa, tal vez? Lo cierto es que conquistar hombres allá afuera se ha vuelto realmente difícil por varias razones elementales: la competencia con las demás que ha ocasionado una sobreoferta de mujeres desesperadas en el mundo; nuestra latente inseguridad que nos ha llevado a conformarnos con los que caen y no con los que queremos atrapar; la desconfianza que, debido a nuestra agresividad feminista, ellos sienten hacia nosotras y que los obliga a conformarse con las que mejor aparentan que son brutas y que sí logran agarrarlos.

Si luego de todo de lo que hemos hablado en este libro, de las ventajas y las grandes desventajas que comparten mujeres casadas y solteras por igual ante la posibilidad de compartir sus vidas en pareja, aún insiste en probar suerte como una eventual esposa, novia o algo que se le parezca, al menos intente ponerlo en práctica con uno que valga su esfuerzo. Porque en ese gran mar de desilusiones en el que se convierte la vida allá afuera es muy probable que si no adopta serias medidas y precauciones a la hora de escoger, en vez del delfín que soñó le toque conformarse con un mero… un mero idiota.

Así que mucho cuidado a dónde saldrá a pescar pareja de ahora en adelante. Para ello deberá primero prepararse tanto física como psicológicamente porque, muy a diferencia de lo que ellos llegarían a pensar, lo difícil realmente no es atraparlos porque para ellos, tan poco selectivos como a veces son, cualquier cosa que se mueva y bata pestaña sirve; la clave está en conservarlos frescos y consumirlos sin que nos ocasionen una indigestión. Recuerde que el "pescado" mal refrigerado se pudre con gran facilidad. Entonces, si de pesca milagrosa se trata, éstos son algunos tipos de especies marinas, en sus respectivos hábitats, que en algunos casos valdrá la pena o no lanzarles un anzuelo con una buena carnada: ¡usted!

El Gupi

Éste no vale la pena pescarlo por una sencilla razón: es tan pequeño y al mismo tiempo tan esquivo que le irá mejor utilizarlo como carnada para poder atrapar o ligarse algo mucho mejor. Si por error salió esa noche y atrapó a un gupi, o un pez ornamental, de pecera que llaman, hágale un favor al medio ambiente y a usted misma y échelo nuevamente al agua. Este tipo es el niño, el pequeñín en forma y fondo que no le inspira nada de respeto. El que le sirve de edecán momentáneo o de anzuelo temporal mientras se le acerca algo que valga la pena. Si aun así decide atraparlo, vaya comprando pecera con buzo de plástico y burbujas, porque aparte de adornarla un rato no le servirá para mucho más. Sin embargo, si insiste, a éste lo pesca fijo en una chiquiteca, en una reunión de una asociación de beneficencia, en el cumpleaños de su hermanito menor o en una heladería.

El Tiburón

Éste es el que nos encanta a todas, la fiera, el rey del océano, pero más por estatus que porque realmente valga la pena. El que ataca porque tiene hambre o si por desgracia usted fue la que en ese instante se le atravesó en el camino. Porque encima de todo, para comer, es muy poco selectivo. El que intimida, el que inspira respeto, con el que usted se siente protegida y muy bien acompañada. En la vida real sería como salir con el exitoso hombre de negocios, el triunfador, el que posiblemente es el dueño de la empresa en la que trabaja alguno de sus patéticos ex novios. Con el que usted, a pesar de su seguridad que raya en la agresividad, se siente orgullosa y hasta agradecida de estar. Lo que usted no sabe es que, como en la vida real, es menos lo que el tiburón ataca que lo que lo persiguen a él. Por eso, ni qué hacer con tanta "rémora".

A éste puede atraparlo en una convención, en una conferencia repleta de hombres disfrazados de altos ejecutivos en donde, ojo, le será muy fácil confundirse. En un vuelo, eso sí, así le toque empeñar el carro, deberá sentarse en clase ejecutiva, por supuesto. En un banco, en donde él no será el gerente sino el cliente, en un coctel o en alguna fiesta de amigos ricachones en común. Ni se le ocurra salir a pescar a una discoteca, el tiburón nunca irá a una disco a menos que sea el dueño.

La Barracuda

Es un pez bastante engañoso y, por qué no decirlo: interesado. Tal como la barracuda original, esa que con tanta poesía pintaba el maestro Alejandro Obregón en sus obras, este pez se acercará a todo lo que brille y morderá todo lo que se mueva. Es decir, usted será una presa segura si se ve como una mujer exitosa, brillante y adinerada. En otras palabras, si brilla con luz propia.

Al barracuda no le interesa ninguna mujer insignificante de personalidad opaca o que requiera grandes esfuerzos por atrapar, sencillamente no le llamará la atención. El problema es que aunque con sus prominentes dientes, de lejos se ve temible e inspira hasta respeto, en la realidad es un aprovechado de poca monta que aspira a conquistarla para poder vivir a sus costillas. Es el que una vez que haya picado descubrirá su gusto por no hacer nada. El recostado, el vago, el bueno para nada con el que todas juran estar bien acompañadas, pero la ganancia resulta ser sólo para él. A éste, si no aprendió nada, lo podrá pescar en los restaurantes de moda, invitado por sus amigos, por supuesto. En una cancha de tenis de algún club, en donde si tiene membresía es porque a pesar de sus cuarenta años aún sigue viviendo con sus papás y de éstos. En un paseo organizado por amigos a una playa desierta en donde él pueda asegurar que usted no tendrá escapatoria posible, a menos que pretenda devolverse nadando. En una discoteca ¡fijo!

El Pez Loro

Capturar a este espécimen tiene su ciencia. Lo único que aún no me queda claro es que por muy desesperada que pueda estar, ¿valdrá su esfuerzo? Porque, atención: este tipo así la haya conquistado a punta de pura labia, porque si algo tienen de bueno es que son excelentes conversadores, lo más probable es que al poco tiempo descubra que ha pescado a un charlatán. A ese tipo de hombre que habla y habla y sigue hablando a pesar de sus bostezos, de su evidente falta de interés, de su somnolencia y de haberse quedado literalmente dormida sobre la mesa y la cuenta en un restaurante, tras una conversación de cualquier tipo con él. Este hombre se repite constantemente y callarlo será una tarea realmente difícil. Si lo hace y lo logra, encima de todo podrían salirle subtítulos porque jamás dejará de alabarla, de alabarse y de hablar de todo: de lo que sabe y lo que no para hacerse el muy interesante.

Lo malo es que de hablar no pasa porque la acción con este tipo de espécimen es casi nula. Aparte, cuando descubre el truco de "perro que ladra no muerde" ya será un poco tarde. Por torpe seguramente le habrá dado su número telefónico y jamás podrá quitárselo realmente de encima. Es tal su necesidad de hablar todo el tiempo que cuando la llama, y usted sabiamente tendrá plenamente identificado su número para no contestar, es de los que le dejará mensajes, varios y consecutivos en su celular hasta que le llene el buzón y no pueda recibir más mensajes. Y por si las moscas no le alcanzó el tiempo para decirle todo lo que le quería decir, le enviará hasta mensajes de texto. Una pesadilla parlanchina de principio a fin. Sin embargo, si usted quiere probar su suerte… su mala suerte con este espécimen, le será muy fácil toparse con uno de ellos: en un cine, por ejemplo, será el tipo que habla durante toda la película. El que seguramente ya la vio y no resiste contarle al que tiene al lado el final con todo y revelación de quién es el asesino. El que a punta de chiflidos todos quieren sacar de la sala de proyección, incluyéndola a usted.

Buscando a Nemo

A mí personalmente éste me encanta por simpático, por comprometido con la causa, por luchador, por optimista, por paternal. Si de casualidad usted tiene complejo de Electra, éste será el tipo de pez al que deberá intentar pescar, pues posiblemente sea justamente lo que usted busca: un papá. Un novio sobreprotector que le indique todos los pasos que deberá tomar si quiere triunfar en la vida. Le brindará consejos, su hombro y hasta un pañuelo cuando quiera llorar. Nunca la dejará sola, ni cuando de verdad quiera estarlo, y ahí radica el problema. La cuidará tanto de los peligros externos que usted terminará hastiada y empezará a sospechar que el peligro real es interno, pues él está ya metido y muy bien instalado en su casa.

No me atrevo a vaticinar que, como en la película animada de Disney, con este tipo de pez usted pueda lograr el tan anhelado final feliz; lo que sí le puedo asegurar de antemano es que la travesía será larga y que nunca se rendirá por conquistarla. Pruebe a ver, de pronto por aquí le suena la flauta. A éste podrá pescarlo en un *baby shower,* en una fiesta infantil, en la sala de espera de su psicólogo de cabecera, a través de una línea de atención de desastres.

La Anguila

Este reptil marino es de lo más traicionero. Siempre se esconde tras las rocas hasta que alguna víctima malherida, o sea usted, le caiga directamente frente a su guarida. Porque de hacer esfuerzos por conquistarla, más bien poco. Se aprovechará de que alguno le haya dejado el corazón partido para acecharla y convencerla de que es la respuesta a todas sus plegarias. Se conformará con ser el clavo que le sacará el otro clavo que probablemente aún tiene incrustado en el corazón. Lo malo es que es tan poco honesto que tras fingir que cuenta incondicionalmente con él, cuando de verdad necesite que la proteja muy seguramente ya se habrá retirado a la cueva de donde deseará que nunca hubiera salido.

Es cobarde a pesar de su aspecto temible y nunca la defenderá de nada ni de nadie, y usted terminará convencida de que del único que deberá protegerse es de él mismo. Aunque no vale la pena, créame, éste es su hábitat preferido: cualquier antro o bar de mala muerte en donde le quede fácil camuflarse y hasta esconderse de usted, si encima de todo terminaron y ya está con otra.

El Delfín

Adorable, ¿cierto? Tal vez el más amigable y juguetón de toda la fauna marina. Aplicado, sin embargo, en un plano más real, es también el popularmente conocido como hijo pródigo. El que aparentemente no mata una mosca y el que a sus padres están apostándole todo, así sea un vago de miedo con muy pocas probabilidades de triunfar en la vida. Sus padres, generalmente personajes prominentes con el que a cualquier niña de bien y con aspiraciones le gustaría emparentarse, lo tienen tan eclipsado, tan acomplejado porque nada de lo que haga será suficientemente grandioso que generalmente desfogará toda su mala energía con la que primero se le atraviese en el camino. Es decir, usted.

Será difícil lidiar con el delfín; peor aún, con sus padres y con su familia entera que lo tendrán en un concepto tan elevado y esperarán tanto de él, que todo lo que le pase les parecerá poco, todos sus logros, si es que los llega a tener, les parecerán pequeños y todas sus novias les resultarán interesadas, tontas y feas. Aunque en el fondo es un buen tipo, ¿quién quiere echarse a la red a toda su exigente e inconformista familia? Si decide rescatarlo de un atunero (es decir, de su familia), puede atraparlo en un reven, la discoteca de moda o en la oficina de su papá.

El Pez Espada (Marlín)

Este pez, aunque hermoso también, es inmensamente esquivo y en ocasiones hasta agresivo. La razón principal es porque todas, incluyéndola a usted, se le acercan para convertirlo en un vil trofeo de pesca. Porque será más lo que les guste su apariencia física que lo que se molestarán en realmente averiguar lo que traen en la cabeza. Aparte, luchará incansablemente porque no lo atrape, y vaya esfuerzo descomunal el que le tocara hacer, así que vaya preparando las aletas y el arpón si es preciso; cuando lo logre ya no le encontrará mayor gracia, aparte de adornar la sala de su casa. Cuando ya cansada, exhausta de tanto perseguirlo sin éxito alguno, cuando por fin cae, es muy probable que usted ya haya perdido su interés en él.

Sin embargo, por un buen rato usted podrá sentirse orgullosa por su perseverancia, su tesón al haberlo perseguido hasta pescarlo. Lo malo es que la sensación de triunfo le durará muy poco tiempo y al rato se embarcará en su poderosa lancha con motores de propulsión a chorro para salir a pescar algo más interesante. ¿Quién nos entiende? Lo cierto es que como dice José José: "Hasta la belleza cansa, el amor acaba". En el gimnasio lo encontrará de seguro.

La Rémora

Por Dios, ¿y éste cómo logró colarse en esta lista? Acaso se le olvida que es una rémora, el más vividor y mantenido de todos. El que vive a costa de sus amigos y que por ello frecuenta los mejores sitios (invitado por alguien que le paga la entrada), se pone la mejor ropa (regalada), asiste a las mejores fiestas (colado). Éste nunca tiene un peso partido por la mitad en que caerse muerto; sin embargo, no se pierde ni la cambiada de una llanta. Está en todas. Por esa razón es tan fácil confundirse y terminar con una rémora porque le será muy difícil distinguir entre el dueño del circo y el payaso. Pero una vez que haya entendido el chiste, normalmente de mal gusto, se dará cuenta también de su patética realidad. Todo es prestado, donado y regalado; por esta razón, de repente salir con el amigo "necesitado" pero aprovechado le parecerá poco menos que atractivo. Salir con uno al que se le tiene lástima es lo menos atractivo y seductor en lo que se ha embarcado hasta ahora. Y eso ya es mucho decir. ¿En dónde pescarlo? En todas partes, espacialmente cuando el grupo es grande, la cuenta cara y el trago abundante.

El Mero... Macho

O mero idiota, como prefiera llamarlo, es ese espécimen tan celoso y obsoletamente machista que al mes de haberle aceptado la primera invitación ya estará anotando en alguna parte el número de emergencia de la estación de policía más cercana a su casa, por si las moscas. Este inseguro hombrecillo es un cobarde en público y un heroico energúmeno en privado; le sacará literalmente canas verdes de la desesperación. Le armará *show* de celos en todas partes por lo que preferirá no sacarlo nunca de su casa. Sin embargo, por no discutir más y embarcarse en otra pelea a gritos en la calle, si usted decide quedarse con él en casa empezará a sospechar y a reclamarle de no querer salir porque le da pena que lo vean con él. Y aunque en el fondo se sentirá tentada a admitir que sí, que se siente como una tonta por estar perdiendo el tiempo con un acomplejado, para no provocar otra explosión de ira, seguramente si se descuida, acompañada hasta por golpes, le seguirá el juego y lo convencerá de lo contrario hasta calmarlo.

Tenga cuidado de no aguantarlo por mucho tiempo después de descubierto su defecto; este tipo de pez ni siquiera vale la pena pescarlo porque, aparte de que es enorme, también se le convertirá rápidamente en un enorme dolor de cabeza para usted y todos sus amigos de quien la alejará al acusarlos de "cómplices" suyos. Ese delirio de persecución que raya en la locura senil será el detonante y lo que la llevará a abandonarlo, preferiblemente a su suerte y en la puerta de la estación de policía más cercana. Lo pesca seguro en un bar, un billar, en cualquier sitio donde vendan mucha cerveza y en donde haya muchas mujeres para atrapar con sus dudosos y poco confiables encantos.

El Bagre

No puede ser que éste se haya colado también en nuestra lista. Bueno, tocará describir también a esta pez-adilla. Es un burdo, eructador profesional, contador de chistes pesados, animador improvisado de verbenas que erróneamente está convencido de ser el alma de todas las fiestas. El guarro que valorará más estar con sus amigotes contando anécdotas tontas que sabe de memoria, de paseos que hicieron juntos ya hace años y que incluyen relatos bastante descriptivos de borracheras, reventones, caídas y, por supuesto, vomitadas. Mientras usted se muere de asco y fastidio acompañada por las novias de los demás bagres, pues encima de todo andan en gavillas, llama imaginariamente el taxi en el que emprenderá la huida y ubica mental y visualmente la puerta por donde saldrá sin ser vista, preferiblemente de la vida de él.

Nadie en su sano juicio saldría con un gañán de estos a menos que, por supuesto, esté desesperada por salir con alguien, o con lo que sea. Sin embargo, no se sienta mal por haber tenido un desliz con un bicho de estos. No está sola. La mayoría de las mujeres en el mundo, así lo neguemos, alguna vez hemos caído bajo y hemos salido con un "impublicable". Y advierto que es sano admitirlo pues, entre nuestro gremio, negar a un barbaján es casi tan grave como negar a la mamá. Lo malo es que antes de quitarle las escamas de su verdadero disfraz de hombre amable y chistoso, hasta lo convertimos en el novio oficial. A éste, por si aún le interesa, lo pesca en algún estadio de futbol en la porra del equipo que a usted precisamente no le gusta ni quiere que gane. Sin embargo, le parece tan admirable su pasión, su convicción y la manera tan chistosa como vitorea y canta en la gradería que por un instante usted logrará confundirse y creer que es toda una estrella de *rock* o algo así. Con miles de seguidores que están siguiéndole su juego o lo quieren linchar por bocón y por patán.

El Ceviche

Éste no es nada, pero tiene de todo. Más que nada defectos, generalmente adoptados de los demás. Uno que sin lograr desarrollar jamás una personalidad propia adopta un poco de aquí y un poquito de allá y hace recolecta de actitudes e ideas de todos sus amigos. Ni es fuerte ni es débil, ni es chistoso ni tampoco el más serio del grupo, ni el que aporta una idea interesante ni tampoco será el que protesta por algo con lo que no esté de acuerdo. Es algo así como el bajista de un grupo de *rock,* el menos indispensable. En el que si por casualidad éste se disuelve, seguramente quedará desubicado, en la mitad, sin puesto y sin grupo. Porque la voz líder siempre se podrá lanzar de solista y el guitarrista ya tendrá una nueva banda conformada pero ¿y el bajista qué? Pues el ceviche es el bajista de su grupo de amigos, el que no aporta mucho. El que simplemente está ahí haciendo lo que debe hacer pero sin lucirse mucho. A algunas mujeres les parece tierno pero, no nos digamos mentiras, a la mayoría nos gusta la estrella de *rock.*

A éste lo puede encontrar haciendo la larga fila que dice "Acceso general" a la entrada de un concierto, a pesar de que su entrada diga claramente VIP.

El Camarón

La cucaracha del océano. El que a pesar de saber bien, come y elige muy mal. Por ello nunca, léase nunca, deberá cometer el error de sentirse orgullosa, menos en público, de haber pescado a un bicho de éstos. Su currículo de conquista podría verse seriamente afectado y, lo peor de todo, luego de haber bajado de categoría y pescado en los bajos fondos, es muy poco probable que vuelva usted a ascender en la cadena alimentaria.

A este tipo de hombre le dará lo mismo salir con usted que con la cocinera de un restaurante de tamales. Con una lobaza o con una princesa. Con una empleada o con una empleada doméstica. Es tan poco selectivo que sus malas andanzas y sus frecuentes desatinos serán el tema de conversación y de las burlas de sus amigas. En ese caso, recuerde que mejor muertas que humilladas, que si no quiere seguir perdiendo la poca categoría después de salir con un patán de éstos, deséchelo cuando aún esté fresco. ¿Dónde pescar uno de éstos? En un coctel, por supuesto.

El Atún

El amargado. El que vive "enlatado", por no decir fastidiado y encerrado en su lata, o mejor dicho, en su casa. El que no la saca ni a la esquina porque todo y todos le parecen una verdadera lata. Usted incluida, por supuesto. El que si usted no está en la casa se molesta porque no ha llegado, pero que si de casualidad lo espera con la sonrisa de par en par a que llegue de la oficina, empezará a sospechar de tanta amabilidad. Al atún nadie lo entiende. Lamento informarle que ni él mismo.

Lo peor es su habilidad para hacerle la vida imposible. Le regalará el perro cuando usted se descuide, porque no aguantaba el meneo de cola con la que tiraba todo al piso. Les hará mala cara a sus amigas y a su propia madre si es que alguna vez llega de visita. La hará quedar mal frente a su jefe y le armará ataque injustificado de celos si la ve hojeando una revista en la que en las páginas sociales aparece fotografiado alguno de sus ex novios. Se quejará de que la sopa está fría, la cena muy caliente y de que usted se ha vuelto hasta frígida. No la sacará ni a la esquina porque no se aguanta a sus amigos, ni sus planes, ni mucho menos su compañía. Ni siquiera se consigue una amante para que se entretenga de vez en cuando, para que la deje en paz de vez en cuando, porque literalmente le da pereza hacer cualquier tipo de esfuerzo. La única razón por la que no la deja es por no tener que compartir con usted, tras una separación, su colección privada de CD. A éste lo pesca en una convención literaria de seguro. En un ascensor será el que no quiera salir del mismo así ya haya llegado a su piso.

El Ostra

Es una variación del atún. Es decir, otro tipo de ermitaño pero encima de todo baboso y tan amargado que es muy difícil de tragar. El petardo, el fantoche que se creerá más inteligente que usted, más interesante que el resto de la humanidad con la que no querrá tener mucho contacto para que no lo contaminen. El que no se aguanta ni a sí mismo. El que tiene conflicto con todo y con todos los que lo rodean. El que no tiene amigos y que tampoco le permitirá tener ni una sola amiga mientras esté con él. Mejor dicho, vaya preparando la pluma para firmar contrato de exclusividad y para decirles adiós a todos sus sueños de ensanchar su mundo y conocer más allá de las cuatro paredes en las que convertirá su vida, si por error termina encartada con un bicho de éstos.

Lo peor es que sus habilidades comunicativas son tan escasas que jamás logrará interpretar ninguno de sus deseos. Para rematar, los votos de silencio y que la ignoren por semanas enteras también están contemplados en una relación con un ostra. Terminará preguntándose inevitablemente: ¿por qué en vez de fastidiar tanto no me consigo a un "ostra"? Si aún así se anima, lo consigue seguro en una biblioteca, en un retiro espiritual, en un paseo familiar en donde él será el que se ofrezca a asar la carne precisamente para que nadie le hable.

El Cangrejo

Con el que no hay futuro posible porque cuando por fin sienta que en algo han avanzado, y que la tan anhelada propuesta matrimonial se acerca, el muy condenado se arrepiente e insiste en dar varios pasos atrás. Duda hasta si la quiere o para qué era que la quería. No sabe si masticar un chicle o viajar a Nueva York. Inevitablemente la obligará a usted a dudar si quiere malgastar su vida al lado de alguien que nunca sabrá lo que quiere. Mucho menos cómo conseguirlo. Le tocará empujarlo porque nunca se le ocurrirá nada. Su filosofía de vida será meterle a todo pura cabeza, pero de la acción nada. O, peor aún, cuando se le ocurra tomar alguna iniciativa casi siempre será esconderse de nuevo en el hueco de donde lo sacó y del que, a estas alturas, desearía nunca haberlo animado a salir. A éste lo encuentra sin duda todavía en la universidad tras haberse graduado, tras haber estudiado varias carreras, tras haber hecho varias maestrías y doctorados y no es porque quiera prepararse mejor, sino porque es tan indeciso que no sabe nunca lo que quiere hacer con su vida, mucho menos sabría qué hacer con la suya. Es decir, no se quiere graduar porque nunca quiere salir de allí. Porque el pasado es donde mejor se siente, precisamente porque ya pasó. El presente le asusta y el futuro, más aún juntos, le aterra. Si a pesar de mis advertencias usted se anima a capturar a un perdedor de éstos, que conste que le advertí al menos que es muy poco probable que junto a él logre progresar en la vida.

Y es así, queridas compañeras de tragedias y desgracias sentimentales, que en ese gran mar o río revuelto con amplia vida subacuática —que nos daría la impresión de estar rodeadas de buenos prospectos y partidos para pescar y que es la vida o el hábitat de la mujer soltera y disponible—, una se encuentra las más curiosas alimañas e incomprensibles criaturas submarinas que hacen de la conquista una verdadera pesca milagrosa. O infructuosa. Tal como lo anoté anteriormente, en donde para sobrevivir a veces toca conformarse y acatar la regla de oro: de bagre para arriba cualquier cosa es ganancia. ¿Alguien pidió pollo?

Capítulo 15

Rojo, amarillo y verde: las señales del amor

Las señales del amor: ¿cómo conquistar y no hacer el ridículo en el intento?

Socialmente hablando salir con alguien se ha vuelto tan complejo que no hay que precisamente "entregar las llaves" en una rumba para evitar estrellarse de frente contra el mundo. Accidentados, malheridos y muy adoloridos quedan frecuentemente quienes no han aprendido a leer las señales que permanentemente estamos enviándonos entre hombres y mujeres en el difícil deporte de la conquista. Especialmente si, encima de todo, para estar en ambiente, nos hemos pasado de tragos y estamos que nos caemos de la borrachera. En el caso de ellos, es peor aún. Pobres, aparte de tener que lidiar con nosotras y nuestros múltiples traumas e inseguridades, también les toca cargar con nuestras burlas. O en el de nosotras, ¿cómo saber si un hombre realmente está interesado en nosotras para no seguir perdiendo nuestro tiempo y malgastando nuestro costoso perfume? ¿Cómo no caer en el equívoco de pensar que si un hombre nos llama no es porque se quiera casar con nosotras, sino porque le caímos bien o porque quiere que le presentemos más bien a una de nuestras amigas? ¿Cómo saber si estamos metiendo la pata y estamos interpretando mal sus señales? Aquí les digo cómo.

Somos complicadas y logramos confundirlos: eso ya lo sabíamos. Muy a diferencia de lo que muchos de ellos aún piensan, para tantas otras de nosotras sí es posible ser simples amigos sin que queramos meternos en sus camas. De hecho es tan cruel la guerra allá afuera contra las demás mujeres que nos hemos visto casi obligadas a cambiar nuestros parámetros y convertirlos a ellos en nuestras nuevas mejores amigas. Somos muchas las mujeres que consideramos que una amistad entre un hombre y una mujer podría ser más edificante, pues ellos son más leales, más francos y hasta mejores consejeros sentimentales que muchas de nuestras congéneres. Lamentablemente, nuestras buenas intenciones se quedan sólo en eso y es muy probable que sean incluso malinterpretadas. La mayoría de los hombres sólo se animan a ser amigos de mujeres que les parezcan físicamente atractivas, es decir, con las que una vez superado el curso práctico de consejeros emocionales crean que tengan la posibilidad de terminar entre sus sábanas. ¿Entienden ahora por qué aseguro que las mujeres hemos evolucionado mucho más que ellos?

Pero ellos, en su mayoría, nos creen tan atrasadas que insisten en acercarse a nosotras sólo como excusa para enredarse sentimentalmente con nosotras, así en nuestra mente no exista más que la posibilidad de una amistad. Y ni qué decir cuando pasados de tragos se les da por ser sinceros. Créanme que es una de las pocas oportunidades que tendrá de que lo sea realmente, pues los tragos, al parecer, no sólo embellecen sino que alimentan la autoestima, la franqueza y el coraje. Entonces no será extraño que, tras enamorados en secreto, con tragos, metan la pata y se les dé por declararnos su amor erróneamente pensando que les hemos dado alas para soñar que sí tienen posibilidades con nosotras.

Muchos de ellos nos leen mal y por eso se animan a insistir a nuestro pesar en sus intenciones románticas, pues les parece imposible creer que podamos ser sólo eso: amigos. Mientras tanto, en nuestras casas, con nuestras amigas, lo más posible es que estemos burlándonos de sus avances "galanescos" y de las pocas probabilidades que tienen de conquistarnos. Entonces, el fracaso del seductor rechazado se hace sentir más fuerte si le sumamos las contraindicaciones que afloran, generalmente al día siguiente, en medio de una resaca de la que creen no poder recuperarse nunca más.

Es en ese momento en el que el hombre se siente que hizo el papelón de su vida, en el que caminó por el *Hall de la infamia,* en el que se reflexiona, en el que se dan cuenta de que el lado opuesto de la cama sólo lo ocupa la camisa que a duras penas se pudo quitar, aún con evidencias de la rumba de la noche anterior y de lo que comió justo antes de embriagarse. Eso sin mencionar el apestoso olor a evento criollo, una mezcla entre alcohol, cigarrillo y perfume barato que no le permite ni arrepentirse en paz siquiera.

¿Y si en su sano juicio ese hombre valiera la pena? ¿Si llegáramos a descubrir que acabamos de desechar posiblemente a un buen partido? ¿Cómo saberlo? ¿Acaso el alcohol no sólo desinhibe sino que nos hace alucinar? ¿Acaso salir con alguien se ha vuelto tan complicado que frecuentemente tenemos que recurrir al "embellecedor" por excelencia, a las bebidas alcohólicas, para adquirir la valentía necesaria para abordar al sexo opuesto? O, peor aún, ¿acaso surtiendo el efecto contrario al deseado, éste nos aleja tanto de la realidad que terminamos haciendo el oso al interpretar erróneamente las señales que nos envían?

Como dice Andrew Stanway, autor de *Las relaciones amorosas,* no hay que ser ningún Einstein para darse cuenta de cuándo hemos dado en el blanco o de cuándo, popularmente hablando, la hemos "regado". Según el autor, el organismo libera no menos de doscientas cincuenta sustancias, entre hormonas, ácidos y olores, al estar frente a una persona que le resulta atractiva y le basta tan sólo cuatro segundos en forjarse una opinión sobre ella. Para que lo racional se convierta en irracional, la prudencia en torpeza y la serenidad en nerviosismo, es de una y, en el mejor de los casos, mutuo. Sí, pero es que aprender a interpretar dichas señales bajo el efecto del alcohol es muy difícil. Interesante, más bien, sobrios, disfrutar de la conquista y evitarse la vergüenza máxima que es, encima del rechazo en público, convencerse de que sus artimañas seductoras no están surtiendo efecto en nosotras y que muy seguramente se devolverá acompañado a su casa, pero de un bofetón. Eso en el caso de ellos, pero en el de nosotras será que si sabemos conquistar o interpretar siquiera las señales que ellos también nos envían.

Lo cierto es que existe una gran diferencia entre hombres y mujeres. En lo único en que aparentemente somos iguales, cortados con la misma tijera, es en que nunca hablamos el mismo lenguaje y en que cada vez es más difícil entender las señales que mutuamente nos enviamos. Eso hace que el juego de la conquista sea aún más difícil si bien no menos interesante. Mientras las mujeres sigamos interpretando mal esas señales y mientras ellos sigan pensando que cualquier pequeño gesto o actitud es precisamente una señal de "siga", inevitablemente hombres y mujeres por igual estaremos condenados a no entendernos jamás.

ELLOS: (SIEMPRE ENTIENDEN EXACTAMENTE LO CONTRARIO DE LO QUE QUEREMOS TRANSMITIRLES)

ESCENARIO UNO: "ENCUENTRO CERCANO DEL PRIMER TIPO"

La conoce en una fiesta de amigos. De esas en las que por lo menos hay luz y no el típico bar de mala muerte en el que ya una está acostumbrada a ver a las personas fosforescentes. Es una fiesta distinguida, elegante. Se logra detallar mejor la pinta y hasta sostener una conversación medianamente interesante con cualquiera. Después de intercambiar miradas él se anima y se acerca. Usted, mujer al fin y al cabo, probablemente le sonreirá por educación aunque su intención no sea ligárselo. A estas alturas él seguramente estará pensando que triunfó con su técnica de conquista. O tal vez que no, si...

Rojo: usted es amable, nada del otro mundo. Se nota que no le gusta pero que tampoco le disgusta. Normal. Le acepta algo de tomar, si la saca a bailar, lo hace y en general actúa con la precaución y la cautela propia de una mujer decente que recién lo acaba de conocer. A él usted le parece aburrida, zonza y una pesada que se las da de la muy inteligente por la manera como habla con sus amigos de la Bolsa y cómo cerró ese día. Automáticamente pierde su interés si intuye que además tiene activas sus neuronas.

Amarillo: para nosotras la señal es claramente amarilla tirando a roja. Sin embargo, para ellos tal vez no. Él le dice algo bonito o chistoso. Usted ni cuenta se da. Le da exactamente lo mismo. Está muy ocupada revisando los mensajes de texto en su celular y averiguando si el tipo que sí le gusta va a venir a la fiesta. Aunque el desinterés es evidente, él seguramente se animará más. A ellos les encanta que nos hagamos la difíciles y no saben la diferencia cuando fingimos o realmente los estamos ignorando. No se rinde, cambia de estrategia y de repente se vuelve filosófico. Se atreve a citar al Dalai Lama. Usted no sólo ignora su esfuerzo sino que le parece un idiota. Acto seguido, usted finge un derrame cerebral. Al rato la ve muy recuperada burlándose de sus patéticos piropos con sus amigas. Lo que él piensa: se está haciendo la difícil o, peor aún, "le gusté, está hablando de mí". Tan optimista. Ni le pasa por la cabeza que eso bien lo podría estar haciendo con todos. La estrellada es segura como también es seguro que él insistirá.

Verde: ellos consideran que es automáticamente verde cuando, en cambio, usted no aguanta el flechazo de Cupido, se saca una botella de vino entre el bolso y le dice al oído que lo espera en el estacionamiento. Él no entiende lo que pasa pero la sigue. Tienen sexo salvaje en el carro. No puede creer su buena fortuna y asegura que "usted" es la mujer de su vida. Son tan elementales.

Escenario dos: "La temible llamada telefónica"

La llama al día siguiente para invitarla a salir, ahora sí, "oficialmente".

Rojo: usted contesta aún dormida. Le dice que esa noche está ocupada pero que si quiere al día siguiente podrían salir a cenar. A él le pareció demasiado complicada y, además, mandona. Ni la conoce y ya le está dando órdenes. Encima de todo como él no nota el entusiasmo que esperaba, cuelga y, por supuesto, no la vuelve a llamar. ¿Quería que antes de llamarla ya estuviera vestida? Sí. Para los hombres siempre es rojo cuando sienten que deben hacer cualquier esfuerzo.

Amarillo: en cambio, cuando los suyos son esfuerzos que para nosotras son en vano, ellos ahí sí se entusiasman. ¿Quién los entiende? Por ejemplo, aunque para nosotras es rojo cuando en vez del nuestro le damos un número equivocado, para ellos curiosamente es una señal de seguir, aunque tal vez con un poco de sigilo. Pero cuando intencionalmente le dio el teléfono mal, el de una amiga que no soportamos o el de una tienda en otra ciudad, él seguramente no entenderá por qué le contestan de una estación de bomberos. Si no entendió el mensaje, que es muy probable, él pensará: "Pobre, quedó tan impactada conmigo y estaba tan nerviosa que me dio un número equivocado". Perdón. ¿Dónde fue que me perdí? Es decir, ¿qué fue lo que no entendió? Seguramente insistirá en averiguar su teléfono por otros medios. Eso le fastidiará tanto que le parecerá un acosador.

Verde: medio dormido se da cuenta de que el teléfono que suena y al que está llamando está justo al lado de su oído. Usted se despierta con tremendo guayabo, con la camisa de él puesta y contesta desprevenida. Se le olvidó llevarla a su casa y aún está en la suya. Ahora sí el está convencido de que usted "es".

Escenario tres: "La pasada a buscar en su casa"

Él ha preparado una noche idílica y ha hecho de antemano reservaciones en un restaurante. Después de perfumarse y ponerse su mejor pinta, pasa a buscarla una hora más tarde para que ella no vaya a pensar que se moría por verla. Típico de ellos.

Rojo: usted le pide que para la próxima le avise si va a llegar tarde, pues hubiera tenido más tiempo para arreglarse. Él simplemente piensa: "No habrá una próxima vez".

Amarillo: suponiendo que por lástima o porque hizo una apuesta con sus amigas, usted accede a salir con uno que no le gusta. Sigue siendo rojo para nosotras porque cuando él llega, usted no estará lista. De hecho, se le había olvidado que él pasaría a buscarla. Si le gustara, llevaría horas arreglándose y lo esperaría lista en la puerta del edificio. Para él, que le haya aceptado la invitación es un amarillo contundente. Es decir, "siga". Pero como éste no es su caso y está ante la posibilidad de salir con un "pues tocó", lo hace esperar una hora en la sala. Como le da pereza quedarse a solas con él, le pide a su madre o a su mejor amiga que lo acompañen y de paso que le echen un ojo para ver si vale la pena. Las mujeres siempre dudamos. Ellas lo acompañan en todo momento, mientras usted está adentro viendo el final de *El show de don Francisco*. Él pensará que tiene posibilidades, pues la forma como usted se demora indica claramente que está nerviosa arreglándose y escogiendo muy bien lo que habrá de ponerse para impresionarlo. Mientras piensa además que es una mujer decente y muy familiar, no alcanza a notar que su mamá quien, por la forma lasciva en que lo mira, podría estar incluso más interesada en él que usted. O es porque sospecha que él podría tomar "prestada" la fina platería heredada de la abuela. El caso es que para él es verde, pues le encanta el reto, aunque para nosotras sea evidentemente una señal de "no estacionarse".

Verde: usted lo espera en pijama modelo *Baby Doll* y, ante la misma pregunta de adónde quiere ir, le pasa el directorio telefónico para que vaya pidiendo a domicilio mientras se pone "aún más cómoda". El está fascinado. Verde fosforescente y gran señal de "avance".

ESCENARIO CUATRO: "LA ROPA QUE DELATA"

Aunque usted no lo sabe, o no le importa, él se ha demorado horas escogiendo la camisa que mejor le sienta, unos calcetines limpios y su mejor calzoncillo… por si las moscas. La va a recoger y usted:

Rojo: le dice que se ve guapo. Él piensa que seguramente lo mismo les dirá a todos. Si es más bien vanidosa, sale con unos pantalones ajustados, una blusa sugestiva, sus mejores accesorios y un perfume delicioso. Se nota que estuvo en la estética. Lo que haríamos para cualquier salida normal con alguien o con las amigas. Pero como ellos nunca saben la diferencia, usted que se arregló para verse y sentirse bien, seguramente le parecerá o psicorrígida o desesperada por ligárselo. Para él es rojo, pues su buen gusto le indica que usted es de "alto mantenimiento" y tal vez su presupuesto no le alcance.

Amarillo: es tal su desinterés que sale de *jeans* anchos, camiseta, tenis y le advierte que la bufanda es porque, encima de todo, tiene gripa. Él le cree y, conquistador por excelencia, se detiene en la farmacia más cercana para comprarle un jarabe. Él pensará que la tiene entre sus redes y que la relación promete, pues ya lo empezó a "necesitar".

Verde: usted sale en ropa interior, con liguero y con la tarjeta de Blockbuster en la mano. ¿Él? ¡Matado!

Escenario cinco: "La primera cena"

Él la lleva al mejor restaurante de la ciudad, dentro de sus posibilidades, claro está.

Rojo: usted en un gesto de inusual confianza, le pide que ordene por los dos. Usted le parece una confianzuda sin personalidad. Todo le da risa y eso que ni siquiera han pedido el primer trago. "¿Será que es alcohólica"?, piensa. "Algún defecto debe tener, pues nadie es perfecto". Usted es tan imbécil que se ofrece a pagar la mitad de la cuenta. Él, aunque con su ego herido, accede y piensa que nunca la volverá a llamar. Le resulta demasiado independiente y controladora.

Amarillo: usted no come y pide para "llevar". O, peor aún, él ordena "vino" y usted se "va". Es muy poco probable que la vuelva a llamar, aunque no se sabe teniendo en cuenta que la mayoría son tan masoquistas que querrán insistir. Usted posiblemente está pensando que él le resulta simpático, él seguramente soñará en su cama, con usted adentro.

Verde: usted, porque lo vio en la última muestra de cine, saca fresas, crema *chantilly* y champán, y le dice que lamentablemente no tiene platos limpios. Le pregunta si le molestaría usar su cuerpo como plato. Ellos ahí sí piensan: "¡Qué maravilla de mujer!"

Escenario seis: "La bailada"

Después de cenar, se van a otro sitio a bailar, tal como lo tenía planeado.

Rojo: se encuentra con unos amigos y con su ex novia. Se acerca y los saluda. Después de media hora, regresa a la mesa y, a usted, si es que no está muy borracho. Usted se derrite con el detalle y le comienza a parecer atractivo. Él lo nota y piensa: "Mujeres, todas son iguales. Si le gusto es porque "olió" la competencia".

Amarillo: cuando llega al sitio, solo, usted ya está bailando. "Solo" que con otro. El muy torpe piensa: "Me quiere dar celos. Cayó".

Verde: están tan animados que trasladan con todo y amigos la fiesta privada a la terraza de su apartamento, le suben el volumen al equipo mientras usted le baila sugestivamente. La policía aparece justo en el momento en el que llegaban las *strippers* junto con los mariachis. Él piensa que usted es lo mejor que le ha pasado en la vida.

ESCENARIO SIETE: "EL DETALLE DEL SEGURO DEL CARRO"

Se han animado a irse a otro lugar. No quieren despegarse todavía, pues la están pasando muy bien. Él, muy galante y caballeroso, le abre la puerta del carro. Hace mucho frío afuera.

Rojo: usted no espera a que él abra la puerta de su lado con la llave, si no que muy sutilmente, le quita el seguro a la misma para que pueda entrar al carro más rápidamente y no se congele. Él jura que lo hace sólo para que entre más rápido al carro y la saque de allí, preferiblemente a su apartamento. Piensa dos cosas: "Se quiere deshacer de mí" o "Quiere sexo. Qué vieja tan fácil". Cualquiera de las dos opciones la dejan mal parada, por supuesto.

Amarillo: cuando finalmente logra abrir su puerta porque está atascada, mientras usted se encuentra al borde de una hipotermia que la tiene de muy mal genio, él nota que en el asiento de atrás van otras dos personas: su mejor amiga con cara de pocos amigos y el mismo tipo con el que la vio bailando toda la noche. A él le parecerá que usted es muy "amigable". Tanto que ya lo quiere incluir dentro de su grupo de amigos. "La relación promete", es lo que piensa.

Verde: usted se le lanza encima, le pide que no entren a ninguna parte y le pide sexo allí mismo en el estacionamiento, dentro del carro. Él siente que es la envidia de todos.

Escenario ocho: "La amiga estatua"

De repente, en medio de su cita, usted le ofrece disculpas pues le pidió a una amiga que llegara a acompañarlos. El viejo truco por si la cita va mal y las cosas no funcionan. Pero él piensa que las cosas van tan bien que ya quiere oficializarlo frente a todas sus amigas. Tan ilusos. De igual forma, lo cierto es que nuestra excusa favorita para terminar temprano una cita pesadilla es "que mi amiga se siente mal y debo acompañarla a casa".

Rojo: su amiga llega llorosa y confundida. Luego de tomarse hasta el trago de él, usted cariñosamente le sugiere que entre los "dos" le conseguirán una pareja para la próxima vez. Es decir, "ella piensa que habrá una próxima vez. Tan ilusa".

Amarillo: la cara de su amiga a él se le hace conocida. De repente, recuerda dónde la ha visto: en varios eventos familiares pues resulta que, en medio de la emoción, no cayó en la cuenta de que la nueva es amiga de su novia a la que intenta ponerle los cuernos con usted. ¡La misma que ahora está allí sentada haciéndole cara de asesina en serie! Lo golpean entre las dos y, encima de todo, le toca pagar hasta por los daños ocasionados en el sitio. Habrá segunda cita seguramente, pues a ellos les encanta que supuestamente nos peleemos por ellos. Él piensa que le gusta a las dos.

Verde: la amiga se incluye en la fiesta y comienza a desabrocharse la blusa. Él no puede creer su buena suerte y llama a un amigo para armar una buena fiesta. Lamentablemente él nunca entendió el chiste. Usted, sin embargo, le parece increíble.

Escenario nueve: "El excenario"

La conversación va viento en popa. Él siente que ha conquistado mucho terreno pero su ex, bastante tomado y evidentemente molesto, se acerca a la mesa con cara de pocos amigos.

Rojo: usted, muy prudente, le pide que la saque de allí, pues su ex está muy pesado. Al ex novio simplemente le dice que hablarán otro día, sin especificar la fecha. A él no le gusta el detalle y se arrepiente de haberla invitado a salir.

Amarillo: mientras vuelan ceniceros y botellas por el aire, él corre a llamar a la seguridad del lugar. Cuando regresa, usted y el patán de su ex novio ya se han reconciliado y se besan apasionadamente. Para rematar, es él quien sale volando del lugar como un perro, supuestamente por buscapleitos. La llama al día siguiente con la excusa de averiguar cómo está. La realidad es que quedó enamorado. Pues como a ellos una les gusta es cuando estamos acompañadas u ocupadas con otro...

Verde: usted le endilga el ex a su amiga y se va con el nuevo sin el menor asomo de remordimiento. En ese instante él podría jurar que usted es la mujer de sus sueños. ¡Vaya si lo tiene alelado!

ESCENARIO DIEZ: "EL CELULAR A ALTAS HORAS DE LA MADRUGADA"

Están en plena cita, cuando el celular de usted empieza a timbrar insistentemente. Lógicamente se pone nerviosa.

Rojo: usted contesta y le pide que la acompañe afuera en donde pueda escuchar mejor. Él escucha cuando dice con quién y dónde está. Le parece que usted es una cretina tan predecible que lo hace por darle celos a su ex.

Amarillo: usted suda nerviosa y no contesta. Trata de apagarlo y, cuando se decide a contestar, se excusa para ir al baño. Vuelve descompuesta, pide un trago doble y le pide que la deje en su casa, pues se le presentó un "inconveniente". Él ni sospecha siquiera y le pide una nueva cita.

Verde: contesta y manda al diablo a quien esté al otro lado de la línea. Acto seguido, lo apaga y lo guarda en la cartera para que no la molesten más, pues está muy ocupada besándolo. ¡La mujer de sus sueños!

ESCENARIO ONCE: "LA IDA AL BAÑO"

Mientras espera la cuenta, usted se excusa para ir al baño.

Rojo: regresa, más arreglada, peinada y posiblemente perfumada que antes. Lo dicho, "de verdad que está desesperada", piensa.

Amarillo: Usted no regresa.

Verde: le pide que la acompañe. Tienen sexo sobre el lavabo, mientras veinte personas afuera amenazan con tirar abajo la puerta.

Escenario doce: "La lidiada de la borrachera"

Él, por la emoción, toma un poco más de la cuenta. Maldita costumbre. Usted, aunque le ha seguido el paso, está un poco más medida.

Rojo: usted le pide las llaves y se ofrece a manejar su carro hasta la casa de él en donde no se queda a pesar de su insistencia. En vez de esa opción, usted opta por pedir un taxi para irse. En la portería le dejará las llaves con una notica que diga simplemente: "Gracias. Espero que mañana amanezcas bien". Él entenderá que la noche fue un fiasco o que, peor aún, fue un desperdicio, pues usted es demasiado maternal, convencional y ortodoxa.

Amarillo: usted aprovecha su borrachera para irse con el mesero, que tiene más y mejores músculos que él. Se imagina que la resaca será de tal grado que jamás se dará cuenta de su ausencia. Efectivamente está usted en lo cierto. Él se siente culpable y al día siguiente le envía rosas.

Verde: al ver que se está pasando de alcohol, usted se afana en pedir una botella extra para "alcanzarlo". Juntos van al baño y se cuidan la borrachera. Hacen el amor, pero ninguno de los dos lo admite porque no se acuerdan. Al día siguiente usted estará en su apartamento para servirle caldo de pollo. O para marcarle al servicio a domicilio más cercano. Él, aún confundido, se derrite de amor.

Escenario trece: "El día siguiente..."

Aparentemente todo salió bien la noche anterior, tanto que amaneció con unas ganas locas de llamarla y verla de nuevo. Se decide y la llama.

Rojo: usted le contesta en tono jovial, le agradece por una noche increíble y le pregunta cómo amaneció. Él se confunde al no encontrarla furiosa. Definitivamente piensa que él a usted no le gusta.

Amarillo: en su teléfono, le contesta un tipo que lo trata con familiaridad y dice ser el mesero del sitio en donde estuvieron la noche anterior, y le cuenta que encontró su billetera… ¡vacía! Así sea con la excusa de reclamarle, la volverá a llamar. A ellos les fascina cuando somos "necias".

Verde: no tiene que llamarla, con darle un codazo basta pues aún está en su casa. Él añora a su ex novia y no sabe cómo sacarla de su apartamento porque ya le pareció demasiado loca, atrevida y, ni qué decir, fácil. ¿Quién los entiende?

Ante los hechos una sola pregunta sigue rondando mi cabeza: ¿qué es lo que ellos no entienden acerca de las señales que enviamos las mujeres cuando de conquistar se trata, si no es tan complicado como creen? A buen entendedor, pocas palabras. En cambio, nosotras tan inseguras como somos siempre necesitamos mucha más información de la que aparentemente nos están dando. Mejor dicho, si no tenemos al tipo durmiendo de esmoquin, arrodillado y con un anillo de diamantes, es muy posible que jamás nos enteremos de que es muy en serio su propuesta matrimonial. ¿Porque será que para nosotras el amarillo no existe? ¿Que si no hacen lo uno o lo otro aún hay posibilidades? Entonces, para nosotras los escenarios románticos cambian así sean los mismos y la intención siempre es otra mientras no nos imaginemos lo contrario. ¿Quién nos entiende?

Tercera parte

SOLAMENTE SOLAS

CAPÍTULO 16

RADIOGRAFÍA DEL CAVERNÍCOLA MODERNO
(¿QUÉ TIENEN "ESAS" QUE NO TENGAMOS "NOSOTRAS?")

Si es cierto que la mujer moderna ha evolucionado al punto que la "dependencia masculina" no es considerada, cómo diríamos, necesaria. Y que ni siquiera es remotamente útil en la mayoría de los casos o que sí es posible sentirnos a gusto solas. Una vez que hayamos logrado reconocer también que no es que los hombres no valgan la pena (insisto en que la vida acompañadas es mejor), sino que conseguir uno bueno para compartir nuestras vidas cada vez es más difícil y en ocasiones, al parecer, hasta imposible, ¿por qué se preguntarán algunas mi insistencia en que debemos al menos experimentar en carne propia una sana relación de pareja? La razón es porque he hecho un descubrimiento que tal vez nos interese a todas: es posible que exista un nuevo hombre moderno allá afuera. Antes de que se les atore esa aceituna del martini que bebían mientras leían este libro, antes de desternillarse de la risa, antes de perder el aire y caer desmayadas en el piso sin tener siquiera quien les dé respiración de boca a boca, inhale profundamente, deje de ser tan negativa y piénselo por sólo un instante. Es posible que algunos hombres hayan evolucionado también. ¿Será que estamos tan entregadas a esa lucha ridícula contra ellos que a todos consideramos ya nuestros enemigos, en vez de darles la oportunidad a algunos que bien podrían ser los héroes que nos rescataran de tanta soledad? Es tan posible, que en este capítulo les explicaré por qué. Es sólo que, con tanto feminismo mal asumido, esos que sí valdrían

231

nuestro esfuerzo se están quedando con las que, según nosotras, no han hecho méritos suficientes. Pero, ¿qué tienen esas, según nosotras, galafardas, mediocres sin aspiraciones, que a los hombres los vuelven locos y a nosotras también, pero de rabia? Tal vez mucha más paciencia y visión que muchas de nosotras. Piénselo.

AUNQUE EL PROCESO DE LA EVOLUCIÓN MASCULINA frente a la latente modernidad femenina es lento, algunos de ellos sí intentan al menos amoldarse a las reglas de interrelación de géneros que supone el siglo XXI. Ante la duda, no la culpo, considere por un instante lo siguiente: si existe la mínima posibilidad de que esto esté sucediendo, entonces ¿cuál es el afán de seguir luchando contra ellos o, contra nosotras mismas, en su defecto? Si por conveniencia o por necesidad, nos da igual, he constatado después de hablar con muchos hombres que lo cierto es que muchos de ellos, en el mundo entero, ya han empezado a entender el peligro. Son conscientes de que si no actúan a la altura de la nueva mujer en el mundo, serán ellos los que tendrán que comprar de ahora en adelante poderosos vibradores. O muñecas inflables que, en resumidas cuentas, viene siendo más o menos lo mismo. Es decir, de seguir así como estamos, la de medidas perfectas y aparentemente sin neuronas con la que pasan sus ratos de ocio no sería su plan B, sino su único plan. Punto. Palabras más o palabras menos, ellos también estarían conformándose con la que les tocó y no con la que escogieron. Sin nuestra ayuda, sin un poco más de tolerancia de nuestra parte, de ingenio y de inteligencia para lograr nuestro objetivo, lamentablemente las mujeres modernas perderemos la histórica oportunidad de volver a conformar junto a ellos lo que, valga la redundancia, también históricamente se conoce como "hogar" o al menos como una sana relación de pareja. Pero descuiden, señoras, hay esperanzas.

Volvamos a un tema que, aunque intentamos en vano desplazar a un segundo plano en la escala de asuntos importantes en la vida, nos atañe y sí que nos sigue interesando a la mayoría de mujeres modernas en el mundo: los hombres. ¿Cómo entenderlos, cómo conquistarlos, cómo conservarlos, cómo mandarlos al mismísimo demonio cuando ya no los aguantemos, cómo convivir con ellos sin que ello suponga una despiadada competencia de géneros por el poder en la relación? Si lo que afirmo no fuera cierto, sería muy poco probable que desperdiciáramos nuestra vida alquilando el DVD de *Sexo en la Ciudad* para vivir a través de las fracasadas aventuras románticas de Carrie Bradshaw los fines de semana. Asimismo, si las mujeres fuéramos en realidad tan fuertes y tuviéramos corazones tan duros, las compañías fabricantes de chocolates en el mundo estarían quebradas, pues ninguna mujer gastaría fortunas enteras hundiendo sus penas (y su figura) engullendo dulces como una descosida. De la misma manera que seguramente se declararían en bancarrota los fabricantes de pañuelos desechables Kleenex, los de alcohol, los de música de despecho y los de los zapatos que adquirimos compulsivamente o más bien coleccionamos como aliciente para intentar superar una ruptura sentimental.

Porque, nos guste o no, tengamos la valentía de admitirlo o no, lo cierto es que los hombres y la buena o mala relación que logremos tener con ellos nos sigue de alguna manera pegando fuerte en el corazón. Y que le quede muy claro que la importancia que ellos tienen en nuestras vidas no se la estoy dando yo. Se la ha dado usted cada vez que ha llorado por amor, cada vez que se ha imaginado cómo sería su vida en pareja, con recortada de vestido de novia y todo. O la vez que renegó cuatro horas seguidas de alguno que le partió el corazón, o de aquella ocasión en la que convocó a una reunión extraordinaria a sus amigas para contar los detalles de alguna nueva conquista que le trae palpitando con fuerza el corazón.

Cuando de hombres se trata y de lo poco que hemos aprendido a entenderlos y a convivir con ellos, nos hemos vuelto literalmente monotemáticas. La importancia, insisto, seguimos dándosela nosotras cada vez que con nuestras distintas actitudes admitimos que la vida acompañadas bien podría ser más plena, aunque no sepamos bien ni por dónde empezar. Entonces, si usted es de la mujeres que aún niegan que semejantes cursilerías todavía puedan existir en nuestro mundo de mujeres modernas, le tengo muy malas noticias: sí existen y en cantidades alarmantes. Y si a pesar de mis aclaraciones es de las que insisten en que el tema de los hombres es una gran estupidez y prefiere quedarse sola, también está en todo su derecho de hacerlo. Eso sí, no fastidie a las demás, a las que siguen siendo creyentes de un culto que se llama: estabilidad emocional. Recuerde que, tal como lo discutimos en un capítulo anterior, los deseos de una no tienen por qué competir con los de todas las demás. Porque si bien es cierto que con esfuerzo algunas hemos aprendido a valernos solas y a ponerlos a ellos en un segundo y hasta en un tercer lugar en nuestra nueva escala de valores, cada vez somos más las mujeres en el mundo a las que nos interesa encontrar una fórmula o la manera de convivir con ellos en armonía. Si no fuera su caso: ¿cuál sería el punto para seguir leyendo este capítulo?

Por esta razón y tras investigar a fondo sobre el tema, me atrevo a asegurar que sí ha comenzado a existir allá afuera un nuevo hombre. El hombre moderno. Ese ser medianamente evolucionado que nos interesará pescar de ahora en adelante y el que bien podría convertirse, ya sea en el centro de otro descarnado debate entre nosotras o, si usted prefiere, más bien el foco de atención de nuestro nuevo proyecto de vida: atraparlo. Conquistarlo, domesticarlo, convertirlo, amansarlo o amaestrarlo. Todo sirve. Para que, sin mucho esfuerzo y sin dañarnos una sola uña, terminemos convenciéndolos de que somos lo mejor que se les ha atravesado en la vida. Como lo hacían antes nuestras madres, nuestras abuelas y las que de alguna manera lograron establecerse dentro de un verdadero hogar. ¿Para qué engañarlas? Tan prevenidos como también lo están contra nosotras y contra algunas posturas feministas radicales que hemos elegido adoptar, someterlos ante nuestros encantos no será tarea fácil.

Algunos, por supuesto, pensarán que entre eso, es decir nosotras, y un gato negro, no se sabe qué es peor que se les atraviese por delante. Pero ese hombre pesimista ni siquiera será en el que concentraremos nuestros esfuerzo. Apuntémosle más bien a uno que al menos nos venda la ilusión de que, bien administrado, si así lo quisiéramos, bien podría hasta ofrecerse a cargar con nosotras y con todas nuestras deudas algún día. Como antes. Sí, así como los caballeros las prefieren supuestamente brutas, nosotras los preferimos aparentemente millonarios. O por lo menos con ingresos.

Y no realmente muchas de nosotras queremos sacrificar nuestra preciada libertad por convertirnos en perfectas mantenidas. En la mayoría de los casos, el mío incluido, el precio de lo uno no compensa el tedio de lo otro. Pero mientras nos sintamos respaldadas, apoyadas, protegidas y bien representadas, sería mucho más fácil aceptar la simple idea de "renunciar" a algunas cosas como las salidas a altas horas de la noche a emborracharnos, por ejemplo, los viajes solas con amigas a una playa nudista en el Mediterráneo, poder cambiar de novio con cierta frecuencia, mandarlos a "su" casa cada vez que se nos antoje dormir solas… Lo cierto es que tener una buena relación de pareja con un hombre que nos venda la ilusión de que sí vale la pena, bien valdría nuestro esfuerzo. Pero ese hombre al que me refiero no es propiamente producto de mi imaginación. Es aquel con el que muchas de nosotras seguramente nos hemos topado y al que ya seguramente hemos rechazado por taradas. En medio de la cotidianidad de nuestras vidas de mujeres cosmopolitas, y aunque nos resistamos a creerlo, habita y convive con nosotras allá afuera uno que también ha cambiado. No mucho, la verdad. Pero ahí va.

Este hombre al que me refiero es el que se ha visto obligado a cambiar para también subsistir en un mundo del que cada vez se siente menos dueño. Me refiero a un hombre que cada vez más se siente compitiendo contra un tubo de ensayo por haberse convertido sin su aprobación ni su conocimiento en un vil donante de esperma. Porque ya ni para reproducir estamos necesitándolos. El hombre actual, ese con el que seguramente se toparía la orgullosa mujer de mundo que aquí describo, ya no es el que, dada la oportunidad, nos ultrajaría en privado o en público. Más que nada por temor a ir preso. A que lo insultemos con el mismo volumen y alevosía o a que lo sustituyamos rápidamente por uno menos abusador y mejor amante que él. Así éste sea de baterías, ocho velocidades y responda al nombre de El Pulpo Eléctrico. Por las mismas razones y temiendo tal vez las mismas consecuencias, ese mismo hombre medianamente evolucionado que describo tampoco es el que nos levantaría la mano para golpearnos a menos que algunas prefieran seguir en la línea del sadomasoquismo. El que es muy poco probable que nos obligará a quedarnos en casa a pesar de querer y de sentirnos preparadas para trabajar como él. De hecho, este sueño de hombre que a lo mejor seguimos dudando que realmente existe (qué depresión) considerará que la mujer también desempeña un papel importante en la economía del hogar. Más que nada si tiene una amante y el salario no le alcanza para mantener dos hogares. Como tampoco es el que nos maltrataría psicológicamente a menos que se lo permitamos o que sepa realmente lo que le conviene. A punta de fuertes golpes a su ego machista, y uno que otro florero volador, ese mismo hombre ha tenido que modernizarse por temor a no quedarse solo o, en algunos casos, a conformarse con la que no quieren al lado porque las inteligentes e interesantes con las que él quisiera estar huyen de su machismo patológico, inmaduro y obsoleto. De repente la frustración es mutua y la necesidad de estar con nuestro equivalente también lo es.

Entonces me pregunto: ¿acaso existen allá afuera algunos de los hombres que aquí describo, o más bien debo admitir que me pasé nuevamente de tragos y he empezado a desvariar? Es muy posible pero luego de los resultados arrojados por mi encuesta casera, me inclino mejor a creer que, al parecer, sí los hay. No en grandes cantidades, tampoco exageremos, pero sí los hay. Aprender a encontrarlos, he ahí el bendito dilema. Pero como avance científico, lo que sí puedo asegurarle es que ese tipo de hombre, hasta ahora imaginario o no, que aquí describo sí es posible. Lo único es que nosotras debemos construirlo. ¿Cómo? Para las que somos madres, desde el hogar y a través de una crianza modernizada que los prepare a ellos para respetar y valorar al nuevo tipo de mujer con la que se encontrará allá afuera. Porque, tal como pasa con el tema de la ecología, a muchos no les interesa, pues el ser humano es tan egoísta que no piensa en lo que ha de venir o en las futuras generaciones, sino en lo que viven en el presente nada más. ¡Que el mundo se va a acabar! Y ahí sí empezamos a sacar cuentas: "Para cuando se acabe, yo que ya tengo treinta y cinco y si estamos hablando de aquí a cincuenta años, pues a mí qué me importa. Es decir, ya para qué". O "de qué me preocupo si con esta forma de fumar yo ni estaré viva".

Es precisamente ese pensamiento egoísta lo que evita que muchos en el mundo eduquen mejor a sus hijos, a los que nos preceden, para poder así cambiar las reglas de este estúpido juego llamado "guerra de los sexos". Lamentablemente he sido testigo de que somos las mismas mujeres, cuando tenemos la oportunidad de ser madres de hijos varones, de alguna forma les inculcamos exactamente lo que nunca nos ha gustado que nos hagan a nosotras. Celebramos que les peguen a las niñas y no los corregimos porque consideramos que son actitudes propias del género masculino. Porque erróneamente y por ignorancia creemos que es ahí donde queda ampliamente demostrada su virilidad. Y lo peor de todo es que llegan incluso a sentirse orgullosas de ello. Por supuesto, sólo hasta que les toca, en un futuro no muy lejano, ir a llevarles unas manzanas y ropa limpia a la cárcel. La mamá machista que aún pulula a sus anchas en el mundo es la que si su hijo le pega a su esposa, lo que primero piensa es: "¿Quién sabe qué hizo para merecérselo, la muy zorra?" Esa que no se toma la molestia de enseñarles desde pequeños que, si bien es cierto que fuimos creados o diseñados con una información distinta, en cuanto a los derechos que tenemos hombres y mujeres, debe reinar siempre la equidad. Y eso, señoras, se aprende también en casa. Entonces dejemos por un momento de ser egoístas y entendamos que así no nos toque vivirlo en esta vida, ni siquiera en carne propia, sí es posible cambiar el curso de la historia. Que si comenzamos por sembrar hoy, así no seamos nosotras, los de nuestra generación, las que recojamos la cosecha, por lo menos nuestro paso por este mundo dejará sus buenos frutos. Ahora que soy madre entiendo que sí me importa lo que pase en el mundo porque una vez que yo desaparezca quedará mi hija, sus amigos, tal vez un marido el cual espero que la trate con dignidad y respeto, a lo mejor los hijos que quiera o que no quiera tener, es decir mis posibles futuros nietos, y por esa sencilla razón y por la ilusión que me embarga cada vez que me la imagino sola, sin que yo la pueda proteger, pero igualmente segura en un mundo que yo ayudé a construir mejor, es que lucho a diario por convertirla en una mejor persona. En un ser tolerante y comprometido con el respeto. Hacia ella, hacia los demás y hacia el mundo que la rodea en general.

Pero para las que no son madres todavía porque no han querido o porque aún no han sentido que es el momento ideal, les sugiero ser un poco más selectivas a la hora de escoger una pareja. Que no sigan perdiendo el tiempo con los que ya han demostrado ampliamente que no tienen ni las ganas ni las intenciones, ni mucho menos la voluntad de cambiar. El secreto para tener una relación estable con alguno de los cavernícolas modernos que han comenzado a existir allá afuera, no es otro que tener un poco de paciencia y llevarlos a las buenas por el camino hacia el altar más cercano, tal como lo hacían nuestras abuelas. Y así, señoras, lograríamos maravillas.

Y lo que propongo en realidad ya no es tan difícil. Por si no se han dado cuenta todavía o por si no han gozado de los buenos consejos de una bisabuela o de una tía que no haya terminado su vida sola y repartiendo estampitas de san Antonio para que les haga el milagrito y les consiga novio a todas sus sobrinas aún solteras. Los hombres bien lidiados suelen ser más dóciles de lo que muchas aún piensan. Lo que pasa es que nos acostumbramos tanto a rechazarlos y a combatirlos que ahora muchos de ellos no quieren esforzarse por estar con mujeres como nosotras: tan inteligentes para algunas cosas, tan brutas para otras. Como para manejar nuestras vidas personales, por ejemplo. Entonces no es que con todos los que nos estamos enfrentando sean mentalmente impedidos. O que ninguno haya adquirido con el tiempo también la capacidad para admitir, reconocer y hasta apreciar nuestra inteligencia. Es que de repente sienten que ésta, por alguna razón que desconocen aún, juega casi siempre en su contra. En contra de sus intereses sentimentales y de su propia autoestima.

Esto supone entonces un cambio radical de actitud de ellos hacia nosotras. Algo que los hace replantear si hacer un esfuerzo tan grande para estar con mujeres tan complicadas y desmedidamente agresivas como lo somos hoy día realmente vale su tiempo y su esfuerzo. Más aún, teniendo en cuenta que allá afuera siguen existiendo millones de mujeres en el mundo que por ser definitivamente más astutas que otras, estarían dispuestas a fingir que sin ellos no les sería posible existir. La competencia allá afuera es desleal, señoras. Sépanlo a tiempo y empiecen a hacer sus propios correctivos del caso.

Porque mientras no hagamos algo, fingido o no, por permitirles a ellos acercarse a nosotras sin prevenciones (o engañados con que no matamos una mosca, da igual), lamentablemente algunas, en contra de sus propios anhelos, así éstos sean un "secreto de Estado", seguirán engrosando las largas listas de mujeres exitosas pero amargadas en el aspecto personal que aquí expongo o que más bien denuncio. Y teniendo en sus manos la posibilidad de escoger bien, propongo que se implemente la casa por cárcel para las que siguen insistiendo en quedarse con lo peorcito que hay en el mercado. Entonces si, según lo he detectado, es precisamente ahí donde radica el problema, señoras, mi propuesta de repente suena más que lógica: ¿por qué en vez de seguir peleando, les permitimos a ellos que sean los que peleen, pero por nosotras? ¿Por qué no dedicar nuestros esfuerzos más bien a ser emocionalmente inteligentes y permitirles nuevamente que nos conquisten? ¿Por qué insistir en condenarnos a vidas vacías y solas cuando bien podríamos vivirla, así sea ocasionalmente, acompañadas? Bien acompañadas quiero decir.

No los voy a defender, ni más faltaba. Más aún cuando todavía reposa fresco en mi memoria el recuerdo de Horacio, un abusador de poca monta que si me descuido termina viviendo de gorra en mi casa y con mi empleada. Casos del recostado metrosexual que pretende a punta de zalamerías aprovecharse de nosotras las independientes, abundan. Más aún cuando algunos de ellos a veces son tan astutos que interpretan nuestra aparente soledad como una oportunidad para vivir a costa nuestra. ¿Y quién ha dicho que la mujer moderna debe conformarse con el que le ofrece compañía pero que no está dispuesto a hacer el mínimo esfuerzo por nada más? ¿Será entonces ése el mensaje erróneo que muchas mujeres exitosas estamos enviando sin saberlo? ¿Que de ellos lo único que nos sirve es su compañía porque aparentemente para nada más los necesitamos? ¿Porque en todo lo demás nos hemos encargado hábilmente de suplantarlos? Aclaro que muchas queremos sus "compañías" sí, pero escrituradas a nuestro nombre y con nosotras en la gerencia. Pero, insisto: ¿por qué conformarnos con tan poquito? ¿Por qué conformarnos con los que aparecen y desaparecen cada vez que les da la gana y aún así les agradecemos?

La razón es clara, no le dé más vueltas al asunto: el problema, señoras, somos nosotras. Las prepotentes, agresivas y en muchos casos resentidas mujeres independientes. Porque quienes hemos cambiado las reglas del juego somos precisamente nosotras, no ellos. Porque desde el colegio, más aún los que actualmente tienen treinta años o un poco más, nunca los prepararon para afrontar al tipo de mujer en que nos hemos convertido. De sus propios hogares seguramente venían con una información distorsionada de madres hogareñas y aparentemente sumisas que servían el almuerzo y consentían a sus maridos, que poco a poco han ido comprobando obsoleta. La única forma en la que la mayoría de mis amigas independientes les servirían la comida a sus maridos, si los tuvieran, sería en la cabeza y tras una discusión. ¿Pero en cambio ellos? Los treintañeros, que son los que me atañen, los pobrecitos vienen seguramente de hogares en donde el divorcio no era un asunto de todos los días. De hecho ni siquiera era una opción. Razón por la cual muchas mujeres de la época vivieron en carne propia las infidelidades y los abusos de sus respectivos maridos pero por temor a quedarse:

a. Solas.

b. En la calle.

Como también es muy posible que hayan soportado con admirable estoicismo la situación y los hayan aguantado hasta que:

a. El muy condenado se cansara de hacerlo (opción muy poco probable) o si se volvía por fin impotente.

b. Hasta que la amante se consiguiera uno más joven y adinerado que él y le tocara regresar derrotado a su lado.

c. Hasta que muriera y tuviera al menos la posibilidad de hacer justicia y hasta de heredar.

Pero la realidad es que hoy día, cuando ya nadie se aguanta a nadie, cuando divorciarse es casi tan fácil como cambiarse de ropa interior, las cosas para ellos son muy distintas. De hecho, de seguir las cosas como están en la actualidad, lo más cercano que estaría un mal marido de que le sirviéramos el desayunito en cama sería que durmiera literalmente en la cocina. Pero el tema no es ése y la agresividad que nos hemos visto tentadas a practicar para no terminar como algunas de nuestras madres, según nosotras y nuestra particular visión de la situación: desprestigiadas, humilladas, amargadas y viudas pero, eso sí, en algunos casos, ¡millonarias! El tema es que, admitámoslo, la mujer que ellos idealizaron desde el colegio porque era la que ya conocían desde sus hogares no es la misma con la que deben enfrentarse ahora en la vida real. El problema es que en medio de fórmulas químicas y personajes históricos que debían distinguir, estudiar y aprenderse de memoria (así, en muchos casos de los únicos de los que nos acordemos después del colegio y dependiendo del grado de frustración con el que vivamos sean sólo Old Parr y Johnnie Walker) nadie nunca les enseñó ni los preparó psicológicamente para la mujer del siglo XXI. ¡Pobres!

En la universidad ya empiezan a captar algunos el mensaje. Especialmente cuando el compañero que se sienta junto a él en clase de ingeniería mecánica responde al nombre de Helena y saca mejores calificaciones que él. Más aún cuando las que ya están a punto de graduarse prefieren ser novias de los que ya se graduaron varios años antes y no con ansiosos estudiantes universitarios como ellos. Cuando una conversación típica ya no se centra en "¿quieres ser mi novia?" sino en "¿quieres ser mi socia?" Hemos avanzado, señoras, y mucho. Por esto, el hombre machista que descarta de plano la posibilidad de modernizarse no la tiene nada fácil. De hecho la tiene cada vez más difícil. Pero en dónde está la mujer abnegada y sumisa de otras épocas. Esa que ellos podían conquistar con una sonrisa (bueno y con un par de docenas de cartas de amor, un anillo de compromiso de diamantes y un abrigo, preferiblemente de mink). La que gustosa aceptaba sus galanteos, la que siempre aspiraba a que la relación terminara en campanas de boda, hijos y un perro *french poodle* que se llamara Fifí.

¿Qué pasó con esa mujer a la que lamentablemente no encuentran, a la que ni siquiera ya saben dónde buscar? ¿Se extinguió? ¿Acaso murió por culpa del machismo? Es muy posible que ellos mismos se hayan encargado de ahuyentarla. Pero lo cierto es que con algo de urgencia la necesitan de regreso, pues sus egos antifeministas, causal de la mayoría de sus inseguridades, las reclaman de vuelta. Lo malo es que no se hayan dado cuenta de que seguimos aquí, sólo que en versión *remix:* ¡mejorada y recargada!

¿Sí entienden ahora todos los beneficios que hemos logrado en el asunto de las relaciones interpersonales? Nuestra ventaja radica más que nada en un recién adquirido poder de elegir. Bien o mal, ya ése es asunto de cada una pero que no se diga y, quiero ser absolutamente clara en esto, que todos los hombres allá afuera son lo peor, unos buenos para nada, que ninguno vale la pena, que todos son iguales (básicamente porque algunos son peores) o que no merecen ninguna oportunidad, porque estaríamos cometiendo un grave error de juicio y nos estaríamos otra vez quedando solas, por gusto. Pero cuál gusto si está más que comprobado que el ser humano, en general, nace solo, es cierto, pero rápidamente entiende que la vida acompañados podría ser incluso más plena. Si lo hiciéramos, lamentablemente estaríamos, tal como ellos lo hicieron en alguna oportunidad, discriminando contra un sexo cada vez menos fuerte. Y, lo más interesante, cada vez más dispuesto a serlo menos aún.

El hombre ya celebra su metrosexualidad y se siente orgulloso de ello. (Aunque admito que me sigue pareciendo sospechoso que algunos de ellos compartan con nosotras hasta nuestros esmaltes de uñas y las mascarillas de huevo para la cara.) Algunos especímenes incluso están dispuestos a explorar su parte femenina y no me refiero precisamente a salir con sus primas. Algunos también ya se han cansado de pelear, de luchar contra la gran corriente en la que nos hemos convertido y vivir con nosotras en paz y armonía. Algunos ya han alcanzado el punto máximo, que es admitir que también nos necesitan, que nos aceptan más modernas, independientes y con criterio propio y que para ello están dispuestos a sacrificar sus egos machistas. Y ése, señoras, de ahora en adelante es el hombre que nos interesará pescar. Nuestro objetivo militar y la única batalla en la que valdrá la pena embarcarse. Detectar, señoras, a ese tipo de hombre en medio de la horda de cretinos que aún pululan allá afuera será su misión de ahora en adelante, en caso de que decida aceptarla.

Ya casi para finalizar y aclarando que aunque ellos ya han comenzado a admitir que, por sus propias actitudes machistas, han venido perdiendo gran parte de su terreno y el control sobre muchas de nosotras, no cante victoria todavía. El trabajo que tendremos que hacer para seguir ayudándolos a evolucionar a nuestra par apenas comienza. Aunque ya hemos avanzado en el tema, tanto que hasta algunos ya se enteraron de lo poco que los necesitamos para todo lo distinto al aspecto sentimental, si ya han sido entrenados para entender que ninguna mujer moderna o medianamente inteligente que se precie de serlo estaría dispuesta a dejarse obligar a nada por ellos, la pregunta sigue siendo: ¿por qué toda esta agresividad en la que pretendemos envolver nuestras relaciones de pareja también con los que no suponen ninguna amenaza para nuestros intereses? ¿Por qué insistir en vivir resentidas contra todo un género cuando a diario comprobamos que los hechos muchas veces son aislados y que definitivamente no todos los hombres siguen siendo la misma pesadilla que fueron alguna vez? De verdad, ¿para qué insistir en quedarnos solas cuando la unión hace realmente la fuerza? Aprender a diferenciar y a separar las manzanas podridas de las sanas, ahí está el secreto. Recuerde: "¡Divide y reinarás!" Nada que hacer, eso sí, con los que se resisten al cambio y a nuestros encantos. Esos a los que de cariño llamo los patéticos Punto G. Los que si después de los cuarenta aún temerosos del compromiso no se han casado y viven con sus padres: o son patanes o son *gay*.

Así como tampoco queda mucho por hacer con los que a pesar de toda la información que a diario reciben y que les indican que la mujer moderna es distinta, insisten en tratarnos como en la época de la conquista (sin conquista incluida, por supuesto, pues ni siquiera son de los que envían flores, nos abren la puerta del carro o nos invitan a restaurantes franceses). O los de la inquisición, porque les fascina la queja constante, el cuestionamiento de cada una de nuestras actitudes acompañada por la consabida represalia en nuestra contra. Con este tipo de hombre, lamento informarles que no hay mucho que hacer. Bueno, pensándolo bien, tal vez sí. Aparte de ponerle los cuernos, dejarlo por su mejor amigo, también podría dejarlo pero en la calle. Si encima de todo es muy creativa, podría, incluso, armar toda una campaña para desprestigiarlo y hasta quitarle el puesto en la compañía en la que trabaja.

Pero insisto, aunque es tentador, para qué negarlo, no hay necesidad de ser tan agresivas básicamente porque el hombre que aquí describo y que es realmente el sueño de algunas, con algo de astucia, bien podría convertirse en la realidad de muchas. Sí, es posible moldear a un hombre según nuestras necesidades, y es posible intentar al menos ser felices en pareja. Porque este hombre poco a poco ha ido entendiendo que la mujer no sólo es capaz de ejercer los cargos más importantes, incluso ganar más que él, y valorará, si aún así decide, por gusto propio, ejercer la más noble y satisfactoria labor de todas: la de compañera. Así que no todo es malo, entonces ¿por qué tanta paranoia? Si bien es cierto que algunos hombres no tienen remedio y es mejor dejarles el camino libre para que le terminen amargando la vida a otra, la realidad es que mi propuesta de negociación se basa en una nueva corriente de seres humanos cuyas tendencias sociales los lleva a ser más honestos en cuanto a sus propias expectativas para poder así suplir las necesidades de cada cual. Todo lo demás no sirve, ¡no insista!

Pero supongamos que, por el contrario y a pesar de las advertencias, usted insista en ser tan tarada de darle una oportunidad a un energúmeno de éstos, el problema sigue siendo suyo. Porque lo cierto es que allá afuera existe todo un mundo nuevo por explorar, uno en el que las mujeres que hemos tenido la oportunidad de estudiar, de culturizarnos, de viajar, de escoger, lo imperdonable es que sigamos escogiendo mal o que, en su defecto, nos abstengamos de hacerlo bien por temor a terminar mal como algunas de nuestras antepasadas o mujeres en el mundo mucho, pero muchísimo menos afortunadas que nosotras. Sin desconocer que en el mundo sigue reinando la injusticia, que el machismo en algunos lugares aún vive, que muchas millones de mujeres siguen siendo golpeadas por la pobreza, la falta de oportunidades, la discriminación y la violencia misma, sin la intención de sonar excluyente, la realidad es que he decidido enfocarme en dos tipos de mujeres a través de este libro: en las que sí han sido bendecidas con los privilegios que nos ha traído el feminismo y en las que, a veces por pura intuición, han decidido cambiar. Y todas están realmente invitadas a vivir ese cambio sin importar su condición económica, social o cultural. Es, en definitiva, una invitación a un cambio profundo y sistemático de mentalidad, de actitud, de vida. Una para que, sin perder lo que hasta ahora hemos logrado algunas, muchas no retrocedamos ni un solo paso y más bien con las armas que ya tenemos y hemos aprendido a usar, aprendamos también a darnos mejores vidas y a celebrar nuevamente nuestra feminidad sin tanta agresividad. A que aprendamos a escoger bien. Palabras más, palabras menos: a que pasemos de comer gelatina a comer *mousse* de chocolate.

CAPÍTULO 17

EL ARTE DE TERMINAR UNA RELACIÓN SIN TANTO DRAMA

Después de estar tan mal, ¿cómo terminar bien una relación?, ¿suena imposible? No, si tiene en cuenta algunos truquitos que compartiré con ustedes a continuación.

APARTE DE PARIR, SACARNOS UNA MUELA Y LOS CONSABIDOS cólicos menstruales, no hay un dolor más intenso y profundo que el que sentimos cuando nos parten el corazón. Cuando pisotean nuestro orgullo y por la ventana salen volando sin control nuestras ilusiones. Esa sensación de vacío permanente en el estómago que nos lleva a sentir que nos ahogamos, que nos falta el aire. El dolorcito fastidioso en do sostenido que se nos incrusta en el alma y en la mente obligándonos a concentrarnos en imágenes dolorosas y en recuerdos amargos que por más que lo intentemos se rehúsan a salir de nuestra memoria.

Si a esto le sumamos una característica muy femenina que es la muy masoquista actitud de autoflagelarnos y que se resume en leer y releer "sus" cartas de amor (las de hace más de tres años), ver una y otra vez fotos de cuando eran felices, llamar a nuestras amigas socialmente activas para que nos cuenten si lo han visto por ahí, qué tenía puesto y con quién andaban del brazo y la típica llorada a moco tendido al escuchar las veces que sean necesarias la canción que le recuerda a su ex, la que le dedicó justo antes de

247

hacerse novios, terminar una relación sentimental en la mayoría de los casos es infame. Más aún si con quien queremos terminarla lleva mucho rato desequilibrándonos tanto física, como económica, mental y emocionalmente.

Sí, terminar una relación no es para nada fácil, para qué engañarlas. Se necesitan nervios de acero para intentar seguir adelante con nuestras vidas, peor aún con el corazón roto y el orgullo por el piso. Pero así como muchas de nosotras ya nos hemos convencido de aquello que dicen que "no hay mal que dure cien años ni cuerpo que lo resista", las que sabemos que después de uno siempre llega otro, si es que lo queremos o si es que lo recibimos con los brazos abiertos y no con un bat y llenas de resentimiento, ¿ha pensado alguna vez en cómo asumen ellos una ruptura sentimental? Es decir, por pura curiosidad, porque la consideración nos es esquiva más aún cuando creemos tener motivos de sobra para partirles algo más que el corazón, la cabeza, por ejemplo; ¿alguna vez se ha puesto a pensar qué sienten los hombres cuando somos nosotras las que tomamos la iniciativa de mandarlos a la porra?

Porque, aunque las mujeres nos quejamos de todo y de todos, por deporte, por costumbre, a diferencia de épocas anteriores, ahora somos nosotras las que en su mayoría desechamos hombres en el camino cuando sentimos que la relación no nos llena o no es siquiera lo que esperábamos. Un tema que siempre me ha llamado la atención, considerándome un buen ejemplo de la mujer "revólver", esa que está dispuesta a agredir y a disparar ante la mínima provocación del sexo opuesto, es por qué dañar una bonita amistad con un hombre al enredarnos sentimentalmente con él para luego obligarnos a anularlo de nuestra lista de amigos, novios, amantes o lo que se le parezca para siempre.

¿Para qué dañar algo bonito que ya tenemos, así esto no incluya sexo, por aventurarnos en las inciertas aguas del sentimentalismo? Hace muchos años en mi vida de mujer independiente me di cuenta de que muchos de los hombres más valiosos con los que he compartido momentos (a veces fragmentos) ya ni siquiera pertenecen a mi larga lista de conocidos. No entendía bien por qué me enredaba con los que según mi juicio sí valían la pena para que al terminar una relación me viera obligada hasta sacrificar el placer de su amistad.

No sería mejor entonces enredarnos con los modelos "papel higiénico", esos que nos impactan tan poco, que son tan desechables que encima de todo nos importa muy poco mandarlos a freír espárragos. ¿Acaso el amor daña todo? Al revés, según he descubierto, es el odio y el resentimiento que los embarga a ellos tras una mala terminada lo que hace que nunca más quieran volver a nosotras, ni como amigos. Tal como sucede con nosotras. O piénselo bien, con la mano en el corazón, ¿acaso no es lo mismo que sentimos contra ellos cuando son ellos, valga la redundancia, los que terminan mal una relación con nosotras? Es decir, cuando nos ponen los cuernos y nos enteramos de la manera más cruel, cuando se convierten en seres hostiles y agresivos sin que sepamos bien por qué, cuando se vuelven tan poco detallistas que con dolor alcanzamos a adivinar que su actitud no es más que una estrategia maquiavélica para deshacerse de nosotras.

La traición, señoras, viene en una amplia gama de formas y colores, es un hecho. Así como lo es que quien traiciona mal, del traicionado recibe una reacción peor. ¿Entonces cómo decirles adiós bien, sin que ello nos reste posibilidades para volver a tenerlos en nuestras vidas como amigos al menos? ¿O como una posible "repesca" en un futuro? La clave está en terminar bien. Sin tanto drama.

Pero, ¿en qué momento debe terminar una relación? Cuando, a pesar de las señales obvias, por fin descubrimos una traición, cuando presas del tedio decidimos buscar nuevos rumbos o, tal vez, cuando cansadas de tanto drama, con llanto herido, portazos y escenitas cursis de despecho nos obligan a partir cobijas. ¿Por qué llegar a los extremos y elegir terminar mal cuando es más conveniente para ambas partes admitir que sencillamente no funcionó? La razón no es tan simple. A uno de los dos siempre le dolerá más que al otro. Porque cuando nos embarcamos en una relación sentimental es inevitable no ilusionarnos con un final feliz. Porque cuando ocurre una desconexión emocional alguno de los dos no estará preparado para asumir que tal vez sí se acabó.

Pero en la mayoría de los casos no sucede así. De hecho, muchas relaciones terminan mal porque uno de los dos no lo acepta o porque a alguno de los implicados en el doloroso asunto, es decir, al que decida romper la relación primero, le faltará tacto para decir adiós. Y nadie ha inventado todavía una fórmula efectiva para evitar el llanto que produce un desengaño. La sensación de fracaso y de frustración que viene tras una ruptura sentimental, es cierto. Como también lo es que hay maneras de romper las cosas sin que después de amarnos terminemos también odiándonos.

Acabar bien una relación es su decisión. He aquí unos trucos para partirles el corazón como todas unas damas. Para que, encima de todo, hasta se lo agradezcan.

Escoja el momento preciso

Ni después de una pelea, otra de las que tantas han tenido antes de tomar la decisión, ni durante su fiesta de cumpleaños, ni menos dos meses después de haberse embarcado en otra relación. El momento ideal para partirle el corazón a su pareja es tal vez nunca, pero si siente que debe hacerlo, por el bien de los dos o sólo para el suyo (el egoísmo también sirve para disipar los nervios), lo importante será escoger el momento menos traumático para él. Es decir, uno en el que ambos estén calmados, dispuestos a conversar y en el que permita que fluya la sinceridad. Tampoco se sobreactúe e invente cena romántica en París para mandarlo al carajo. Le sale más práctico y económico hacerlo sin tanto aspaviento.

En cambio sí deberá tener siempre en cuenta que su pareja, a menos que esté tan decidida como usted o que sea ella la que ya tiene a otra persona en espera, nunca lo tomará bien al principio. Pero dependerá de su tacto el hacerle entender que es una decisión sana que deben tomar y que algún día va a aceptar. Si mis cálculos no fallan, de igual manera, la odiará por un buen tiempo, pero está comprobado que algún día se le pasará y, lo mejor de todo, hasta apreciará su gesto de honestidad. Si supiera que ése gesto se llama Raúl y que lleva meses haciéndole la ronda. La clave está, recuerde, en que nunca se entere antes de tiempo, es decir, antes de que, si es tan evidente, usted se lo diga primero o que anuncie su compromiso matrimonial con su nueva víctima, quiero decir, conquista.

Hágalo antes de que invierta más $$$$$ en usted

Imposible perdonar a alguien que decida romper con una justo después de haberse gastado todos sus ahorros en una escapada romántica juntos en el Caribe, por ejemplo; después de habernos dado el dinero que nos faltaba para terminar de comprar el carrito que llevábamos años pagando en mensualidades. (Aquí pequé por ilusa.) O luego de comprarnos ese vestido escotado que tanto le pedimos para que después nos lo vea puesto sí, pero con otro. No se vale. Encima de todo terminar con el apelativo de "aprovechadas". Desde ningún punto de vista, así ya tenga visto su remplazo. Primero muertas que humilladas, recuerde. Pero si de casualidad usted ya había tomado la decisión previamente, aguántese las ganas y no exprima a su pareja hasta el último segundo, especialmente cuando ya tiene claro que no disfrutará de ninguno de sus regalos con él. La regla sólo varía si está terminando tras enterarse de que él anda muy romántico con otra. Si ése es el caso y si le es posible, déjelo hasta sin la muela de oro que le acaban de poner.

Pero si es al contrario, y si tiene algo de vergüenza, es muy probable que no pueda vivir con el complejo de culpa, como es muy probable también que su ahora ex nunca pueda perdonarle que se haya aprovechado de la situación. Es decir, si no quiere que la odien de por vida, al menos permítale seguir adelante con su vida y que los ahorritos le queden completos.

No se haga la víctima

Es típico de la persona que termina con otra caer en el juego de la victimización. Más aún en el caso de las mujeres: unas verdaderas expertas en culpar a los demás de todos nuestros fracasos. De alguna forma, adoptando la posición del que más sufre creemos erróneamente que eso justifica nuestras acciones. Pero si además de partirle el corazón a esa persona que seguramente ya tiene escogido hasta el anillo de compromiso, usted insiste en pasar por encima de su sufrimiento y concentrarse más bien en el suyo, no sólo pecará por egoísta sino también por desconsiderada. Deje y permita más bien que su pareja le manifieste todo el dolor que está sintiendo. Consuélela pero, eso sí, no le dé esperanzas. Ilusionarla en vano podría ser, incluso, peor.

Tampoco sea insensible

Volvemos al punto de la consideración. Porque es muy poco probable que pueda culparse del fracaso de la relación a una sola persona. Para fallar se necesitan dos: una que quiso más que la otra, una que aguantó más que la otra, una que se esforzó más que la otra o, como ahora, una de las dos seguramente esté más convencida de terminar más que la otra. O, peor aún, una de las dos ya tiene planes distintos de vida que no incluyen a su actual pareja. Entonces, si evidentemente una de las dos personas involucradas sufrirá más que su contraparte, tenga tacto y no rompa la relación como si se tratara de la cancelación de una cita con el odontólogo. No termine dejando un escueto mensaje en su celular, ni por *e-mail* con un mensaje de texto. La diferencia entre una verdadera dama o un caballero es que éste siempre elegirá hacerlo de frente y, por supuesto, en persona. Créame que por lo menos algún día le agradecerán su valentía. O, en el mejor de los casos, su decencia.

Si puso los cuernos, dígalo

En algunos casos, sé que es difícil y hasta vergonzoso. Cómo terminar de partirle el corazón a su nuevo ex contándole detalles explícitos de su aventura romántica el pasado fin de semana con su entrenador personal del gimnasio. Y tampoco es para sobreactuarse, pues hacerlo raya en la tortura. Y así se sienta tentada a acabarlo de una vez por todas, cuanto menos detalles cuente si no quiere que se le convierta en un psicópata obsesivo, mejor. Sólo y muy por encima, cuéntele que siente que es hora de conocer a otras personas. Disimuladamente cuente que se dio cuenta, porque alguno ya está pareciéndole atractivo. Eso, para que de antemano pueda prepararlo psicológicamente para verla con otra persona. Especialmente cuando estamos por terminar un ciclo de algo con alguien, no hay nada que una persona herida aprecie más en un futuro que la sinceridad. No invente historias, no le eche la culpa al otro, simplemente, y así duela, diga la verdad. No hay nada que logre agriar más eficazmente un sentimiento bonito que descubrir un tiempo después la verdadera razón por la cual les hemos partido el corazón.

Y créame, no hay nada oculto entre cielo y tierra. "La verdad es como un corcho sumergido", decía mi papá, "algún día sale a flote". Entonces, si pretende seguir adelante con su vida sin ocasionarle más daño a esa persona con la que está terminando, cerciórese al menos de dejar las cosas claras, de poner las cartas sobre la mesa y de prepararla psicológicamente para lo que ha de venir. Es decir, posiblemente verlo del brazo de otra en un futuro no muy lejano. Es preferible aguantarse la pataleta, una llorada o hasta un grito, que el odio eterno y la mala energía de esa persona a quien por la razón que sea traicionamos en secreto.

Termine de una vez

Nada de dejar la puerta entreabierta, de llamar de vez en cuando para saber cómo está. Nada de fingir consideración y extralimitarse en sus funciones de psicóloga de cabecera. Ya se le pasará, créame. Más aún si lo que les pasa por delante es una rubia con más "asiento trasero" que una camioneta. Si usted no tiene la habilidad de ponerle punto final a una relación, estaría embarcándose en una situación peor. Y para estar colgando, mejor es caer. Es preferible hacerlos sufrir mucho, o más bien todo, de una buena vez que ponerlos a seguir sufriendo de a poquito todos los días de su vida.

Por el bien suyo y el de su pareja, es necesario que después de romper una relación se aleje por un rato y simplemente deje que la otra persona viva su duelo y lo supere a usted también. Aguántese el orgullo herido, ese que normalmente nos ataca una vez que egoístamente hemos comprobado que ya somos para ellos "un tema superado", tanto, que ya están aparentemente muy felices con otra y no lo busque. Los hombres, en su mayoría, son realmente predecibles, a diferencia nuestra. Les gusta pasar su duelo acompañados. Generalmente de una que tenga mejor cuerpo y menos cultura que nosotras. No se engañe, no lo engañe a él y no caiga en el juego del orgullo herido, ese que nos lleva a volver con ellos para no dejarle el camino libre a otra. Recuerde más bien por qué quería acabar su relación y le aseguro que los mismos motivos por los que ya no quería estar a su lado serán exactamente los mismos por los que, si vuelve, va a querer nuevamente salir huyendo de él. Para lograrlo y evitar la tortura psicológica, cambie de amigos, de sitios a los que irá de ahora en adelante, de rutina y hasta de número de teléfono si es preciso.

No le deje malos recuerdos

Así como escoger el momento ideal es fundamental, también lo será escoger el lugar perfecto para decirle adiós. No termine una relación en el lugar favorito de su pareja (en el restaurante donde se conocieron por primera vez, por ejemplo). En el parque donde por primera vez le dijo que la amaba o en "su" casa. Es imperdonable que encima de todo el dolor usted lo deje con los malos recuerdos en su propio territorio. Usted podrá irse tranquilamente pero esa persona se quedará a recordarla mal por el resto de su vida.

No vuelva a meterse en su cama si quiere salirse de su vida

Y para finalizar, un buen punto que deberá tener muy en cuenta si quiere que del amor al odio sólo haya centímetros. Nunca, léase bien, nunca se le ocurra volver a meterse entre las cobijas de una persona con la que ya no quiere volver a tener una relación de pareja. ¿Acaso no vio *Atracción fatal*? Ése, en el peor de los casos, sería el detonante perfecto para activar en su ahora ex pareja una obsesión por usted que le procurará muchos sinsabores.

Por otra parte, tener "sexo por lástima" con alguien a quien quiso mucho es lo más cruel a lo que embarcará a su antigua pareja desde que decidió abandonarla a su suerte. Si de verdad quiere que la odien por el resto de su vida, déjese llevar por sus bajos instintos y llámelo cada vez que esté borracha, después una buena fiesta en la que no se ligó ni al mesero, para que hagan el amor. Dígale que aunque no lo quiere como antes, lo extraña y, eso sí, asegúrese de no contestar sus llamadas al día siguiente sino varias semanas después. El éxito está garantizado y verá cómo en cuestión de segundos se le transformará en Manimal.

Y, para finalizar, no se equivoque y no termine su relación con ese hombre que tanto trabajo le costó pescar sin antes agotar hasta el último recurso que le quede. La mayoría de las relaciones modernas terminan por razones tan tontas como: "es que ronca", "ya nunca me dice *flaquita*", "no me gustan sus amigos", "se viste mal", "esta mañana habló con la boca llena", "no soporto su loción".

Recuerde que más que causales de divorcio, son pequeñeces, estupideces propias de la cotidianidad de la vida en pareja que deberá aprender a lidiar y a aguantarse sólo mientras pasa la etapa de la crisis. Una que en toda relación que se respete alguna vez viviremos. Esa en la que creemos habernos equivocado en nuestra elección, en la que hastiadas de todo queremos un cambio y no entendemos que ese mismo cambio se puede dar dentro de la relación misma. Recuerde que tras la tormenta generalmente viene la época de las aguas mansas, que por nuestra misma intolerancia femenina muchas nos llegaremos a sentir atrapadas dentro de una relación que hemos elegido desdibujar y que si aguantamos suficiente para saber lo que vendrá en el capítulo siguiente, tal vez hasta logremos moldear a ese compañero de por vida con el que tantas veces hemos soñado.

Pero tampoco pretendo vendarlas, sino más bien ayudarlas a interpretar bien las señales y a entender la diferencia entre una relación que bien podría valer la pena y otra que es una verdadera pena.

CAPÍTULO 18

GAME OVER

O.K. A ESTA HORA DEL PARTIDO, SUPONGO, hemos establecido puntos importantes en cuanto a tener una buena relación de pareja se refiere. Me asusta pensar que este libro tal vez sí le sirva para algo. El primer punto es si él de verdad está tan interesado como usted lo está en él. Cruzo entonces los dedos para que lo haya entendido y así deje de perder su tiempo. El segundo que espero que haya aprendido es el de cómo terminar una relación sin tanto llanto a moco tendido, sin tanta escena del vía crucis. El tercer punto es más difícil aún, se lo aseguro. Pero si ya entendió los dos primeros, éste, le resultará medianamente fácil. Y es cómo saber en qué momento es necesario tirar la toalla. Cuando la relación no va más y simplemente le tocará admitir que se acabó. Intuirlo es fácil, tan inseguras como somos la gran mayoría, siempre estamos dudando y sospechando de ellos y de lo felices que somos dentro de una determinada relación, con fundamento o no.

¿Pero cómo saber que ya ha quemado su último cartucho? ¿Que lo que sigue en su relación no son más que pérdidas? Que, como dice aquel gran poeta, Daddy Yankee: "¡Lo que pasó, pasó!" Que de ahora en adelante necesariamente sí deberá aplicar aquel popular refrán que reza: "Mejor sola que mal acompañada". No se equivoque. Una cosa es una crisis pasajera y otra muy distinta la señal inequívoca de que su relación ha llegado a un punto del que no hay retorno, que ha tocado fondo, que se apagaron las llamas de la pasión, que si están juntos es por pura costumbre, que ha llegado a su fin. Palabras más, palabras menos, que el *switch* está en *off* y que se acabó el juego. Para que no se arrepienta después de haber actuado a la ligera y haber mandado al mismísimo demonio a ese hombre, por lo demás aún servible, para que, por el contrario, sepa cuándo, en qué momento exacto mandarlo a pintar un bosque para que se pierda en él. A continuación, las veinticinco razones más populares para terminar una relación con un hombre con el que definitivamente ya no hay caso:

1. Porque tiene complejo de golfista y se la pasa de "cancha en cancha" y de "hoyo en hoyo" con una o varias que, a su vez, tienen complejo de *caddies* y gustosas se ofrecen a cargarles la talega con todo y "palo". O porque le salió galán piscinero y a punta de nado estilo libre y de pecho se la pasa pescando nadadoras: "nada en la cabeza".

2. Porque ha descubierto que a su espalda también vive con otra.

3. Porque ha comenzado a llamarla Lola y a su hija "Felipe". Ya intuimos quién es Lola ¿pero Felipe? Ah, luego descubre que es el hijo que acaba de tener con su asistente o que acaba de adoptar con su nuevo novio.

4. Porque es un borracho de poca monta que se gasta toda su quincena en el bar de la esquina. Encima de todo es apostador y neurótico. De esos que se levantan con una jaqueca terrible y no soportan ni el ruido de un alfiler cayendo en el piso. Tan descarado, por demás, que exige atenciones especiales después de una buena fiesta a la que, sobra recordarle, nunca fue con usted. Que el caldo de pollo, que la aspirina efervescente, que el masaje en los pies. Si se lo quiere quitar de encima, cóbrele y, como seguramente no le quedó ni para una paleta de agua ese mes, se los tendrá que hacer solo y pedir a domicilio. Así usted aprovecha también para no cocinar nada ese día. ¿Pero para qué tanto esfuerzo? Mándelo directamente al carajo y empáquele las maletas.

5. Porque es un mitómano. Poco a poco ha ido descubriendo que ni se llama Francisco, ni es mayor que usted, ni estudió en Inglaterra, ni su mamá es la señora gorda de bigotes que le presentó hace un par de semanas. De repente podrá dudar de sus buenas intenciones, de sus ingresos y hasta de su verdadero sexo. Con este tipo de mentirosos, una nunca sabe.

6. Porque cada vez que le habla preferiría que no lo hiciera. Aparte de la fuerte halitosis que seguramente padece, según ha descubierto, todo lo que dice son exageraciones o pesimismos que ya la tienen francamente cardiaca. Porque sus chistes ya no le dan risa y porque lo admira tan poco que cualquier consejo que le dé usted se sentirá tentada a hacer exactamente lo contrario. No hay nada peor que estar presa en una relación tediosa, aburrida y monótona de esas que, en vez de suspiros, arrancan bostezos. Los mismos que ha comenzado a fingir cada vez que intenta algunos de sus avances románticos. Antes que morirse del aburrimiento, mate de una vez esa relación y aproveche la vida que le quede por delante.

7. Porque su nueva novia se llama Hugo.

8. Porque usted ya tiene otro que, ha comprobado ampliamente, es muchísimo mejor amante que él.

9. Porque ya lleva mucho tiempo pensando en cómo terminar con él y no se ha atrevido, porque no le ha dado motivos de peso para hacerlo. ¿Qué espera? ¿Que le abran sucursal en otra casa, que se lo pille con otra, que le empiece a faltar al respeto? Déjese guiar por su intuición y si algo allá adentro está diciéndole que "ése no es", seguramente será por algo. En última instancia, es preferible quedarse con la duda que vivir acomplejada e insatisfecha toda la vida.

10. Porque últimamente es tan poco su apetito sexual que de regalo de cumpleaños le trajo un vibrador.

11. Porque tiene complejo de Mike Tyson y ha empezado a gritarle, hasta en público. Porque a su lado, a pesar de haberse graduado con honores de ingeniería, ha comenzado a sentirse como una verdadera inútil. El muy subnormal, para controlarla y dominarla, ha empezado a trabajarle a su autoestima la cual ya tiene pisoteada y malherida. De la agresión verbal a la física hay un paso, ¿qué espera para salir huyendo de allí? Si éste es su caso, en vez de estrategias para terminarle y quedar bien con él, asegúrese más bien de dejarlo muy mal. Preferiblemente en la calle después de una demanda de divorcio. Seguidamente, cambie de teléfono y, por supuesto, de marido.

12. No hay nada peor que quedarse junto a alguien por lástima. Antes de vivir una vida vacía y muy lejos de ser plena, es preferible quedarse sola que junto a uno que, en vez de sumarle, le resta. Así como nosotras, en cualquier ámbito en el que nos desempeñemos, lo más seguro es que queramos impresionarlos, lo mismo debe buscar usted en una pareja si es que no quiere terminar odiándola en el fondo. No hay nada peor que sentirnos las enfermeras de un paciente que no se quiere curar.

13. Porque ha comenzado a fantasear sexualmente hasta con su dentista o con el de su amiga millonaria.

14. Porque la vez que le sugirió una escapada romántica solos, usted efectivamente se la aceptó y se fue "sola".

15. Porque de repente ya no le gusta que llegue el fin de semana o que los niños se vayan a dormir a casa de un amigo. Porque ya no le molesta que se vaya de convención en convención, preferiblemente al extranjero, que juegue golf todo el día con sus amigos, o que llegue tarde de la oficina. En otras palabras, porque si lo admitiera se daría cuenta de que simplemente ha perdido su interés en él.

16. Porque cuando usted se enteró de que andaba con otra, buscó la dirección de la muy rastrera y le envió flores con una nota de agradecimiento.

17. Porque no ha regresado de un viaje de negocios y usted ya le está preguntando cuándo es que se va.

18. Porque cuando le mostró un anillo de compromiso le dio un ataque compulsivo de tos seguido de un ataque de risa con lágrimas y todo. Las más expertas en el asunto lo llevarían al extremo de fingir, incluso, hasta una neuralgia con tal de evadir el tema.

19. Porque cuando su mejor amiga se extrañó de que no la hubiera llamado más para contarle cómo iba su relación, de repente usted se ofreció a presentárselo por si de pronto a ella sí le gustaba.

20. Porque cuando llega a su casa de noche, lo primero que hace es apagar su celular y desconectar el teléfono fijo de la casa. Porque si, para rematar vive con él, cada vez que tienen una discusión, usted se va a dormir a la otra habitación. Simplemente ya no lo soporta.

21. Porque mientras veía la televisión apareció su foto en un comercial con un letrero que decía: "Se busca... recompensa". Porque la policía está parada frente a la puerta de su casa con una orden de arresto para él.

22. Porque se lo vaticinó su bruja de cabecera. No sin antes pronosticarle un encuentro romántico con un hombre alto, cuyo nombre empieza con "C", millonario y que piensa en usted todo el día. Uno nunca sabe.

23. Porque ya le perdió la fe. Se enteró de que no tiene ni en donde caerse muerto y que si lo hiciera le tocaría a usted con sus ahorritos pagarle el funeral. Porque ha comenzado a pedirle plata prestada para dizque emprender un negocio, dizque para que a usted no le toque trabajar más. Si así fuera, no se habría gastado lo suyo, señora. Y si no se quiere quedar en la calle o fuera del negocio que abrirá con "su" dinero y si encima de todo le va bien al muy condenado, más le vale que al César lo que es del César. Es decir, si depende de su bolsillo: nada.

24. Porque es un tacaño sin remedio. El último detalle romántico que tuvo con usted fue recogerla en el aeropuerto y sólo porque dentro de su equipaje le traía de encargo unos palos de golf. O, para su aniversario, le regaló una tarjeta en la que su nombre, en el encabezado, estaba escrito sobre *liquid paper*. Porque su idea máxima de generosidad es ofrecerse a pagar la mitad de la cuenta de la pizza a domicilio que pidieron juntos o, como gran cosa, la llevó a comer quesadillas en la esquina.

25. Porque le da la regalada gana.

Por cualquiera de las razones anteriores, dése licencia para terminar rápido una relación que ni la satisface, ni la llena, ni la enorgullece, ni nada. De lo contrario, bien vale la pena intentar al menos rescatar así sea lo poco que queda. Si de todas maneras siente que ya no hay nada que hacer, termínele pero trate de hacer el menor daño posible. Uno nunca sabe cuándo de verdad comenzará a parecerle lógico aquel viejo refrán que reza "Más vale malo conocido que bueno por conocer". O mejor aún, tal como lo harían ellos, uno nunca sabrá cuándo querrá volver a ponerse uno que dejó ¡marinando!

CAPÍTULO 19

MEMORIAS DE MIS BRUTAS TRISTES

SUPONGAMOS QUE USTED FUE TAN POCO INTELIGENTE que no supo manejar la situación y más que por gusto, por voluntad propia, que sería el ideal, la dejaron. Alguien allá afuera le partió el corazón dejándola sola, desamparada y a su suerte. Mientras lamenta su desgracia, seguramente pensará que ya no tendrá nunca más ni quien la llame, ni quien la saque los fines de semana, ni quien se ofrezca a pasearle a su perro, ni con quien acurrucarse en una noche lluviosa. ¿Era eso lo que usted quería? Tal vez momentáneamente pero, eso sí, con los dedos bien cruzados para que su situación no sea de por vida. ¿Se ha quedado usted sola por gusto propio o porque le tocó? ¿Porque entendió que tal vez esa relación en la que estaba embarcada no iba para ninguna parte? Por la razón que sea, quedarse repentinamente sola no es fácil en ninguno de los casos. Sentir que de repente el mundo que se había inventado junto a alguien ya no es más que un doloroso y frágil recuerdo. Despertarse por las mañanas y sentir que le falta algo. El aire, ¿tal vez? Imaginarse una y mil veces qué habría sido de su vida si aún estuvieran juntos. O tal vez imaginarse lo que será su vida sin usted pero sí con alguna otra. ¿O extrañar al muy condenado a pesar de que aún no entiende por qué fue que no la volvió a llamar? Terminar una relación, por muy mala que sea, no es un asunto fácil. Peor aún cuando no tiene ningún prospecto interesante a la vista. Pero entonces, para las que recién experimentan, nuevamente o por primera vez, lo que es quedarse solas, ¿qué hacer? ¿Cómo curar su corazón herido? ¿Cómo empezar nuevamente desde cero? ¿A quién apelar para superar su crisis? ¿Cómo no caer en la tentación de sentirse víctima y despertar lástima y caridad en los demás?

¿Por más que lo intento no logro entender por qué se siente tan mal? Por fin se quitó de encima un lastre, un ancla que la tenía estancada en el piso sucio y frío de los fracasos sentimentales donde hemos estado y seguramente volveremos a estar algún día todas. ¿De qué se lamenta? De haber tenido la valentía de zarpar hacia nuevos rumbos porque finalmente descubrió que no sólo le interesaba usted, sino también todas sus amigas y las amigas de ellas. Sacúdase todos los pensamientos negativos que la embargan y más bien felicítese por haber tenido la valentía de iniciar una nueva vida. Un nuevo capítulo en la historia de su propia historia donde usted es la principal protagonista. De antemano, le advierto que empezar a escribirlo no será tarea fácil. Prepárese a navegar en las aguas inciertas de la soledad momentánea, porque genera algo de pánico. Que mientras lo logra, será fácil confundirse y creer que era mejor lo que tenía que lo nuevo y doloroso que está viviendo. Que por momentos cree no poder soportar tanto dolor y que la frustración la está llevando a desesperarse y a considerar a los más inverosímiles prospectos por temor a quedarse precisamente sola.

Hace algunos meses, Patricia, una amiga, escribió un libro fantástico sobre cómo superar una ruptura sentimental: *Manual para salir de la tusa,* que me llevó a pensar que la misma es sólo cuestión de tiempo. Y de entender que las mujeres nos sumimos tanto en sufrir por lo que pudo haber sido que muy pocas alcanzamos a ver realmente más bien de qué fue de lo que nos salvamos. La autoestima en la mayoría de las mujeres es realmente baja y por ello nos valoramos, nos validamos a través de los demás. De la aceptación que nos manifiesten, del cariño que nos profesen o de la ilusión que le vendan al mejor postor. En este caso: nosotras. En vez de dedicarnos a nosotras mismas para poder ahí sí pedir, o exigir, un poco de respeto. Porque si nos quisiéramos tanto como queremos conseguir que nos quieran y que nos acepten los demás, seguramente entenderíamos que no hay nada más importante que nosotras mismas y nuestra propia tranquilidad. Que es mejor terminar una relación en la que no nos sintamos bien, si sentimos que ésta atenta contra nuestra propia felicidad. Que no tiene nada de malo quedarse sola. Yo, por momentos, siento que lo necesito. Y por una sencilla razón, porque me siento a gusto conmigo misma, porque me gusta en lo que me he convertido, porque no necesito de un payaso al lado para sentir que me divierto. Porque he descubierto que hay muchas cosas que se deben disfrutar precisamente solas y no me refiero únicamente a la masturbación. Sigo pensando que a dúo es mucho mejor. Pero mi caso es realmente atípico. A la mayoría de las mujeres en el mundo les aterra la idea de quedarse solas.

Entonces, si el mío no es ni remotamente parecido a su caso y de repente se despierta un día y se siente lamentablemente sola, traicionada y vacía, ¿qué hacer? El siguiente es un listado de cómo dar los primeros pasos para recuperar el control de su vida. Más aún, si la ruptura en mención no obedece a que fue por iniciativa suya y de repente le toca aceptar no sólo que esta vez sí se acabó, sino que muy posiblemente jamás volverá a su lado. Que de ahora en adelante es muy posible que se lo encuentre en todas partes con alguien o que, en su defecto, lo hagan sus amigos y se lo cuenten con lujo de detalles, a pesar de que intenta en vano fingir que no le importa. La bendita Ley de Murphy. ¿Cómo salir airosa de una relación que, a todas luces, nunca le convino? ¿Cómo empezar desde cero?

Antes que nada, reflexione con cabeza fría sobre las razones por las cuales ya no están juntos. ¿Porque él ya no quería? ¿Sí quería, pero con otra? ¿Porque usted así lo quiso? No se engañe y evite la tentación de echarse toda la culpa. Si no funcionó tal vez es responsabilidad de los dos.

Todo tiempo pasado fue peor. Sea positiva y en vez de lamentarse imagínese lo que será ir nuevamente al gimnasio, conocer nuevos tipos, maquillarse y vestirse para conquistar, volver a frecuentar a sus amigas y tener tiempo hasta para visitar a su madre. Todas esas cosas y más que, por haber estado embarcada en una mala relación, había sentido perdidas.

Organice un *shower* de solteras entre sus amigas y pídales que le regalen sólo objetos y artículos para su nueva vida. Ya verá como las más creativas se lucen con obsequios que usted ni siquiera sabía que existían y que seguramente le arrancarán algo más que risas: la suscripción a una revista porno, un juego de *Nintendo* en el que Lara Croft pateará y destruirá a todos sus enemigos que son generalmente hombres. Un *kit* casero para teñirse el pelo ydepilarse con cera. Un par de binoculares para poder espiar a los vecinos guapos a través de la ventana. Una papelera eléctrica para que destruya todas las cartas de su ex y cualquier evidencia de su antigua relación.

O si no, organice una fogata. Al aire libre. Algo bien campestre, pues necesita urgentemente salir de su casa y de esas paredes tan llenas de los recuerdos que aún la atormentan: la primera vez que se quedó a dormir, la primera llamada, la vez que se quedó borracho en el sofá, la primera vez que le dijo que estaba linda. O la vez que le terminó, o que la mandó a cambiarse porque su blusa era transparente y dejaba poco a la imaginación. En una bolsa de basura meta todo lo que aún le recuerde a su ex. Mientras arden las llamas, reparten aguardiente o vino y en el fondo suenan temas para la ocasión como: "Hacer el amor con otro", de Alejandra Guzmán, "No controles", de Flans, o "Ni tú ni nadie", de Alaska y Dinarama, eche al fuego uno a uno todos los recuerdos que ha dejado atrás el muy desgraciado: su camisa fina, sus lentes de marca, las cartas de amor, los tenis que se le quedaron en su casa, las fotos, la loción esa que ahora ha ocasionado una especie de incendio. Todo con tal de hacer el ritual completo de desaparecerlo de su vida. Verá cómo empieza a dormir más tranquila.

Cambie su número telefónico. Así no pasará noches de angustia esperando por una llamada suya. Todo es psicológico y si se convence de que no podrá llamarla, pues no tiene su número, se sentirá en control y empezará a entender que si no llama es porque usted no quiere.

Viaje. Después de una ruptura el mismo aire que respira en su hogar queda contaminado de él. Aproveche y organice un paseo con sus amigas a algún exótico paraje en donde tendrá la oportunidad de siquiera recrearse visualmente o de conocer a otros tipos.

Llame a sus amigos. A todos y anuncie que está nuevamente, no soltera, pues esto suena patético y nadie quiere encartarse con una perdedora, encima de todo deprimida; diga más bien que está nuevamente libre. Su teléfono empezará a sonar poco después con invitaciones de todo tipo. Si usted demuestra que está feliz o, al menos tranquila, sus verdaderos amigos se alegrarán de haberla recuperado.

Cambie de peinado. Nada mejor para subir la autoestima que visitar la estética e intentar un nuevo *look*. Muchas mujeres conservan el mismo estilo durante años, especialmente si tienen una pareja fija, pues consideran que no es necesario. Pues ahora es necesario.

Cambie su vestuario. Aproveche y póngase lo que quiera. Si su ex era un celoso, energúmeno y controlador, éste será el momento para que usted experimente toda su potencia. Invente combinaciones, póngase lo que está de moda. Invierta en un nuevo par de zapatos altos que la hagan ver como una mujer fácil. En la actitud está todo y no hay nada mejor para recuperar la estima que ponerse nuevamente en el mercado. Es decir, donde dice "sale" para ver qué entra.

Cambie su rutina. Si normalmente conduce hacia la oficina, cambie de ruta. A lo mejor en el camino se encuentra mal estacionado a alguien. Si sólo almorzaba en su oficina, salga de vez en cuando a hacerlo con amigos en un restaurante. Recuerde que quien no muestra la mercancía no la vende. Acuéstese más temprano y levántese más tarde o por el contrario, si no le gusta salir, hágalo. Si no le gusta el campo, invente un *picnic*. Cosas maravillosas suelen suceder cuando nos atrevemos a salir de la burbuja de protección en la que hemos sumido nuestras vidas y empezamos a aventurarnos en lo desconocido.

Compre una mascota. Así sea alquilada, mantendrá la mente ocupada en algo distinto de usted misma y su reciente fracaso sentimental. Nada mejor para superar la sensación de abandono que adoptar un ser indefenso y sentirse que lo está cuidando. Además, será la excusa perfecta para ir al parque y conocer a otros tipos que tengan mascotas. Aléjese, eso sí, de mascotas disociadoras como una serpiente, un hámster, un cangrejo ermitaño, un pez koi. La idea es que lo pueda "sacar", no que la obligue a quedarse en casa a cuidarlo o que asuste hasta al más desprevenido. Mejor dicho, consígase un perro.

Haga ejercicio. Inscríbase en un gimnasio. Haga amigas y, eso sí, muchos amigos. Es el bar del siglo XXI, el mejor lugar para conocer gente nueva, para repartir su teléfono y para que la inviten a fiestas y eventos sociales. Aproveche para bajar esos kilitos de más que una vida sedentaria siempre proporcionan. Una vez que empiece a ver que luce otra vez como Cindy Crawford, se alegrará de haber terminado con su ex. En un gimnasio también habitan los entrenadores personales, musculosos, atentos y dispuestos a atender a toda su clientela.

Haga una agenda con una lista de todas las cosas que, por falta de tiempo para usted misma y por andar discutiendo y deprimiéndose por culpa de su ex, nunca tuvo tiempo. Un viaje, aprender un nuevo idioma, clases de cocina, algún deporte extremo, sembrar un árbol, escribir un libro o tener un hijo también valen.

Búsquese un *hobby*. Cualquier cosa que la mantenga entretenida y, más que nada, ocupada. Trabajos manuales, aprenda a tejer, origami, coleccione estampillas, cómprese un *karaoke* y ensaye en su casa, lea un libro, escriba un poema o una canción que se aleje de los temas de despecho. Diseñe un vestido o cambie la decoración de su casa. Todo sirve.

Organice una fiesta en su casa y pídales a sus amigos que inviten gente que usted no conozca. Del *networking* y las relaciones públicas que haga, de ahora en adelante dependerá en un abrir y cerrar de ojos que usted se pueda ubicar en un escenario distinto del que tenía.

Pídales a sus amigas que nunca le hablen de él. Así lo hayan visto de blanco casándose en la iglesia en donde supuestamente se iba casar con usted, pídales que no le mencionen una sola palabra.

Absténgase de convertirse en "la adorada ex novia de fulano". No llame a sus amigos para saludarlos, a su ex suegra para desearle feliz año, ni a él en su cumpleaños, no le mande saludos a su hermanita menor ni flores a la abuelita cuando se enteró de que tenía gripe. Entre más se aleje de esa familia y de ese círculo vicioso, por el momento, mejor. La regla cambia cuando literalmente ya le importe un comino él y su vida en general. Ahí sí puede volver a ser lo "adorada" que le dé la gana.

No haga chistes de mal gusto sobre su ex. Y tampoco lo use como referencia para ninguna cosa, a menos que quiera que todos piensen que es un tema que aún no ha superado. Simplemente absténgase de mencionarlo.

Búsquese un clavo. Para sacar esa astilla que se ha quedado clavada en su corazón, nada mejor que empezar a salir nuevamente con amigos y pretendientes para sentirse que está nuevamente en la jugada. Eso sí, no se involucre sentimentalmente con ninguno de ellos, pues es muy probable que termine partiéndoles el corazón. Deje pasar un tiempo prudente para volver a enamorarse. Si aún sufre por un antiguo amor, es muy posible que no sólo se engañe sino que esté engañando a los demás. Aproveche más bien su tiempo sola para descontaminarse del virus de su ex.

No se haga la amiga. Si no está lista, ¿qué necesidad tiene de fingir que ya lo ha superado? Deje pasar un tiempo y más bien apuéstele a ser su amiga, pero de alguno de sus amigos. Esto en caso de que alguno valga la pena.

Lo ve. Se da cuenta cómo de repente estar solas, en lugar de una desgracia es una verdadera bendición. En otras palabras, ponerse por su propio sudor y cuenta frente a una puerta que se empieza a abrir y tras la cual hay un mundo lleno de nuevas posibilidades. Superar una ruptura sentimental y sobrevivir a tanto drama es simple cuestión de actitud y de una visión necesariamente positiva.

No llore más y piense que estar sola, por el momento, más que una tragedia es una verdadera oportunidad. Una que agradecerá estar viviendo, se lo aseguro.

CAPÍTULO 20

SER COMO ELLOS. ¿Y ESO QUÉ GRACIA TIENE?

Y si tanto insistimos en parecernos a ellos, es decir, en reflejar parte de nuestro problema, en suplantarlos en todo, ¿por qué no hacer un esfuerzo mayor y convertirnos en ellos? Suena a despropósito. Lo es. Más que nada teniendo en cuenta que son muchas las ventajas que las mujeres tenemos, pero que no sabemos, sobre ellos. Sería una verdadera catástrofe acabar con la poca feminidad que aún queda en el mundo. Aquí les diré por qué.

¿SER HOMBRES? ¡QUÉ PESADILLA! Suficientes problemas tengo con los míos para encima de todo venir a apropiarme de los de ellos. Como lo expuse anteriormente y tan convulsionado como está el llamado "mundo moderno", ellos no sólo pierden más terreno ante nosotras, sino además hasta invitarnos a salir les da miedo. O pereza. Lo cierto es que cualquiera de las dos opciones es igualmente aterradora. Lo cierto también es que, por temor al rechazo, muchos se han vuelto seres inseguros y con autoestimas realmente bajas. Si a esto le sumamos que ya no quedan casi oficios laborales en los que no podamos remplazarlos, ser hombre en nuestros tiempos resulta poco menos que atractivo.

Pero ¿entonces por qué existen tantas mujeres allá afuera que insisten en quedarse varios pasos atrás de todo el progreso evolutivo en el que estamos envueltas para convertirse en malas copias de ellos? Y no sólo me refiero a ese afán que nos entra a algunas de luchar solas para ser cabezas de hogar, también me refiero a querer ser ellos en cuanto a actitudes, adoptando así todos sus defectos que, valga la aclaración, no son pocos. Pero de lo que muchas de esas mujeres no se han dado cuenta es que nuestras ventajas son mucho más amplias y nuestras posibilidades de disfrutarlas en un mundo cada vez más femenino también lo son. Por el contrario, consideremos más bien por un instante las grandes desventajas y en ocasiones injusticias, con las que ellos tienen que lidiar a diario. Mientras la equidad de géneros es una causa que insistimos en que todos los hombres en el mundo deberían apoyar, al parecer no les convendría del todo. Lo cual explicaría su resistencia al cambio.

La razón principal es que la balanza la hemos venido desequilibrando nosotras al punto que, en una sociedad regida en su mayoría por mujeres, los ha comenzado a discriminar a ellos. Suena a dulce venganza. Maduremos, sí. No hay por qué vengarse de ellos, si de eso se han encargado solitos. Pero para todas esas mujeres que insisten en convertirse en hombres, este capítulo les será de gran utilidad para comprender por qué es mejor ni intentarlo. De repente ser hombre no tiene mayor gracia. Lean por qué.

Han sido lamentablemente estereotipados

Mientras a nosotras nos han empezado a comparar con las *Mujeres desesperadas* que, desesperadas o no, lucen maravillosamente bien, son graciosas y tienen muchas aventuras románticas, a ellos desde hace años los tienen estereotipados como patéticos personajes: Homero Simpson o el Wicho del *Premio mayor*. Todos ellos representan al que según los creadores son el Nuevo Macho, alcohólicos o torpes, o brutos o simplemente menos inteligentes que sus contrapartes femeninas.

En la televisión, ellos siempre aparecen como irresponsables, desaliñados y muy poco exitosos mientras que nosotras a través de series como *Sex & The City*, *Friends* y *Will & Grace,* siempre lucimos elegantes, inteligentes y muy independientes. De alguna manera discriminatoria, ellos mismos se han comenzado a ver ante nosotras. ¿Influirá esto acaso en la manera como los trataremos de aquí en adelante, como unos perfectos inútiles? Entonces, si queremos ser ellos, según como nos los pintan en la tele y para que vaya tomando nota: déjese crecer la barriga y los pelos de la nariz pero, eso sí, déjese caer el pelo. O meta la barriga, sí, pero en un concurso. Use ropa horrible y sin forma, tome cantidades obscenas de cerveza, eructe cada vez que pueda. Diga cosas estúpidas, especialmente en medio de una reunión familiar o frente al jefe de su esposa, para asegurarse de que todos sepan la clase de cretino con el que se casó.

Licencia de paternidad

Este punto me parece injusto, pero nuevamente aquí han sido víctimas de su propio invento, pues quien se ingenió las licencias de maternidad seguramente fue un hombre. Lamentablemente, ese hombre como que no tenía hijos en el momento o no consideraba tenerlos, pues se le olvidó incluir a sus congéneres en su proyecto. El caso es que a aquellos hombres que sí disfrutan de ser padres, de su papel vital en la crianza, la educación y el cuidado de sus recién nacidos, por culpa de sus mismas tontas reglas, deberán conformarse con seguir trabajando en sus oficinas, pues en países como Estados Unidos, por ejemplo, no le dan licencia a nadie que se encuentre entre el diez por ciento de los empleados mejor pagados de la empresa. Según una idiota e inhumana ley federal, seguramente también creada por alguno de ellos, ningún empleador está obligado a otorgarles dicha licencia, más aún si tiene cómo comprobar que su ausencia, justificada o no, le causaría serios problemas a la compañía. Es decir, encima de todo, si se la toman por cuenta propia, podrían incluso despedirlos, pues tampoco están obligados a guardarles el puesto.

Sigo prefiriendo mi estatus de mujer que, aunque no sea mucho, tendría por lo menos doce semanas para estar con mi hijo. Entonces si insiste en suplantarlos a ellos, trabaje durante toda su licencia de maternidad y sólo vea a su hijo antes de graduarse de bachillerato o justo antes de casarse. Recuerde que lo importante en estas épocas modernas y según lo inventó algún gracioso desocupado no es la cantidad de tiempo sino la calidad. Así sea escasa.

Mujeres y niños primero

Este punto me encanta, y si no insistimos en cambiar las reglas del juego lo más probable es que siga así para el beneficio de todas las generaciones de mujeres en el mundo que nos sucedan: ante una emergencia, un accidente, la evacuación de un edificio en llamas, la orden es clara: "Las mujeres y los niños salen primero". Es decir, tenemos mejores probabilidades de salvarnos o de que nos rescaten primero que a ellos.

¿Insiste en ser hombre y arriesgarse a la posibilidad de incinerarse en un edificio en llamas? Tal vez no. Lo cierto es que las mujeres, a pesar de haber viajado al espacio, de ser presidentes, activistas y gerentes, todavía conservamos algo de la feminidad original y nos seguimos molestando si ellos no son suficientemente caballerosos para abrirnos la puerta del carro. Entonces, si lo que quiere es ser hombre, nunca espere que le abran ninguna puerta, que la salven primero en ningún accidente y aguántese las ganas de pedir que la rescaten primero en un incendio. Como ellos.

Servicio militar

Qué pereza cargar un pesado fusil, dañarse el *blower* con uno de esos cascos que utilizan en los combates, partirse una uña tratando de lanzar una granada y guardar nuestras zapatillas de tacón de aguja para ponernos unas botas de campaña. Insisto, no entiendo por qué muchas creen que la igualdad está precisamente en hacer cosas que ni a ellos mismos les gusta. La igualdad, según mi juicio, radica en ganar lo mismo que ellos pero haciendo el esfuerzo que nos corresponde a nosotras debido a nuestra evidente fragilidad y a la diferencia de fortalezas físicas: es decir, ninguno.

Otra de las grandes ventajas que tenemos sobre ellos es que ante una emergencia de seguridad nacional, a quienes se llevan contra su voluntad en muchas ocasiones es a ellos, mientras nosotras, de no insistir en convertirnos en hombres, podríamos quedarnos en nuestras casas viendo telenovelas y pidiendo pizza a domicilio. En cambio, si usted prefiere estar en medio de las balas para probar el punto de que es tan capaz como ellos, guarde todos sus zapatos de tacón alto, practique tiro al blanco con la pistola de agua de su hermanito menor y empiece a vestirse de verde.

Represión

Mientras a las mujeres se nos permite, socialmente hablando, ser mandonas, gritonas y lloronas, está muy mal visto que un hombre lo sea, tanto en público como en privado. Un hombre que grita es un energúmeno peligroso, mientras que una mujer que grita seguramente está eufórica. Un hombre que llora es un afeminado, mientras que una mujer que lo hace es sensible. Los hombres no tienen realmente la libertad de expresar espontáneamente lo que están sintiendo y eso, señoras, es una represión que a nosotras, afortunadamente, no nos tocó.

Acoso sexual

Este punto también es bastante interesante e incluso muchos hombres en el mundo han comenzado a protestar. Que una mujer en la oficina, que encima de todo sea su superiora, les envíe cartas de amor, se les insinúe, les coquetee y hasta se atreva a pedirles sexo a cambio de favores, es considerado todavía como el acto de una mujer seductora y de avanzada. En cambio, en el caso de ellos, si son tan torpes de caerle en la oficina a una que ni les dé la hora, lo más probable es que terminen o con fama de pervertidos, o despedidos, o presos.

LA PATRIA POTESTAD

Las cosas han cambiado un poco, pero lo cierto es que ante una batalla por la custodia de los hijos, ellos, en su mayoría, llevan las de perder. Los hijos casi siempre se quedan con la mamá. Es un hecho: encima de todo cuando la relación se acaba, casi siempre los que tienen que pagar son ellos. En el 93 por ciento de los casos, la patria potestad siempre es otorgada a la madre, y en países como Estados Unidos ellas pagan la mitad de la mitad que les corresponde a ellos en caso de acordar gastos compartidos. Es así como a muchos de ellos que sí quieren ejercer una paternidad responsables les es negada la posibilidad de desempeñar papeles decisivos en las vidas de sus hijos. Decididamente ésta es una de las grandes ventajas que tenemos sobre ellos.

Según mis consultados para este tema, lo que ellos piensan allá afuera —ojo, señoras, que aquí realmente está el peligro—, es que si las mujeres luchamos hombro con hombro con y contra ellos por la igualdad, ¿por qué así como luchamos por la igualdad de derechos y de salarios, no aceptamos también ceder los que hasta ahora eran exclusivamente femeninos? Y yo no sé si es su caso pero, en el mío no me interesa en lo más mínimo convertirme en un hombre con todas las responsabilidades que ello conlleva. Responsabilidades que hasta ahora han sido propias de su género y que algunas de nosotras nos empeñamos en adoptar. Porque, según ellos, cuanto más grande el cheque también lo deberán ser nuestras responsabilidades. Entonces si hasta en eso llegáramos a confundirlos, ¿cuál sería la verdadera diferencia entre los unos y los otros? Es decir, el mundo allá afuera se volvería realmente hostil y no habría ley que nos protegiera de ellos, ni de nosotras mismas. Pero, en cambio, ellos sí siguen conservando algunas grandes ventajas sobre nosotras. Ventajas que permiten que nos sigan llevando la delantera en algunos aspectos:

Calvicie

Los calvos son definitivamente sexys. Lo que pasa es que nos burlamos de su calvicie tan sólo porque es algo que a algunos los amarga y los saca de quicio. Porque la gran diferencia entre ellos y nosotras es que es más probable que ellos se queden sin pelo que nosotras sin caderas. Sin embargo, algunas mujeres que han sufrido de alopecia, como la princesa Carolina de Mónaco u otras que se han rapado por gusto como la cantante irlandesa Sinéad O'Connor, demuestran que con pelo o sin él también es posible verse sexy… sólo por un tiempo. De todas formas, poder andar sin pelo para siempre y que se vean bien es una de sus grandes ventajas.

Vestirse como un leñador

La camisa a cuadros, las botas de excursionista, los pantalones desaliñados, según nosotras, los hace ver rudos y decididamente atractivos. Una mujer con el mismo atuendo, así trabaje en una maderería, automáticamente sería señalada como marimacha. Mejor dicho, ellos pueden ponerse lo que les venga en gana y nosotras lo interpretaremos según su oficio, jamás según su buen gusto.

Los zapatos

La mayoría de ellos piensa que es estúpida nuestra afición por los zapatos. Y, en ocasiones, para qué negarlo, lo es. A mí, por ejemplo, no sólo no me caben en el clóset sino que he tenido que empezar a guardarlos en sitios ridículos como el congelador de la nevera, la guantera del carro y en casa de mi madre. Sólo que yo vivo en Colombia y ella en Miami. Ellos, en cambio, con dos pares de zapatos tienen su ajuar resuelto. Unos tenis y unos para trabajar. Que un hombre llegue con tenis a un evento de rigurosa etiqueta es exótico, audaz, irreverente, en nuestro caso y más que nada si no respondemos al nombre de Floricienta lo más seguro es que nos cataloguen, nuevamente, de malvestidas y marimachas. Gran ventaja. Aparte, imagínense el espacio que se ahorran.

La ropa interior

Ellos no se tienen que gastar millones en lencería, en pantis con encajes, lacitos, cintas y moños complicados para seducirnos. Y pensar que con el mismo calzoncillo de resorte desgastado con que fueron a su graduación es con el que igualmente tienen posibilidades de seducirnos mientras nosotras nos gastamos una fortuna para obtener el mismo resultado en la cama.

Lucir como un vago

La tendencia retrosexual dizque está de moda, es decir, cuanto más arrugados, desaliñados y malolientes se vean, más sexys los encontramos. Con la barba de tres días, las uñas sin arreglar, el pelo sin cortar y con cualquier camisa vieja que se pongan, nosotras sentimos que se ven muy masculinos y atractivos. Que una mujer intente la misma gracia no sólo le restaría posibilidades para conquistar sino que sería catalogada de "asquerosa". Las mujeres no hemos avanzado ni un poquito en este aspecto ¡a Dios gracias! No sé qué pasaría si por seguir en la lucha por la tal "igualdad", termináramos también con las piernas tan peludas como un chicharrón. Con bigote, el pelo grasoso y hasta consideraríamos que el mal olor de axilas es sexy. A ellos les perdonamos todo eso y más precisamente porque son ¡hombres!

ESTAR PASADO DE MODA

Las mujeres también gastamos fortunas en estar a la moda temporada tras temporada, así éstas sean cada vez más cortas y nuestro presupuesto más escaso. Y ésta es otra de las grandes ventajas que ellos siguen teniendo sobre nosotras: que se pueden poner el mismo pantalón con el que asistieron a su primera comunión y a ninguna de nosotras nos parecerá que están mal vestidos o, ni Dios lo quiera, horror, pasados de moda. En cambio, sí lo estaríamos nosotras según todas las demás. Nosotras nunca esperamos que ellos estén a la última moda y los que lo están empezamos a sospechar que son amanerados.

AGARRARSE EN PÚBLICO SUS PARTES ÍNTIMAS

Hombre que se respete se las toca, se las rasca, se las cambia de lugar. Horror si una mujer hiciera lo mismo, así le dieran las mismas ganas. El pudor al parecer se hizo sólo para nosotras. Menos mal.

ENVEJECER

Así muchas de nosotras nos hayamos querido convencer de que no hay nada más bonito que envejecer glamorosamente y con dignidad, lo cierto es que ninguna de nosotras lo acepta realmente. Envejecer es una lata y retardar los efectos de la misma parece ser la consigna mundial entre las mujeres. En cambio ellos, cuanto más maduros, se ven mejor; cuanto más canosos, más sexy; cuanto más arrugas, más interesantes. Nosotras, en cambio, gastamos todo el salario en tintes, masajes capilares, faciales, manicures, cámaras de bronceo, cremas antiarrugas, *bótox* y cirugías plásticas para precisamente vernos cada vez más jóvenes. Elizabeth Taylor para muchos es una anciana mientras que Sean Connery, así tengan más o menos la misma edad, pasa por un hombre maduro y muy seductor.

ENGORDAR

Un hombre con algo de barriga es bonachón y hasta simpático como Santaclós, Pablo Milanés o hasta el mismo Rafita Valderrama. En cambio nosotras, qué obsesión por estar delgadas: pues una mujer gorda, seamos realistas, no es considerada atractiva para ellos ni para nosotras.

DECIR GROSERÍAS

Un hombre mal hablado es rudo, con carácter. Una mujer que se pase de palabrotas es una camionera. ¡Me acabo de clavar el cuchillo yo solita!

TENER CICATRICES

Así la que él tenga se la deba a una pelea en un bar de mala muerte, a nosotras nos sigue pareciendo terriblemente sexy un hombre con "marcas de guerra". Eso nos indica que es un sobreviviente, un hombre que no se arruga ante nada, un valiente, un héroe. En nosotras, en cambio, seguramente piensan que nos hicimos la lipo o que somos unas torpes o unas exconvictas.

Orinar en cualquier lugar

Nuevamente gran ventaja. Y si a ello le sumamos ese complejo que tenemos las mujeres cada vez que nos dan ganas de ir al baño que nos obliga a pensar que todo el mundo está mirándonos y juzgándonos. Peor aún, que todos logran vernos a través de la ropa y adivinan a lo que vamos, ellos nos llevan la delantera en que pueden hacerlo sin complicaciones donde y cuando quieran. Para nosotras es todo un drama que incluye un baño limpio, la compañía de alguna amiga, papel higiénico y jabón de manos.

Haber estado en la cárcel

Nuevamente aquí juega nuestro gusto por los malandros. Entre peor reputación tengan, cuanto más en entredicho esté su imagen, más orgullosas y mejor representadas nos sentiremos. Un hombre con un antecedentes penales nos intriga. Así sólo hayan pisado una prisión tras olvidar pagar una infracción de tránsito, el estatus de fugitivo de la ley nos parecerá inevitable y terriblemente atractivo. A una mujer en cambio, a menos que haya ido a cumplir con visitas conyugales, lo más posible es que la tachen de amenaza social.

Hablar de sus conquistas pasadas

Esto nos encanta de ellos, que hablen de cómo no les funcionó una antigua relación, pues en el fondo de nuestras torcidas cabezas siempre esperamos que con nosotras puedan curar sus heridas, que con nosotras sea diferente e incluso mejor que con la otra. Es decir, nos encanta compararnos con las demás y sentir que somos mejores que ellas. Esto, además, según nosotras, los hace ver interesantes, experimentados, más conquistadores. Así nunca nos enteremos que si la otra los dejó fue por abusivo, por malo en la cama, por charlatán, a nosotras siempre nos parecerá atractivo un hombre que supuestamente ya le haya partido el corazón a otra. Imaginarnos que mientras está con nosotras hay una o varias allá afuera llorando por él, así sea de la risa, nos fascina y nos enloquece. Pero ¡ay de que nosotras utilizáramos el mismo truco!, simplemente no nos volverían a llamar.

GULA

Un hombre que come en abundancia es considerado "saludable". En cambio, una mujer que tenga el mismo apetito voraz seguramente será catalogada de bulímica. En estos tiempos, cuando el control de peso es una obsesión tal que entre las mujeres ha adquirido visos de epidemia, es sospechoso que comamos y, también, que no comamos.

INFIDELIDAD

En una sociedad machista que se respete, que un hombre tenga una amante es sinónimo de virilidad, de astucia, de éxito. En cambio, en cualquier país del mundo, una mujer con un amante aún es considerada una vagabunda.

Entonces, ¿acaso nos conviene luchar por la tal igualdad de géneros cuando me sigue pareciendo que nuestras grandes ventajas frente a ellos nos dejan mejor preparadas para subsistir, en algunos casos, y triunfar, en otros, en esta época moderna? Teniendo en cuenta que sí hay algunos aspectos por los que vale la pena luchar, no nos digamos mentiras: a las mujeres nos gusta en el fondo que nuestros hombres sigan siendo hombres y que aprendan a tratarnos con las consideraciones que supone esa maravillosa diferencia de géneros. A mí no me gusta un hombre machista, pero decididamente me sigue pareciendo terriblemente atractivo el que hace gala de su masculinidad frente a mi feminidad. Los opuestos se atraen. No siempre para cosas buenas, pero sí existe una maravillosa ventaja en no ser como ellos.

CAPÍTULO 21

DOCE AMIGAS QUE TODAS DEBEMOS TENER

Si su filosofía actual es como la mía, es decir, no hay que poner todos los huevos en la misma canasta. O, mejor dicho, si su experiencia con la amistad entre mujeres ha sido tan poco constructiva como la mía. Palabras más, palabras menos, si alguna vez ha sido víctima de una "amiga" que: a) ha hablado mal de usted, b) le ha quitado un novio, c) la envidia en secreto y por ello la critica, seguramente mi teoría se ajuste a su medida. No hay que confiar en una sola amiga, sino más bien repartir esa amistad en muchas que cumplan su función de acuerdo con sus capacidades y según "sus" necesidades. Como ellos.

No QUISE MENCIONARLO EN EL CAPÍTULO ANTERIOR porque considero que la gran ventaja que ellos tienen sobre nosotras las mujeres es que ellos sí dominan a la perfección el término *amistad*. El secreto: ellos no tienen un solo amigo, tienen varios que les sirven para distintas circunstancias, ocasiones y situaciones. Y no como nosotras que pretendemos, en medio de toda nuestra desconfianza de género, depositar toda nuestra confianza, valga la redundancia, en una sola persona. Es decir amiga. E insistiendo en que a nosotras no nos crían para ser ni las mejores amigas, ni las peores enemigas, sino más bien las mejores enemigas, ¿no le resulta de repente lógico y coherente que reparta todas sus municiones en diferentes armas?

Piénselo. Las mujeres, en su mayoría, somos muy poco de fiar. No sé si en algo tienen que ver nuestras traicioneras hormonas, especialmente a final de mes cuando es muy posible que le tengamos fastidio a todo lo que nos rodea: nuestros trabajos, nuestras parejas, nuestras amigas, nuestra ropa y hasta la forma como nos vemos. Las mujeres no somos iguales todos los días del mes. Nuestros afectos cambian con nuestros estados de ánimo y con la misma rapidez con la que pronunciamos "crisis". Por ello, depositar nuestra confianza absoluta y nuestra amistad en una sola fémina que como usted seguramente sufrirá de frecuentes trastornos hormonales, tal vez no es una buena idea.

En cambio ellos, que no tienen ese tipo de problemas, saben a la perfección, por ejemplo, que de quedarse con un solo amigo correrían el riesgo de ser catalogados por nosotras de homosexuales. Que existe la posibilidad de tener varios, al mismo tiempo, que los ayuden a vivir diferentes situaciones y circunstancias de la vida. La gran diferencia entre ellos y nosotras es que mientras ellos tienen varios buenos amigos, nosotras insistimos en reducir nuestras probabilidades y encartarnos toda la vida con la misma, así en el fondo siempre pensemos que corremos el riesgo de que algún día nos traicione. Exigimos lealtad y muchas cosas que en la mayoría de los casos son imposibles para nosotras de brindar. Más que nada porque no estamos genéticamente diseñadas para ello. Porque la amistad entre mujeres es como pisar sobre cáscaras de huevo: frágil, delicada y poco confiable. Entonces, si hemos de adoptar de ellos algunas ventajas que aún les dan la delantera frente a nosotras, ¿por qué no aprender también su gran secreto y aplicarlo para el beneficio de nuestras vidas de mujeres modernas? Éstas son entonces las doce amigas que deberá tener a la mano de ahora en adelante para ser más feliz y práctica en la vida. Sí, como ellos.

1. La amiga rumbera. Ojo, que no sea alcohólica pues las mujeres y el alcohol son menos de fiar todavía. A todas les da por echarle los perros a nuestro novio, a decir babosadas y a criticarnos. Pero la amiga que más rápido se apunta a acompañarla a una fiesta, buena o mala, siempre hará las veces de cómplice y le alcahueteará hasta que se fugue con el mesero. Lo mejor de todo es que estará tan borracha que ni se dará cuenta o no se acordará de nada al día siguiente y eso le restará posibilidades de delatarla frente a sus demás amigos. No le servirá de mucho como copiloto después de pasarse de tragos, menos deberá confiar en sus indicaciones para llegar a un sitio cualquier, pero por lo menos la tendrá a la mano y podrá contar con ella si se embarca en una discusión de celos con otra mujer de esas que terminan en mechoneada segura. O por si toca dejarla cuidando el carro mientras convence al policía de que no le ponga una multa, o mientras paga la fianza para que la saquen de la cárcel.

2. La perdedora negativa. Tiene un trabajo mediocre que requiere un disfraz de pollo, patines y repartir volantes entre taxistas y camioneros. Aún vive en casa de sus padres, nunca terminó ninguna carrera y su historial romántico hasta ahora es escaso, por no decir nulo. ¿Por qué es una compañera ocasional ideal? Porque no importa qué tan malo haya sido su día, el de ella siempre será peor. Le sirve para subirle el ánimo y la autoestima, pues es muy probable que con una vida tan negra como la suya, la de usted siempre le parecerá fabulosa. Usted será algo así como su ídolo y quién no quiere una amiga que le dé buenos consejos de vez en cuando y que bese el piso por donde usted camina. Entre otras, la hará sentir afortunada, pues si a usted le da dolor de cabeza ella seguramente tendrá una migraña, si usted tiene gripe a ella le dará pulmonía…

3. La amiga exitosa. A ésta sólo deberá frecuentarla de vez en cuando para no acomplejarla demasiado. Tener una amiga que gana más que usted, que luce mejor que usted, que habla y hasta se viste mejor que usted, tiene sus ventajas. Aparte de de invitarla a almorzar de vez en cuando, seguramente tendrá mejores contactos y habilidades sociales que las suyas. Es decir, seguramente ella sí conocerá buenos partidos y eso aumentará sus posibilidades de relacionarse con alguien distinto del repartidor de pizzas que conoció el fin de semana pasado. Mientras sus demás amigas le darán consejos de belleza, de cómo verse más delgada y cómo ponerse las uñas postizas, la amiga exitosa podría darle de vez en cuando buenos consejos laborales y hasta una manita en caso de que la despidan de su trabajo.

4. La soltera. Esta amiga es indispensable para acompañarla cuando la hayan dejado por otra, cuando no consiga ligarse ni al cartero. Ella siempre estará lista y dispuesta para usted. Para aconsejarle, además, que disfrute de su actual soltería y que ni de broma se vaya a enredar en una relación con un idiota. Como ya seguramente se los conoce a todos de memoria, también podrá serle útil para darle referencias de algunos posibles prospectos mientras deambula temporalmente. La amiga soltera es divertida, libre y jamás le cancelará un plan por tener que ir a un *shower* o porque esa noche tiene un compromiso con el marido. Es la ideal para acompañarla hasta a los eventos más aburridos, pues a ella todo le parecerá un buen plan.

5. La amiga deportista. Ésta es perfecta para ayudar a mantener en forma su espíritu, su mente y su cuerpo. Será la que la inscriba en el gimnasio y la que se sepa de memoria todos los nombres de los entrenadores personales. La que en el gimnasio la apoyará y la animará a hacer flexiones, abdominales y sentadillas. La que no descansará hasta convencerla de que deje la flojera y trabaje para lucir mejor, después de una ruptura sentimental. Su próxima conquista casi se la deberá a ella. Lástima que después de tanto sudor y esfuerzo usted sólo quiera volver a verla cuando termine con su nuevo novio.

6. La amiga millonaria. Aparte de tener posibilidades de entrar en los sitios más exclusivos con ella, podrá disponer de toda su generosidad cada vez que le dé por cambiar su guardarropa. Es así como a pesar de su miserable salario podrá lucir como si se acabara de bajar de un avión de París. Tendrá todos los juguetes y seguramente no sabrá qué hacer con ellos por lo que usted saldrá igualmente beneficiada. Usará su carro y no el suyo, que lleva un mes en el taller. El que no ha podido sacar porque no le han pagado en la empresa donde trabaja. Vivirá tan aburrida con su lujosa existencia, como les pasa a todas, que se inventará viajes exóticos a los que por supuesto la invitará y asimismo le presentará a todos sus aburridos amigos, con los que ella jamás saldría pero que a usted le parecen encantadores porque tienen membresía en todos los clubes y le aumentará las probabilidades de dejar de trabajar algún día.

7. La amiga casada. Ésta es la ideal para recordarle periódicamente las razones por las que quiere conservarse soltera. Mientras usted a duras penas tiene un gato, ella tendrá tres hijos; mientras usted piensa en la bolsa que se va a comprar, ella piensa en que tiene que ir al súper. Su marido le controla los gastos y sus hijos son ruidosos e insoportables. Sin embargo, siempre estará dispuesta a brindarle un buen consejo que usted ignorará y hará todo lo contrario, por supuesto. Lo mejor de todo es que siempre le tendrá listo el cuarto de huéspedes por si la botan de su apartamento. Fiestas navideñas, aniversarios.

8. El amigo del sexo opuesto. Este amigo es clave, pues le servirá como espía para interpretar y tratar de ganar en la batalla de los sexos. Sus consejos bien podrían servirle hasta para conquistar una vez que los haya interpretado como claves para descifrar la mente masculina. Sin complejos de culpa le dirá la verdad cada vez que no quiera escucharla, le dirá cómo comportarse y hasta la regañará cada vez que la embarre con algún tipo. Lo mejor de todo por ser del otro bando es que le presentará a otros amigos. Puede ser un ex novio, un primo o un amigo de la infancia. Todo lo demás aún sirve.

9. La fan. Ésta también será clave tenerla dentro de su séquito de amigas, pues será la que la ha elegido como su ídolo. Como su modelo para seguir. Lo mejor de todo es que se deshará en atenciones y no escatimará en elogios cuando al referirse de usted se trate, especialmente delante de las demás y muy posiblemente delante de muchos hombres también. Se convertirá casi en su relacionista pública de cabecera y, lo mejor de todo, ¡gratis!

10. La cómplice. Esta amiga es fantástica, pues es la más leal de todas. La que incluso bailará con el amigo *nerd* de su pareja si llegara a ser necesario para dejarlos solos. La que si salió con otro y la descubrieron, dirá que era ella y se echará la culpa de su desliz. La que le secundará todas sus mentiras y la que se reirá de todos sus chistes bobos.

11. El amigo *gay*. Nada mejor que tener un buen amigo *gay*. Éste sí podrá frecuentarlo más a menudo, pues aparte de exquisitos conversadores, son excelentes consejeros en temas de belleza, moda y actividad social. Un amigo *gay* que se respete siempre sabrá dónde hay una buena fiesta, cuál es el restaurante de moda y qué buenos prospectos para usted habrá en el mercado. Nunca la dejará salir de casa con un atuendo que no le favorezca y siempre estará dispuesto a darle buenos consejos.

12. Su vibrador. Por si todo lo demás falla, éste será su amigo infalible en las buenas y en las malas. Con el que siempre podrá contar haya plan o no, haya novio a la vista o no. Su amistad es perdurable y durará lo que usted invierta en baterías.

CAPÍTULO 22

EL DICCIONARIO DE LA EX...

La importancia que todas les damos a todos aquellos que, de alguna u otra manera, se han paseado por nuestras vidas, sintamos que perdimos nuestro tiempo o no. La forma como aún los recordamos, con cariño o no. Y la manera como aún los utilizamos como puntos de referencia, como experiencias buenas o no, me ha inspirado para elaborar un completo diccionario del ex. Ese ser que, en algún momento de nuestras vidas, fue nuestro objeto del deseo pero que, ahora y por cualquier circunstancia, de repente forma parte de un pasado que a veces no podemos y que, en otras, simplemente no queremos olvidar por masoquistas. Pero, ¿cuál es la importancia real que tiene un ex en nuestras vidas? Sólo la que nosotras insistimos en darle. Que, por lo que sé y he comprobado, es mucha. Demasiada, diría yo. Muchas mujeres en el mundo vivimos literalmente obsesionadas con la figura del "mejor conocido" cuando deberíamos más bien dedicarnos a conocer a algunos "malos" que, entre otras, están muy buenos. El caso es que no hay reunión de mujeres en donde el ex no sea el protagonista de la conversación. El que nos hizo daño o el que, por el contrario, tuvimos que mandar al carajo por tontarrón. El que nos dejó por una flacucha descerebrada, o al que dejamos por un cretino musculoso. El ex no es sólo un personaje del pasado, es también muchas veces el protagonista de nuestro presente e incluso un elemento decisivo para nuestro futuro. Dependiendo de lo bien o de lo mal que nos haya ido en el pasado, ello definirá la forma como asumamos nuestras relaciones en un futuro.

Entonces, si el ex es un tema tan cotidiano, uno que, a menos que usted acabe de salir de un convento, al parecer compartimos todas, es justo que le demos su importancia y su lugar. Bienvenidas al maravilloso mundo del ex.

S I LA CULPA DE LA RUPTURA FUE NUESTRA, somos tan idiotas que automáticamente borramos todos sus defectos. Obviamos sus pecados y los recordamos con inmenso cariño y dolor como lo que nunca fueron: hombres perfectos. Porque, piénselo, si fuera tan perfecto y usted medianamente inteligente, ¿por qué se deshizo de él? Cuando somos nosotras las que los sacamos a patadas de nuestras vidas, y al rato nos sentimos como viles brujas y culpables. Eso sí, el efecto sólo dura un rato. Es decir, mientras nos conseguimos algo mejor. Por esta razón sudamos copiosamente al encontrarlo del brazo de otra, lloramos la pérdida a punta de tequilas y con rancheras lacrimógenas de fondo y conservamos la ilusión de que algún día nos perdonará. O que regresará a nuestro lado. ¿Y eso cómo para qué sería? ¿Para volver a deshacernos de él por las mismas razones que ya lo habíamos hecho antes? Muchas mujeres se atan a sus pasados e insisten en lo mismo sólo porque les da miedo aventurarse en un mundo desconocido y bastante competido, el de la soltería. Cuando algunas lo descubren, sin embargo, muy pocas quieren regresar a sus vidas de mujeres cobardes. Pero volviendo al tema del cargo de conciencia que a muchas nos ataca después de finalizar una relación que ya no nos llena, no va para dónde queremos, no aguantamos o definitivamente no es lo que esperamos, si tardamos más de la cuenta en conseguirle un remplazo, es muy probable que apelemos al sufrimiento para justificar nuestra soledad momentánea. Así el que debiera estar pidiendo perdón, y de rodillas, sea él.

Ni siquiera, como mecanismo de defensa, tenemos la capacidad de acordarnos de las razones por las cuales en aquel entonces quisimos también desecharlo como lo hicimos con todos los demás. Y como sólo alcanzamos a acordarnos de las cosas buenas, nos torturamos pensando que realmente desechamos a un buen partido. A veces nos equivocamos, es cierto, pero las razones por las que decidimos terminar con alguien generalmente son las correctas aunque nos neguemos a aceptarlo.

Pero, si por el contrario, la razón de la misma fuera por culpa de él, somos tan masoquistas que sólo vivimos para recordarlo o para recordarle a su mamá de vez en cuando. Nos llenamos de rabia, de ira, de sed de venganza que no saciamos con nada y por ello no logramos superarlo. El ex es importante porque nosotras le damos la importancia en nuestras vidas al vivir para extrañarlo o para odiarlo. De igual manera es poco probable que podamos olvidarlo. A las mujeres es como si nos gustara vivir en el pasado, como si nos negáramos a crecer, a evolucionar, a madurar. Como si no quisiéramos pasar la página nunca para comenzar a escribir un nuevo capítulo de nuestra propia historia. ¿Miedo, pavor a lo desconocido, falta de confianza en nosotras mismas, cargo de conciencia? A lo mejor todas las anteriores. Pero, por la razón que sea, lo cierto es que la mayoría insistimos en el ex porque no nos gusta estar solas, porque empezar de cero es difícil y porque tal vez no tenemos todavía ningún nuevo prospecto a la vista.

Pero para las que sí han entendido que un ex no es más que un recuerdo bonito o feo del pasado, una experiencia más de las muchas que seguramente seguiremos viviendo, un tema superado, uno que ya no se toca porque ha perdido vigencia, una mala jugada del destino para algunas, una piedra en el zapato para otras, para ellas he elaborado una completa guía que contiene consejos para no volver a repetir la nefasta experiencia y formas creativas de seguir conviviendo con un ex al lado. La siguiente es una lista con términos que le ayudarán a sacudirse la sombra de ese pasado que insistimos en recordar y que más bien nos convendría aprender a aceptar. Tomen nota.

Ex. S. Pasado muy imperfecto. Dícese de aquel personaje, novio, amante, marido, edecán ocasional u acompañante, adorno humano o víctima que ya pasó o que muy pronto pasará a engrosar la larga lista de todos sus intereses románticos de antaño. Amores platónicos no pertenecen a esta categoría y, por supuesto, no cuentan. Al que cuando lo conoció les juró a todas que era el hombre de su vida. El ser más maravilloso sobre la faz de la Tierra, el dueño de su corazón, el más buenmozo, cariñoso y generoso. Para cuando se le haya pasado la estupidez momentánea, fruto del enamoramiento, como nos pasa a todas, es decir, cuando haya perdido su interés en él, o cuando ya le guste otro, pasará a ser reconocido entre su círculo inmediato simplemente como el "desgraciado ese". El que, si de casualidad y, encima de todo, es el culpable de la ruptura, como sucede en la mayoría de los casos, pasado un tiempo y habiéndose ya recuperado de su orgullo herido, volverá a verlo como lo que realmente es y no como hasta ahora se lo había imaginado: un moco.

El ex es indiscutiblemente el tema favorito de conversación entre las mujeres porque nos hace sentir importantes si fuimos nosotras las que lo mandamos a la porra, o como las víctimas lacrimógenas y protagonistas de la telenovela, si por el contrario fue él quien nos mandó a nosotras. Recordarlo, sin embargo, nos hace sentir frente las demás como mujeres interesantes y experimentadas que hemos vivido y que tenemos cosas que contar. Y vaya si lo contamos todo. Especialmente anécdotas que lo dejen a él muy mal parado… y sentado y acostado y todo lo demás.

Ex-traditar. Mandar a un novio al mismísimo carajo. O al paraíso de los ex, que no es otro que el mismísimo infierno. Por la razón que sea, infidelidad, porque lo pilló en una mentira, porque ya no le perdona más que haya olvidado nuevamente su cumpleaños, porque descubrió que prefiere a su muñeca inflable que a usted, por intenso o porque se aburrió de su falta de ambición y de su holgazanería, por lo que sea. Extraditar a alguien es respirar profundo, empacarle las maletas y sacarlo de su apartamento. Y de su vida.

Ex-tradición. La sana costumbre o tradición de mandar a freír espárragos a ese que ya no le sirve para nada.

Ex–traditado. Al que mandó al carajo.

Ex–traditable. Uno que si no se pone las pilas y empieza a marchar como a usted le sirve y le gusta, seguramente mandará al carajo en las próximas horas. O cuando termine de leer este libro.

Ex–tralimitado. Un ex bien pesado. Uno que se pasa de tragos, le llora, se rasga las vestiduras en público y amenaza con suicidarse si usted no accede a volver con él. O el ex que aún se siente con derechos y no sabe cuándo parar… de fastidiarla.

Ex–cenario. El hábitat de los que ahora nos da vergüenza admitir que quisimos. El limbo de todas sus relaciones románticas fallidas. O todos los sitios que frecuentaba con su ex y que ahora no quiere volver a pisar para no tener que encontrárselo. Más que nada con otra que tenga más y mejores curvas que usted.

Ex–traño. Cuando lo conoció era un perfecto imbécil. Un bueno para nada, según las palabras de su propia madre. Razones de peso que la obligaron a terminar con él. Meses o años después, se lo vuelve a encontrar y no lo reconoce, pues ya no tiene la barriga de camionero que tenía mientras estuvo con usted, ahora está más delgado y su apodo es Hulk. Por supuesto usted se pondrá verde de la envidia. Ya no les pide dinero prestado a sus amigos y a sus familiares como cuando estaba con usted. El muy condenado ahora es prestamista. Ya no es un prángana que lo único que tenía lleno era la alacena de la cocina con deudas por pagar. Ahora está lleno, pero de dinero. Es presidente de una transnacional y es un hombre exitoso y de mundo. Mejor dicho, que se lo vuelvan a presentar porque ése no fue el mismo con el que usted salió.

Ex–trañar. Efecto que se produce en nuestra memoria después de haber terminado con alguien sin estar completamente segura de querer hacerlo. Esa incómoda sensación de haber metido las patas al desechar a alguno que le sigue pareciendo útil y extremadamente atractivo para después arrepentirse cuando lo vea feliz y muy recuperado pero con su vecina.

Ex–cepción. Un ex con el que a pesar de haber terminado puede entablar una amistad real. Un ex tan evolucionado que está dispuesto a olvidar sus reclamos, sus insultos o las razones por las que lo dejó por su mejor amigo y está listo para seguir siendo su amigo. O un ex al que, a pesar de haberla traicionado, no sólo no ha podido ni querido olvidar del todo y, por ello, con el que de vez en cuando tiene sus citas románticas clandestinas a pesar de haber jurado que con "ése" nunca más. Este tipo es la excepción a toda regla y a todas las promesas que ha hecho, por supuesto, en vano. Uno con el que termina siendo amiga. Tanto de él como de su nueva pareja. Al que acompañamos a los planes que a él lo enloquecen y a usted también, pero de aburrimiento: a un partido de futbol, a verlo trabajar en la oficina, a la casa de su mamá. Hacemos todo lo que jamás hubiéramos hecho con él o por él mientras estuvimos juntos. Razón principal, entre otras, por la que terminó su relación.

Ex–primir. Seguir sacándole el jugo y los regalos costosos a su ex, a pesar de que ya ande con otra.

Ex–primido. Un ex al que, luego de haberlo descubierto traicionándola, por lo menos le queda la satisfacción de haberlo dejado en la calle y sin un quinto para gastárselo en su nueva novia, por la cual la dejó. O con el que ya sabe que no quiere estar en un plan romántico pero al que sigue llamando de vez en cuando para pedirle favores, regalitos y hasta esa mamoplastia que tiene pendiente. El muy idiota, con la ilusión de que así la volverá a conquistar, accederá. Mientras tanto, en su cabeza, no existirá la menor posibilidad de que eso suceda. Sólo que él no lo sabe.

Ex–clusivo. Un ex que ya tiene claro no quiere volver a tener al lado, pero al que usted tampoco le da la gana que salga con ninguna otra. Que si la tiene, será el primero en acudir a sus llamados y que le demostrará que todas las demás son menos importantes que usted. Este ex tiene potencial de amante ocasional y generalmente fue un mal novio pero, eso sí, muy bueno en la cama.

Ex–clusividad. Derecho que sabiamente se ha procurado para seguir viéndose a escondidas con un ex. El pacto secreto entre ambos se rompe cuando uno de los dos consiga una nueva pareja que le guste más o que tenga mejores habilidades que el otro en la cama. O cuando los cachen.

Ex–cluir. Acto de rechazar nuevamente a su ex y de cerciorarse esta vez de que sea para siempre. Uno que borrará de su lista de contactos de su correo Web, al que no le contestará ninguna llamada y, de hecho, cuando la llame, en la pantalla de su celular aparecerá con las iniciales: H.P. El que aislará de todas sus amistades y al que de ahora en adelante no invitará a ninguno de sus cumpleaños, ni porque reconozca que da buenos regalos. De todos sus ex será el único con el que no quiera volver a verse jamás.

Ex–cluido. El pobre idiota de la categoría anterior. Uno con el que ni siquiera vale la pena una noche de copas, una noche loca.

Ex–cluyente. Derecho que ha adquirido y que ejerce a su antojo para seleccionar bien a los integrantes de su exclusiva lista de ex con los que le gustaría repetir faena de vez en cuando.

Ex–traoficial. Cuando nadie sabe que aún sigue viéndose con su ex. O, por el contrario, cuando es él quien ya está organizado con otra, y de titular de la cuenta usted accede a pasar a plato de segunda mesa.

Ex–celente. No se ilusione. Éste es un ex que sufre de miopía crónica. Tan grave es su condición, que después de salir con usted ha quedado tan despechado que no perdona sílfide bigotuda o fea que se le atraviese en el camino. Simplemente ya ni ve, ni mucho menos entiende.

Ex–tramatrimonial. Su ex se ha casado con otra y usted tiene ganas de repetir, mas no de acabar con su matrimonio. ¡Qué encarte! O tal vez, la casada es usted.

Ex–traterrestre. ¡Un ex fuera de este mundo! Un polvazo intergaláctico. Pero como es tan raro y ni qué decir escaso, apuéstele más bien a un defectuoso terrícola que de vez en cuando sí "aterrice", pero en su cama.

Ex–clavo. Un ex dedicado a la causa. El que no se resigna a perderla del todo, al menos de vista y por ello sucumbe ante la mayoría de sus deseos. Usted ya no quiere saber nada de él en el plano romántico y aún así él insiste en ganar puntos con usted, con sus amigas, con su mamá, con su empleada de servicio.

El mensajero más económico que pueda costear. El chofer más eficiente y gratis que ha tenido. El devoto, entregado, dedicado y ninguneado. El que jura que si usted aún le toma la llamada es porque tiene chance de conquistarla y no porque usted necesita que le haga algún favor o una vuelta jarta en el banco.

Ex–cusa. Todo lo que tiene que inventar a quienes ya les había jurado que no volvería a tener nada con él para *a)* que su nuevo novio no se dé cuenta de sus andanzas, *b)* sus amigas no se burlen de usted por haber sido tan torpe de volver a caer en sus redes o *c)* a su ex para justificar todo lo anterior.

Ex–trés. Temor, vómito compulsivo, ansiedad y ese incontrolable sudor en las manos que le ocasiona la posibilidad de encontrarse de frente a un ex que todavía le mueve el piso. Más aún si ya anda con otra que *a)* es más bonita que usted, *b)* tiene más dinero y un mejor puesto que usted o *c)* tiene fama de ser mejor amante que usted. Mejor dicho, el miedo a quedar como una vil chancla delante de la nueva. Este tipo de nerviosismo podría ocasionarle, además, inapetencia crónica y mucho mal genio.

Éx–ito. Cuando muy a nuestro pesar a un ex le va realmente mejor sin nosotras al lado. Cuando terminamos el muy condenado tocaba la guitarra en el metro y los microbuses. Nos cansamos de mantenerlo, de animarlo y de alimentarlo porque, entre otras, vivía a costa nuestra. Cuando por fin adquirimos el valor para mandarlo al carajo por perdedor, el muy desgraciado firma un contrato millonario con una casa disquera de renombre internacional. Para colmo de males y, para nuestra máxima humillación, se gana un Grammy y de ahí en adelante hay que aguantarlo muy sonriente, bien vestido y con aires de superestrella en todas las revistas, en todas las emisoras y en los comerciales de televisión mientras ve su programa favorito. Su mamá y todas sus amigas la tildan de torpe, su abuela le deja de hablar y no le perdona que haya desechado a tan buen partido. Mejor dicho, cuando su triunfo resulta para usted una verdadera desgracia. Cuando, la verdad, alcanza a sentirse como una verdadera perdedora.

Ex–igir. Pedirle de mala gana a un ex bien intenso que la deje en paz. Ponerle una caución, una tutela o una demanda, si es preciso, con tal de que se aleje de usted. O reclamarle borracha y en público que ya esté saliendo con otra.

Ex–lax. Cuando siente que la cagó al haber terminado con él porque aún le gusta.

Ex–treñimiento. Que, por el contrario, él que la cagó fue él.

S-ex–o. La única razón por la cual recuerda a su ex de vez en cuando, y sólo si no le ha conseguido remplazo distinto de su vibrador.

S–exual. Estar enculada. A pesar de que ya terminaron, insistir en que no son nada y aun así no poder evitar dormir juntos.

S–ex–y. Un ex al que perdona de vez en cuando porque admite que es irresistiblemente atractivo.

Ex–túpido. Un ex bien idiota.

Ex–uberante. Un ex muy bien dotado de algo más que cerebro.

Ex–abrupto. Un ex que aún se cree con derechos.

L–ex–us. La nave del ex, sólo si tiene dinero y no es un muerto de hambre como todos los demás.

N–ex–o. Conocer a su nuevo novio a través de su ex. Que bien podría ser incluso su ahora "ex mejor amigo".

Ex–tereotipo. Cuando según nuestros parámetros y nuestro resentimiento todos los ex son iguales: cuando los conocemos y los convertimos en los oficiales son un encanto, pero cuando nos aburrimos de ellos y los mandamos al demonio pasan a ser un verdadero espanto.

Ex–tremo. La única extremidad que consideramos útil en un ex. Arma infalible que tienen algunos para seguirnos extorsionando y contorsionando. Una pista: tiene una cabeza con la que no piensa. Aun así les sirve de refuerzo cuando necesiten contar hasta once.

Ex–tremidades. La misma arma más dos refuerzos que se rascan en público. A menudo y con sospechosa frecuencia.

Ex–cala. Entre un novio y otro, un ex que reaparece para sacarse uno que otro clavo.

Ex–altado. Un ex ¡emputado!

Ex–ceso. Cuando aún malheridas y muy resentidas, desperdiciamos horas y litros de saliva despotricando de un ex delante de todas nuestras amigas. Cuando nos volvemos monotemáticas y no hablamos de otra cosa distinta de lo que nos hizo, por quién nos dejó y todo lo malo que le deseamos.

Ex–tamos. Cuando se sigue viendo con su ex a pesar de que insiste en que ya no tienen nada.

Ex–tuvimos. Uno que supuestamente tuvimos, ¡pero nunca más!

Ex–citado. Usted todavía puede izar esa bandera y, por supuesto, le gusta esa sensación de poder. De podérselo llevar a la cama de vez en cuando.

T–ex-to. Dícese de todas las cartas de amor perfumadas, escritas en sangre, las tarjetas de aniversario, los mensajes de texto y los *e-mails* enviados por un ex antes de la ruptura. De esos que ya borró, quemó o piensa hacerlo algún día. Sólo que no lo ha hecho para poder seguir burlándose de él con todas sus amigas.

Ex–tra. Tal como una llanta de refacción, uno que siempre tiene a la mano y disponible por si se le daña el otro. Acto de entender que las mujeres modernas, para subsistir, debemos dominar a la perfección la infalible regla de tres que dice: hay que tener el oficial, el visto y el charlado. El extra es cualquiera de esas otras dos llantas de refacción.

Ex–traordinario. Un ex más ordinario y corriente que todos los otros que ya tenemos. El guarro, el maleducado, el que nos da pena admitir que fue nuestro "otro" significativo. El patán al que le huimos y del que estamos dispuestas a cambiar de acera si lo vemos en la calle. O al que estaríamos dispuestas a atropellar si es preciso si de casualidad vamos por la calle, pero manejando. No insista con un "corrientazo" de éstos.

Ex–casez. Cuando todos sus ex están ocupados con otras y usted se siente literalmente en el fango.

Ex–caso. Un ex al que otra ya tenía durmiendo de esmoquin sin que el muy tonto se diera cuenta. El que camina hacia el altar y no propiamente con usted.

N–ext. El que viene después de un ex que bien podría convertirse también en su futuro nuevo ex.

CAPÍTULO 23

EL NOVIO PERFECTO O SU FUTURO EX

¿Cuál es la verdadera diferencia entre una buena o una mala pareja? Un hombre que sí valga la pena y con el que podríamos ilusionarnos con tener un futuro juntos de uno que sentimos que no podemos dejar aunque permanentemente nos demuestre que deberíamos. Uno con el que sentimos que valoramos cada momento de uno con el que siempre estamos perdiendo el tiempo. ¿Qué es aquello que en el fondo usted sabe que quiere y necesita para tener una relación, si no ideal al menos funcional? O por el contrario, ¿qué es aquello que está aguantando sólo por cobarde y por el temor a quedarse sola? ¿Existen novios perfectos que se ajusten a nuestras medidas y expectativas de mujeres modernas o lo que hacemos saliendo con cada perdedor que se nos atraviesa por el camino es conformándonos para poder decirles a todas las demás que al menos alguien nos acompaña? ¿Será que en vez de apostarle a vivir satisfechas, a veces adquirimos la habilidad de convertirnos en una partida de mediocres conformistas? A continuación una lista práctica y muy completa que la ayudará, espero, a diferenciar a los que sirven de los que definitivamente ni le sirven a usted. Ni a ninguna otra. Nuevamente saque la libreta y preste mucha atención. Para que de una vez por todas defina: "¿Qué demonios está haciendo con ese perdedor?" Y se busque más bien uno que sí se ajuste a su medida. O para que, por el contrario, aprenda a valorar al novio perfecto que tiene al lado. No es tan difícil, como podrá comprobarlo a continuación; las señales son bastante claras.

(1)

Su futuro ex. Es un fantoche de quinta que frente a sus amigos hace comentarios estúpidos sobre cuánto gana y a quién conoce.
El novio perfecto. La invita a todo y además se los presenta.

(2)

Su futuro ex. Manifiesta los celos con escenas, gritos, empujones en público y la saca a la fuerza de la fiesta cuando apenas se está poniendo buena.
El novio perfecto. No siente celos. Es tan seguro de sí mismo que si fuera cierto que usted ha estado coqueteando con el mesero que atiende el *buffet* en la fiesta sentiría que la que se lo pierde es usted. La dejaría de llamar, se buscaría a otra, nos voltearía la jugada y ahí sí nos derretiríamos por él. Aunque pidamos perdón, con su orgullo intacto, sentiría que simplemente no le gustan los juegos y por eso no valemos su esfuerzo. ¡La dignidad es indiscutiblemente sexy!

(3)

Su futuro ex. Frecuentemente olvida su cumpleaños y la mayoría de las fechas comercialmente especiales. Si manda flores son las que no le gustan y siempre enviadas por su secretaria con una nota que a leguas se sabe que escribió ella. Sus regalos son impersonales y por salir del paso: el perfume que ya pasó de moda y con aroma a ambientador primaveral, el payaso de cerámica con la lágrima suspendida, un jarrón espantoso que no sabría dónde poner, esconder o devolver.
El novio perfecto. No sólo la conoce tan bien que sabe siempre qué regalarle, sino que es de los que se toma la molestia de organizarle una fiesta de cumpleaños sorpresa con todos sus amigos.

(4)

Su futuro ex. Habla con la boca llena y casi todo el tiempo de él mismo.
El novio perfecto. No habla, escucha.

(5)

Su futuro ex. Encima de que la invita a los planes más aburridos, ni siquiera tiene la decencia de pasarla a buscar. Le pide que le caiga o que allá se encuentran.

El novio perfecto. No la invitaría a ningún plan que a usted no le guste. Respetaría su espacio y tendría muy bien definido el suyo. Pero ante semejante convicción, sin duda la que insiste para no perderlo de vista es usted. Ahí sí, obvio, la pasa a buscar.

(6)

Su futuro ex. Tiene varias amigas de dudosa reputación que a usted, por supuesto, no le gustan y de las que sospecha.

El novio perfecto. La tiene a usted. Y si tiene amigas, son celulíticas, torpes, poco agraciadas y peludas. Pero eso sí, buena gente.

(7)

Su futuro ex. A pesar de que dice que va al gimnasio usted sospecha que lo hace por levantar algo más que pesas, pues últimamente lo nota cada vez más fofo y fuera de forma.

El novio perfecto. No va al gimnasio, practica deportes. Además, para su orgullo y para la envidia de todas sus amigas, extremos. La invita a aprender a practicarlos y no le molesta tenerla cerca para animarlo a él y su equipo.

(8)

Su futuro ex. Si la llama una vez y usted no le contesta, le entra un ataque de ansiedad tal que la sigue llamando las veces que pueda. O hasta que la de quicio. Nada menos atractivo que un hombre que demuestre lo inseguro que es.

El novio perfecto. Llama una vez, si no le contesta supone que está ocupada y que le devolverá la llamará tan pronto pueda.

(9)

Su futuro ex. En una discoteca, es el que no tiene inconveniente alguno en dejarla como un zapato al ser el que organiza el "trenecito de la diversión", un concurso de lambada, la macarena, el aserejé, el baile del perrito o el de la mayonesa. El que tiene complejo de coreógrafo de *Bailando por un sueño* y la hace pasar cada vergüenza.

El novio perfecto. Si no la saca a bailar, por lo menos le gustará verla bailando. Y, lo mejor de todo, no le armará un escándalo si lo hace con un amigo.

(10)

Su futuro ex. Su mejor amigo se llama Wilmer Ferney, trabaja en un gimnasio, ni siquiera como entrenador personal sino como toallero. Parece inflado con helio y usa camisas de Acuamán dos tallas más pequeñas. Sus amigas insisten en que deben ser pareja.

El novio perfecto. Tiene un mejor amigo con el que a usted le gustaría salir.

(11)

Su futuro ex. De imprevisto le trae a la suegra a pasar una temporada en "su" casa.

El novio perfecto. Es huérfano.

(12)

Su futuro ex. Viste con camisa de seda de motivos florales, pantalones apretados, a pesar de que no tiene un buen sistema de "amortiguación" y vive sobreaccesorizado. Arete de brillante, anillo de graduación, cadenas con dijes, reloj y pulseras, todo al mismo tiempo. Además, usa correas con emblemas que leen: Versachy o Dulce y Bandana. Todo es falso en él, menos el diente de oro.

El novio perfecto. Es muy poco el tiempo que durará vestido.

(13)

Su futuro ex. Se toma tres tragos y se transforma. Empieza a decir babosadas y a enseñar el cobre. El que animado te pregunta: "¿Si escuchas ese tema musical que está sonando o ese tema de música americana que colocaron?" Se sabe de memoria el repertorio de Menudo y hace la coreografía. Sus cantantes favoritos son Sandro de América, Sabú y, por supuesto, Chayanne. "Fiesta en América" y "Querida" son los temas que lo enloquecen.

El novio perfecto. La critica porque es a usted a la que le gusta Chayanne.

(14)

Su futuro ex. Usa más cremas que usted. Se mira siempre en el espejo, se hace el *blower* y luces y se demora más que usted en salir arreglado de la casa.

El novio perfecto. Está listo en cinco minutos y la espera en la sala todo el tiempo del mundo y que usted considere necesario para alistarse. Cuando sale, siempre le dice que está hermosa.

(15)

Su futuro ex. Le parecerá que salir de compras es una perdedera de tiempo. Nunca querrá acompañarla y, cuando lo hace, la estará apurando y jamás se ofrecerá ni a cargarle una bolsa. Mucho menos a comprarle cualquier detallito.

El novio perfecto. No le molesta acompañarla. De hecho, la animará a salir de compras de vez en cuando. No sólo no la presiona para que se apure sino que le insiste en que se mida todo, pues ya que él es quien lo va a disfrutar quiere que usted luzca espectacular para él. Cuando llegan a casa, la sorprende con algo que vio y que usted olvidó comprar.

(16)

Su futuro ex. Usa hilo dental y no precisamente en los dientes. Parece sacado de un catálogo de Calvin Klein.

El novio perfecto. Usa bóxers y se los presta para dormir.

(17)

Su futuro ex. Siempre escoge los peores regalos y tiene el peor gusto: el Snoopy de cerámica con la lágrima suspendida en el aire con un cartel que dice "soy tuyo", unas calcetas de lana aunque viva cerca de la playa, un *Mouse Pad* para su computadora, portátil. Un libro de mecánica o un video de la selección con los mejores goles del mundial del 82 en España.

El novio perfecto. Le regalará cosas realmente útiles como una joya, un viaje o una cirugía. O el álbum con las mejores fotos de David Beckham.

(18)

Su futuro ex. Pasa de los treinta y todavía no tiene carro, moto o bicicleta en que transportarse. O tiene uno modelo 81 y bien golpeado. Full equipo con *sub woofers*, luces fosforescentes, la bailarina hawaiana sobre el tablero, los dados de peluche en el retrovisor, el perro aterciopelado con mal de Parkinson y los asientos forrados con "cierto pelo".

El novio perfecto. Maneja un Lamborghini y no lo están pidiendo en extradición.

(19)

Su futuro ex. Pasa de los treinta y cinco y aún vive con la mamá.

El novio perfecto. Vive fuera del país y la visita de vez en cuando. Preferiblemente entre semana para dejarle los fines de semana libre para atender "otros" asuntos.

(20)

Su futuro ex. Tiene una amante tan ñoña a la que le hace llamadas a su celular para insultarla. Le manda *e-mails* y la amenaza con cortarle la cara.

El novio perfecto. Si la tiene, la mantendrá tan bien escondida que usted nunca se entera. Y como ojos que no ven...

(21)

Su futuro ex. Su mascota es un *french poodle*, un Chihuahua, un *pinscher* miniatura o un hámster.

El novio perfecto. Se ofrecerá a ser su mascota. O tendrá muchos animales, pero en su rancho.

(22)

Su futuro ex. De cariño le dice "mami", "corazón", "bizcocho", "mamita", "brujis" o "gordis". Cualquier apelativo genérico para no confundirse con la otra.

El novio perfecto. Le dice "flaca" a pesar de esa inminente lipoescultura que aún tiene pendiente.

(23)

Su futuro ex. La critica todo el tiempo. También, y de paso, a su familia, su trabajo, sus amigos, a su prima la *stripper* que acaba de regresar de Japón, su ropa, a su tío al que acaban de condenar, cómo habla, con quién y en qué tono.

El novio perfecto. La acepta tal como es.

(24)

Su futuro ex. Cuando le envía flores son claveles, gladiolos, cayenas o un cacto. Flores de funeraria. O peor aún, dizque haciéndose el muy creativo se atreve a enviarle la corona de flores que se robó de alguna funeraria con una nota que dice: "Prepárate, mami, para el entierro de esta noche".

El novio perfecto. Le envía flores a cada rato. Rosas de exportación, en caja y de las que duran. No las de plástico.

(25)

Su futuro ex. Usa una loción tan fuerte que le causa náuseas y vómito compulsivo. Usted ha tenido que sugerirle que use más bien Sampic o hasta Baygón.

El novio perfecto. Usa siempre una misma colonia que es lo que lo identifica o al natural.

(26)

Su futuro ex. Lee *Condorito, Comics, Seventeen* y tiene X-Box.

El novio perfecto. Lee el *Wall Street Journal* o *Forbes* y su nombre aparece en la lista.

(27)

Su futuro ex. Se pelea el micrófono del *karaoke* especialmente cuando suenan "I will survive", "It's raining, men" o "Mica" y tiene a toda su bola de amigos para que le hagan el coro.

El novio perfecto. Es el cantante de una banda de *rock* que ha ganado al menos un Grammy.

(28)

Su futuro ex. A pesar de que insiste en que se casen, lleva ya tres años dizque mandando currículos. Pero en blanco porque no tiene ninguna experiencia. O vende zapatos por catálogo de puerta en puerta.

El novio perfecto. No trabaja. Vive de los dividendos o de los intereses que le generan una compañía que creó desde la universidad. Pero ahora que lo pienso bien, aparte de tiempo libre para viajar también le quedaría y bastante, pero para joder. Ya no me pareció tan perfecto.

(29)

Su futuro ex. No tiene celular, todavía usa *beeper*. O si lo tiene, nunca tiene minutos en su celular por lo que "sólo timbra", para que el gasto lo haga usted.

El novio perfecto. Sabe lo que es un *Blackberry* y lo usa como si fuera un fijo. Especialmente para hacer negocios por fuera de la oficina. Pero, eso sí, lo apaga cuando está con usted. También podría ser porque tiene otra.

(30)
Su futuro ex. Tiene varios hijos ilegítimos, con varias mujeres distintas. Una de ellas se llama Yasuri, Yamilé o Leidys Yojana e insiste en llamarlo "papi", así no le pase ni un centavo para la manutención del niño. Encima de todo, la pone a usted a que se los cuide los fines de semana que le tocan a él.
El novio perfecto. Quiere tenerlos con usted, así se siga negando.

31)
Su futuro ex. La amenazaría con suicidarse si lo deja.
El novio perfecto. La deja si le sale con un chantaje como que se va a suicidar.

(32)
Su futuro ex. Llora tanto y es tan patéticamente sensible que su apodo es El Grifo, porque siempre que lo tiene abierto le brota agua. Cuando ve una película en el cine, mientras se viene, si usted se va, con tragos o sin ellos. Es un verdadero y lacrimógeno encarte.
El novio perfecto. Llora, pero de la risa.

(33)
Su futuro ex. Es un exconvicto.
El novio perfecto. Es su abogado.

(34)
Su futuro ex. Va en mallas ajustadas al gimnasio y hace repeticiones dizque para endurecer los glúteos.

El novio perfecto. Si va al gimnasio es para pasarte a buscar y, de regalo, te paga el año completo.

(35)

Su futuro ex. La lleva de vacaciones a la India… a la india con la que le ha estado poniendo los cuernos todos estos años.

El novio perfecto. La lleva a un *boutique* hotel o a un *spa* en Dubai.

(36)

Su futuro ex. Su idea de una noche romántica es él, usted y todos sus amigos, pero borrachos. Es de los que caza en jauría y de los que anda con Coco, Lulo, Banano, El Piña y con todo el frutero de huevones de amigos que tiene.

El novio perfecto. Preferiblemente solos. ¿Para qué más?

37)

Su futuro ex. Le regala ollas.

El novio perfecto. Le regala joyas.

(38)

Su futuro ex. Piensa que sin tetas no hay paraíso.

El novio perfecto. Sabe que sin *bótox* no hay paraíso.

(39)

Su futuro ex. Casi nunca le dan ganas.

Su novio perfecto. Accede siempre que a usted le den ganas.

(40)

Su futuro ex. Es un ordinario.

El novio perfecto. Es extraordinario.

CAPÍTULO 24

SOLAMENTE SOLAS...

¿Y qué si se queda sola: es realmente tan fatal la posibilidad? Quedarse sola, por decisión propia o porque le tocó, más que otro motivo de frustración (como si ya no tuviéramos suficientes) bien podría ser uno de celebración. Estar solas no es sinónimo de enfermedad sino de absoluta libertad. Tal vez por esta razón, a diferencia de las actrices en Hollywood que se casan muchas veces por moda, muchas otras mujeres en el mundo deciden a diario vivir sus vidas solas. Este capítulo está dedicado a la mujer independiente que por la razón que sea ha llegado a sentir alguna vez que "la dejó el tren". Insistiendo en que el ideal es caminar por la vida acompañadas por algo distinto de nuestro vibrador, lo cierto es que no muchas quieren y no muchas logran terminar sus vidas en pareja. Es una realidad que no tiene por qué ser triste. ¿Cómo sentirse mejor al descubrir que a nuestro reloj biológico está pasándosele el tiempo y que de soñar con ser la novia hemos de conformarnos con ser la madrina eterna de la boda? ¡De todas las bodas! ¿O cómo adquirir las fuerzas para decidir salirnos de una relación cuando ésta ya no nos llena sin el temor de quedarnos para siempre y, según algunas, patéticamente solas? Es decir, ¿cómo aceptar que tal vez el matrimonio no es para todas?

LO QUE ES UN HECHO ES QUE LOS ESTUDIOS relacionados sobre el tema arrojan como resultado una realidad contundente: "Las mujeres inteligentes se casan menos". O, peor aún, según uno más reciente realizado en el Reino Unido: "Los hombres les huyen a las mujeres con aparentemente más sesos que las demás". Pero la pregunta que aún ronda en nuestras cabezas, más que nada del hogar, porque encima de todo nos hemos acostumbrado hasta a criarles y mantenerles a sus hijos solas, es: ¿por qué estas mujeres se casan menos? Porque tienen menos tiempo y, por ende, menos oportunidades de encontrar pareja. Cito como ejemplo lo que sucede actualmente en México, en donde según otra encuesta, muchas mujeres admitieron que, para ellas, la mejor forma de encontrar pareja es en el lugar de trabajo, debido a sus tan sólo e injustos seis días de vacaciones pagadas al año. Entonces, si de repente nuestros lugares de trabajo se convierten además en nuestro círculo social inmediato y la única oportunidad que tenemos para interrelacionarnos con el sexo opuesto, ¿no le va pareciendo lógico y cada vez más necesario entender que la misma competitividad con la que asumimos nuestro trabajo deberá ser manejada de forma distinta si aparte de trabajar con ellos también queremos casarnos y hasta procrear con ellos?

¿O será posible que tampoco nos estemos casando porque algunas de nosotras tendemos a dilatar el tema del compromiso por no perder nuestra preciada libertad? Pero cuál libertad si todas vivimos endeudadas a fin de mes. No estamos disfrutando de sanas relaciones de pareja por falta de interés, por cobardía o, tal vez, porque al asumir erróneamente el feminismo con cierto aire revanchista, las mujeres modernas nos hemos vuelto literalmente insoportables para el sexo opuesto. Todo indica que sí. O si no cómo explicar que las mujeres más inteligentes estén quedándose solas. O que las que sí consiguen estabilizarse dentro de hogares con marido y perro incluido terminan dándose cuenta de que el que escogieron no era el que de verdad querían sino tal vez con el que les tocó conformarse.

¿Por qué entonces esforzarse tanto por demostrar que somos brillantes cuando aparentemente lo que en realidad nos convendría es convertirnos en brillantes, sí, pero en "bruta"? Es que nadie se ha dado cuenta allá afuera de que el verdadero fracaso del feminismo en el mundo es no haber logrado precisamente feminizar el mundo, que habría sido lo ideal, sino, por el contrario, masculinizarse algunas. Muchas, demasiadas, diría yo. Lo cierto es que sea como fuere las mujeres modernas ya no nos casamos tan fácilmente como antes. Y no es que nos hayamos conformado con nuestras vidas llenas de logros laborales pero vacías en el aspecto sentimental. El problema es que hemos perdido la humildad. Hemos perdido la habilidad de bajar la guardia y admitir que al final del día, queramos o no, algunas aún los seguimos necesitando. Algunas, no todas y eso es respetable, anhelamos ese balance no sé si químico, psicológico, emocional, físico, incluso mental, que una sana relación de pareja con el sexo opuesto podría procurarnos.

Sumémosle a esta afirmación que, queramos o no, aunque los hombres machistas siguen pululando por el mundo entero desgraciándole la vida a cuanta mujer incauta, cándida o ignorante se les atraviese por el camino, lo cierto es que la mujer medianamente moderna, culta, informada y de mundo que es en lo que muchas nos preciamos de habernos convertido o mutado, tiene cada vez menos probabilidades de enfrentarnos a uno de estos engendros que pretendemos combatir con nuestros discursos feministas ya pasados de moda y que suponen y proponen una descarnada guerra sucia de sexos. Una en la que ellos hablan mal de nosotras, en la que nosotras despotricamos de ellos, los retamos, los rechazamos y ni siquiera teniendo muy en claro quién o cuál de todos es el enemigo. Tan sólo porque de alguna forma todos se han convertido en el enemigo.

¿Nos hemos vuelto paranoicas? Tal vez pero más, mucho más que eso, al parecer son actitudes poco auténticas y adoptadas de un gran grupo de mujeres, con motivos para hacerlo o no, inconformes que no sólo nos han alejado de la tan anhelada estabilidad emocional sino que encima de todo nos han enredado en una guerra sucia, sin cuartel y sin límites contra nosotras mismas y contra todo lo que nos rodea. Así como en *Los caballeros…* me enfoqué en la guerra contra ellos, aquí en éste lo haré en otras dos guerras que seguimos librando sin resultados: la batalla contra nosotras mismas. Léase y entiéndase como una lucha contra nosotras mismas y contra todas las demás mujeres que nos rodean.

¿Acaso, entonces, estamos autosaboteando nuestras carreras hacia el éxito a todo nivel? O, mejor dicho, ¿por qué ese afán que nos entra a algunas mujeres de complicarnos la vida y ser absolutamente infelices? Espero que esta y muchas otras inquietudes le sean resueltas a través de estas páginas que leerá a continuación. Prenderé una veladora para que se le haga el milagrito.

Si bien es cierto que muchas mujeres por complicadas nos quedamos solas, también lo es que la competencia allá afuera es dura y no me refiero solamente a la batalla por el estatus social, económico o laboral. En Colombia, por ejemplo, después de un reciente censo, los resultados arrojaron que efectivamente en algunas regiones sí hay más mujeres que hombres en el país. Pero tampoco somos siete mujeres para cada hombre como nos quisieron hacer creer durante los últimos años. Si el promedio es el correcto, dos de cada diez mujeres no tendríamos posibilidad alguna de terminar nuestras vidas con alguien distinto de nuestro gato Ulises. Pero yo sigo siendo optimista. Más aún si tomamos en cuenta que el mercado nacional ha estado tan agitado últimamente que, a pesar de mis sugerencias, muchas mujeres insisten en: *a)* quedarse solas *b)* divorciarse o separarse y dejarles el camino libre a otras para que compartan con ellas al mismo hombre que una vez tuvieron, o *c)* están saliendo entre ellas mismas.

Cualquiera de las tres opciones sigue pareciéndome perfecta, pues admito que preferiría intentar alguna vez mi vida acompañada con alguien por más de los dos años que duran mis relaciones y que es mi récord mundial. Entonces no pensemos únicamente que no hay con quién salir allá afuera. Lo que sí es cierto, sin embargo, es que no todos valdrán nuestro esfuerzo. Pero en el caso de tantas otras, ¿cuál sería ese temor a quedarse solas? Yo que lo he vivido en carne propia hace ya más de nueve años cuando sabiamente me separé de quien hoy es el padre de mi hija y uno de mis mejores amigos, les puedo asegurar que estar sola (bueno, ocasionalmente acompañada, lo admito), es decir, vivir sin un marido al lado, también ofrece sus beneficios.

He notado, eso sí, esa compulsión que les entra a muchas por casarse con lo que sea, por no quedarse solteronas. Las que cuando se dan cuenta de que, de sus amigas, es la única que no se ha casado, la mujer que a la última boda a la que la invitaron fue la de su hermanita menor y se convenció de que "Houston, tenemos un problema". Esa que tiene al novio durmiendo de frac y que le ha empezado a tender una celada al pobre a través de sus amigos, de su mamá y hasta de la empleada del servicio, para que lo convenzan de que se case con ella. No hay que llegar a semejantes extremos, mucho menos para, por cuenta propia, desgraciarse la vida. Y eso sigue pareciéndome más triste que quedarse solas porque aparentemente nadie quiso cargar con nosotras. Porque aunque suene complicado (y lo es), también existe el caso de muchas que no por estar acompañadas también llegan a sentirse solas. Me refiero a las que escogen mal para quedar bien. Las que no son propiamente felices pero se conforman con que al menos tienen marido.

¿Y el marido para qué sirve exactamente cuando cada vez que nos habla le subimos el volumen a la televisión? ¿O cuando cada vez que se nos acerca romántico y con ganas de hacer el amor, le pasamos el último número de *Playboy* para que se entretenga porque curiosamente otra vez tenemos un fuerte ataque de migraña? ¿Cuando ya no nos aguantamos los gritos, sus manías cada vez las soportamos menos y cuando lo que estamos esperando es que nos dé la mínima oportunidad para salir huyendo de allí? Preferiblemente en su carro convertible y con su billetera. Pero esas mujeres que en alguna oportunidad han estudiado la posibilidad de salirse de una relación también están solas o muy mal acompañadas. Que para el efecto es lo mismo.

¿Pero por qué tantas mujeres en el mundo, a pesar de las señales, insistimos en permanecer presas en relaciones poco edificantes, perjudiciales para la salud mental y, para rematar, que nos matan del aburrimiento? Lo importante es definir si realmente estamos atravesando una crisis normal de pareja o si en realidad preferiríamos volver a dormir a nuestras anchas, en nuestra cama y, por supuesto, sin él. Para ayudarla a tomar la decisión conteste con absoluta franqueza el cuestionario condensado que encontrará a continuación:

1. En caso de que terminara su relación y lo viera del brazo de otra, usted:

a. Le daría rabia y le reclamaría airadamente en público así usted también ya esté con otro.

b. Se haría la que no lo vio y cambiaría automáticamente de acera. O, por el contrario, lo saludaría como si nada, le presentaría a su acompañante y se esmeraría en saludar a la que está con él.

c. Le mandaría flores al apartamento felicitándolo por su buena elección.

d. Se pondría a llorar.

2. Él la llama después de tres meses que no ha sabido nada de usted.

a. Le reclamaría por no haberlo hecho antes. Acto seguido, maliciosamente le preguntaría si es que ya la remplazó por otra.

b. No contesta y sólo le devolverá la llamada si en el mensaje que él le deja le explica que es para firmar los papeles de divorcio. O le contestaría como si se tratara del veterinario de su perro para confirmar una cita y le aceptaría hasta una invitación a tomar un café "algún día".

c. Le contesta superalegre, lo saluda efusivamente y de paso lo invita a su fiesta de compromiso matrimonial. De hecho, le ofrece ser el padrino.

d. Trata de ser fuerte pero se le atragantan las palabras y se pone a llorar. Le dice que lo extraña y que no quiere estar más sin él. Lamentablemente es él quien tiene buenas noticias: ¡se casa!

3. Es su primera Navidad sola y él nada que aparece.

a. De maldad se le aparece en la casa de sus papás, les lleva regalo a todos, incluyéndolo a él y aprovecha para reclamarle su tacañería por no haberle comprado nada a usted. Nota, eso sí, el anillo de diamantes que le regaló a su "remplazo" (una rubia despampanante que se llama Inés). Sale de allí borracha, furiosa, dando alaridos y cargada por dos agentes de seguridad.

b. No le importa, pues usted ya está en lo suyo. Sin embargo, lo llama para desearle felices Pascuas a él y a toda su familia.

c. No sólo lo llama, le manda regalo con una tarjeta firmada por usted y por su nuevo novio.

d. Borracha y a pesar de que todos le advirtieron que no lo hiciera, lo llama y le llora por el teléfono. No contenta con haber caminado por el *Hall de la infamia,* se le presenta en la madrugada en su apartamento con un moño en la cabeza y una tarjeta en el cuello que dice: "Para ti".

4. Sus amigos le hablan de él.

a. Usted con actitud triunfalista inventa que él aún se muere por usted, así ya no le conteste ni sus llamadas. Descalifica a su nueva novia tildándola de "fácil" y otros apelativos peores que hasta a mí me da pena escribir. Y eso ya es mucho decir. La rabia la carcome por dentro y lo único que le interesa es que quede muy claro que es usted la que ya no quiere estar con él, así se muera por dentro.

b. Aprovecha para averiguar cómo lo vieron y si está bien. Les dice que a pesar de que todo se acabó, él seguirá siendo, siempre, una persona muy especial en su vida.

c. Inocentemente preguntará: "¿Quién?"

d. No aguanta y se le salen las lágrimas. Les pedirá consejos para recuperarlo y se echará la culpa de todo lo que pasó para justificar las veces que se ha humillado, lo ha llamado y que se le ha presentado en la oficina para suplicarle que vuelvan.

5. Le van a presentar por fin a un tipo nuevo.

a. Se esmera en su arreglo personal, no sin antes llamar a su ex para advertirle que ya le ha encontrado remplazo. Lo deja hablando solo por teléfono, averigua adónde va a estar con la otra y se presenta con su cita al mismo lugar. En el baño, después de zarandear a la novia, aprovecha para amenazarla. A él, de salida, le vaciará un trago de algo azul en la camisa blanca.

b. Está tan contenta sola y ha disfrutado tanto de su nueva soltería que agradecerá el gesto de sus amigas pero les dirá que por ahora no le interesa embarcarse en otra relación.

c. Está feliz y dichosa. Le sale por los poros y a todos ya les empieza a parecer hasta fastidiosa su nueva actitud exageradamente optimista y libertina. No sólo aclara que ya tiene a uno en espera sino que cada vez le seduce más la idea de "coleccionarlos". Se ha hecho a la idea de no decir "no" a nada, pues siente que había estado perdiendo su tiempo invernando en compañía de su ex.

d. Se pone a llorar y recuerda que ninguno será como él. Como el que supone que ya perdió. Más aún teniendo en cuenta que acaba de ponerle una caución para que no vuelva a acercársele con sus locuras.

RESULTADOS:

Si contestó sí a la opción *b*, la felicito y le informo que está usted lista ya sea para disfrutar de su soltería o para embarcarse en una nueva relación. Si contestó *c* la mayoría, aparte de haber tomado una buena decisión al dejarlo y al comprobar ampliamente que está bastante recuperada de esa ruptura, su descaro estaría ocasionándole a él mucho dolor y un poco de rabia que eventualmente podría devolvérsele. Está bien terminar una relación en paz, pero de nada sirve que lo torture. Déjelo vivir su duelo tranquilo.

Si, por el contrario, la mayoría de sus respuestas son *a* o *d*, lamento decirle que usted está grave y muy lejos de recuperarse. Con *a*, lo único que demuestra es que la soberbia le carcome y así de usted haya salido la decisión de abandonarlo, por puro orgullo herido estaría dispuesta a seguir el juego de la víctima sólo hasta que el caiga de nuevo. Una vez que el muy torpe lo haga, y seguramente lo hará, pues todos confunden sus pataletas con el gesto genuino de una mujer enamorada. Seguramente volverá con usted, pues a ellos les fascina que nos peleemos por ellos y que hagamos el ridículo en privado pero si es en público, mucho mejor. Eso les infla su ego machista. Lo malo es que una vez que esté nuevamente en sus redes, allí recordará por qué era que lo quería dejar.

Y si usted es tan cursi que respondió *d* la mayoría, váyase directamente con un psiquiatra de confianza o con un cura para que la exorcice. No sólo no está lista para seguir su vida adelante sin él, sino que tampoco podrá disfrutar de estar sola. De hecho, está a un punto de convertirse en una psicópata obsesiva compulsiva de esas que salen fotografiadas en las cajas de leche.

Entonces, si su conclusión es que todavía no quiere terminar su relación y que decididamente no está preparada para estar sola, deje de leer este capítulo y vaya inmediatamente a reconciliarse. Pero si, por el contrario, a medida que lee cada vez le llama más la atención la posibilidad de estar sola un rato o para siempre, si encima de todo le resulta gustando, es importante que sepa de una buena vez a qué estaría exponiéndose y cuáles podrían también ser las ventajas de una vida sin un edecán al lado. Antes que nada, partamos por definir qué tipo de soledad le gustaría disfrutar:

a. Preferiblemente sola. Es decir, no quiere ningún tipo de compañía más que la del nuevo helecho que acaba de comprar. Sólo le interesa trabajar y no quiere compartir su espacio ni ninguna de sus cosas con nadie. A sus treinta y cinco años ya no la reciben en el convento para el que hizo solicitud, pero no por ello va a dejar de practicar su voto de castidad.

b. Parcialmente sola. Ya probó lo que es vivir en pareja y le sigue seduciendo más la idea de ser la novia que la esposa. En otras palabras, si se animara a meterse en otra relación lo ideal sería que cada uno viva en su casa y que disfruten sólo de algunos momentos, cuando ambos lo sientan y estén de acuerdo.

c. Temporalmente sola. Esta opción también es válida y muy atractiva porque es la que indica que usted es una mujer centrada y que así como sabe disfrutar de una buena compañía, también sabe estar sola y aprovecharlo. Y aunque en ocasiones le atraiga la idea de no compartir sus nuevas sábanas egipcias de setecientos hilos con nadie, si se le llegara a presentar un buen prospecto en el camino no dudaría en darse una nueva oportunidad.

d. Lamentablemente sola. Quiere seguir con su pareja pero cada vez más se inclina a prepararse psicológicamente para quedarse sola algún día. Es la opción más cobarde, pero quién soy yo para criticarla. Es la que escogen las indecisas, las que ni pichan ni cachan. Las que poco a poco se han empezado a abstraer de la situación en la que están por no sentirse satisfechas con lo que están viviendo. Las que tristemente, aunque acompañadas, se sienten cada vez más solas.

¿Ya escogió? Personalmente me aterran tanto la opción *a* como la *d*, pero en el tema de la felicidad, insisto, cada una está en su derecho de interpretarla como más le guste y como más se ajuste a su medida. Pero en todas las opciones hay una constante: quedarse solas, más que un problema, a veces hasta adquiere visos de solución. Especialmente para las que ya admiten que no se soportan ni a sí mismas, mucho menos al resto de la humanidad.

Para las que ya han probado asfixiantes relaciones de pareja y quieran intentar una nueva fórmula para poder convivir y compartir con ellos algunas cosas, y en ocasiones por separado. Para las que saben aprovechar los momentos de soledad para hacer lo que más les gusta, sin que una relación absorba todo su tiempo y consuma todas sus energías. Las que si están acompañadas lo disfrutan igual que si estuvieran solas como champiñones silvestres. Pero que igualmente no se cancelan la posibilidad de volver a estar acompañadas algún día. Como también para las que están pensando seriamente en la posibilidad de intentar vivir sus vidas solas eventualmente.

Pero en defensa de la soledad que, repito, no debe interpretarse desde ningún punto de vista como una enfermedad contagiosa, ni como señal evidente de que tenemos un problema, muchísimo menos debería ser la causante de nuestras frustraciones y de una creciente amargura que se nos ha empezado a notar hasta a través del gris de la ropa que usamos. Ser solteras, en estos tiempos modernos, no es tan grave. Más aún si tomamos en cuenta que la mayoría de las cosas de las que la misma tecnología nos ha puesto a nuestra disposición para que las disfrutemos (y no hablo sólo de vibradores, no sea malpensada) implican que podemos hacerlo perfectamente solas.

¿O es que se necesita asistencia o un traductor simultáneo para ver una película en su casa o en una sala de cine? Si ya vienen hasta con subtítulos. ¿O es que si se quiere ir de vacaciones tiene que coordinar agenda con toda su bola de amigos para no aburrirse cuando en todas las agencias de viajes tienen planes clasificados, según todas nuestras necesidades vacacionales? Si quiere sólo descansar, váyase a un *spa*. Si quiere conocer gente, a un crucero de solteros. Si lo que quiere es un ambiente más familiar, a un *resort* en el Caribe o si lo que quiere es una experiencia espiritual, ¿qué pasa que no reserva ese paseo que tanto le llama la atención a la India?

Si a pesar de todo esto sigue sintiéndose sola, cómprese un perro y sáquelo a pasear con frecuencia a algún parque infestado de otros propietarios caninos y verá lo fácil que le resultará entablar conversaciones, amistades y hasta posibles romances. Nada mejor que un perro para ligar hombres. Pero estar sola no es sólo una situación que hay que combatir o un vacío que a toda costa deberemos llenar si no queremos ser infelices. La felicidad está precisamente en aceptarlo y en aprender a disfrutarlo. Es saber que, más que tristes, debemos estar orgullosas por aprender realmente a valernos por nosotras mismas si lo hemos decidido. Y si no es nuestro caso y alguien lo decidió por nosotras, también.

Si, por el contrario, quisiéramos estar con alguien y nada nos sale como desearíamos. Es decir, si la única llamada que nos entra un fin de semana es un número equivocado o la de nuestra prima menor que nos pide que le prestemos algo para salir con su novio, ya que tenemos cosas tan bonitas guardadas en el clóset porque rara vez salimos o nos invitan a salir. Pero pasando por las ganas de ahorcarla y superando la humillación a la que acabamos de ser expuestas, lo importante es saber cómo disfrutar nuestra soledad. Cómo llenarnos de nosotras mismas para no tener que llegar el lunes a la oficina a inventarnos pretendientes ficticios que no existen más que en nuestra memoria para no darles gusto a las demás y admitir que estamos "tronadas".

Lea un buen libro, no éste por supuesto. Adquiera un *hobby* como pintar o cualquier cosa que implique trabajos manuales.

Algo que sí le recomiendo es que, haga lo que haga, no invente excusas para terminar haciéndolo en casa. A menos que ya le tenga el ojo echado al portero de su edificio, el chance de que un buen prospecto llegue a tocarle a la puerta de su casa es inmensamente remoto, por no decir que imposible. Practique algún deporte. Si quiere permanecer sola juegue Nintendo, pero si quiere conocer gente, inscríbase en un equipo de voleibol. Recuerde además que si por casualidad no son equipos mixtos, a través de otras mujeres podría procurarse la oportunidad de conocer a sus amigos, sus primos, a su hermano o a ese novio que ella ya desechó pero que a usted podría serle muy útil. Como sea, recuerde que la ilusión de encontrar a su media naranja no se acaba hasta que alguien allá arriba diga "se acabó". Conozco decenas de casos de amigas y conocidas que han encontrado el amor en los sitios más inverosímiles y en los momentos más inesperados. La edad, recuerde, es lo de menos. Pues no existe una edad ideal ni para casarse, ni para enamorarse, ni para ser feliz en la vida. Todo dependerá, eso sí, de su buena disposición para serlo y de las oportunidades que se procure y aproveche para cambiar su estatus en el momento que lo desee. Y si es que lo desea, claro está.

Estar solas, señoras, no es vivir en el fracaso, no es la angustia de quedarse atrás en la carrera de obstáculos en la que hemos querido convertir nuestras vidas. No es vivir desilusionadas, ni tristes, ni gordas a punta de pastel de chocolate para combatir la depresión. No es sentirse rechazadas, ni acomplejadas ni inservibles. Es ese maravilloso momento, la oportunidad que nos regala la vida de conocernos a nosotras mismas y de explorar nuestras propias existencias a nuestras anchas. Es mejorar, cambiar, a nuestro propio ritmo y no porque sentimos que así lo esperan de nosotras los demás. Es poder elegir algo más que qué ponernos, qué comer o qué programa de televisión ver esa noche. Es poder elegir qué queremos y planificar cuidadosamente y sin ansiedad cómo conseguirlo. Es cuando adquirimos la lucidez plena para cambiar lo que no nos gusta o para recuperar lo que creemos haber perdido.

Todas las mujeres en el mundo, por gusto propio, deberíamos aprender alguna vez a estar solas. Porque una vez que lo hayamos aprendido y nos sintamos preparadas para estarlo es cuando realmente lograremos sentir lo que es tener el control y no sólo el de la televisión, sino el control absoluto de nuestras propias vidas. Porque así, después de estarlo, decidamos que queremos seguir solas o tal vez acompañadas, siempre tendremos la certeza de que si la vida nos cambia o si alguien pretende cambiárnosla a la fuerza siempre nos tendremos a nosotras mismas.

Y créanme que no hay una sensación de mayor libertad que la de sentirnos siempre bien en cualquier circunstancia, ya sea que la vida nos depare, o la que escojamos por nosotras mismas.

AM / FM, de Isabella Santo Domingo
se terminó de imprimir en febrero de 2007
en Litográfica Ingramex S.A. de C.V.,
Centeno 162-1, Col. Granjas Esmeralda,
Delegación Iztpalapa,
México, D.F.